教育实习

JIAOYU SHIXI

张治勇　龚宝成　主编

安徽师范大学出版社

·芜湖·

责任编辑:汪碧颖

装帧设计:任　彤

图书在版编目(CIP)数据

教育实习/张治勇，龚宝成主编. —芜湖:安徽师范大学出版社,2016.11
(2019.1重印)

ISBN 978-7-5676-2400-9

Ⅰ.①教… Ⅱ.①张… ②龚… Ⅲ.①教育实习－师范大学－教材 Ⅳ.①G424.4

中国版本图书馆 CIP 数据核字(2016)第 024348 号

教育实习

张治勇　龚宝成　主编

出版发行:安徽师范大学出版社

　　　芜湖市九华南路 189 号安徽师范大学花津校区　　邮政编码:241002

网　　址:http://www.ahnupress.com/

发 行 部:0553-3883578　5910327　5910310(传真)　　E-mail:asdcbsfxb@126.com

印　　刷:北京富达印务有限公司

印　　次:2019年1月第1版·第2次印刷

规　　格:787 mm ×1092 mm　1/16

印　　张:15.75

字　　数:268 千

书　　号:ISBN 978-7-5676-2400-9

定　　价:39.00元

凡安徽师范大学出版社版图书有缺漏页、残破等质量问题,本社负责调换。

安徽省教师教育专业核心课程规划教材
编　委　会

主　编：朱家存　李福华

成　员（按音序排列）：

曹长德　陈明生　董　文　方家峰　龚宝成　韩建华

李　群　李怀龙　廖军和　刘结平　阮成武　桑青松

时　伟　孙德玉　孙晓青　汪　明　王家云　吴昕春

辛治洋　张元广　张治勇　周兴国

本丛书为：

1. 安徽省"振兴计划"重大教学改革研究项目"安徽省教师教育专业教育类课程内容标准和教材建设研究"（项目编号：2013zdjy188）建设成果
2. 安徽省教师教育协同创新中心课程资源开发成果

总　　序

百年大计,教育为本;教育大计,教师为本。随着我国基础教育改革的不断深入,社会对教育的要求越来越高,教师教育改革日益受到人们的广泛关注并开始进入实质性的改革阶段。为贯彻落实《国家中长期教育改革和发展规划纲要(2010—2020 年)》,深化教师教育改革,规范和引导教师教育课程与教学,培养造就高素质专业化教师队伍,教育部于 2011 年下发《教育部关于大力推进教师教育课程改革的意见》,就推进教师教育课程改革和实施《教师教育课程标准(试行)》提出意见,要求创新教师教育课程理念、优化教师教育课程结构、改革课程教学内容、改进教学方法和手段、加强教师养成教育、强化教育实践环节。《教师教育课程标准(试行)》明确指出,教师教育课程标准体现国家对教师教育机构设置教师教育课程的基本要求,此标准是制定教师教育课程方案、开发教材与课程资源、开展教学与评价,以及认定教师资格的重要依据。同年,教育部师范教育司、教育部考试中心颁布《中小学和幼儿园教师资格考试标准(试行)》,指出中小学和幼儿园教师资格考试标准是教师职业准入的国家标准,是从事中小学和幼儿园教师职业的最基本要求,是进行中小学和幼儿园教师资格考试的基本依据。2012 年,教育部颁布《教师专业标准(试行)》并指出,教师是履行教育工作职责的专业人员,需要经过严格的培养与培训,具有良好的职业道德,掌握系统的专业知识和专业技能。《教师专业标准(试行)》是国家对合格教师的基本专业要求,是教师开展教育、教学活动的基本规范,是引领教师专业发展的基本准则,是进行教师培养、准入、培训、考核等工作的重要依据。三大“标准”的颁布,意味着传统的教师教育课程设置、课程体系以及课程内容,已经不适应教师教育改革的发展要求,难以满足基础教育改革对教师素质的新要求。

在这种背景下,安徽省高等院校教师教育合作委员会为贯彻落实教师教育改革的新要求与新精神,推进我省教师教育专业课程建设,开始着手筹划安徽省教师教育专业课程建设与教材编写工作。在安徽省高等院校教师教育合作委员会的组织与协调下,此项工作于 2014 年 10 月正式启动。安徽师范大学、淮北师范大学、安庆师范学院、阜阳师范学院、合肥师范学院、淮南师范学院六所师范院校,立足于教师教育的协同与创新理念,组织研制安徽省教师教育课程体系并协同进行课程开发。在继承传统教师教育课程设置优点的基础上,根据教师专业发展的需要以及《教师教育课程标准(试行)》关于教师教育课程设置的基本理念和指导思想,六所师范院校在前期研究和充分讨论的基础上,确定了"中学教育基础""心理学""小学教育基础""小学生心理发展与教育教程""现代教育技术""学校心理健康教育""教师职业技能训练教程""教师职业规范与专业发展""教育实习""陶行知教育思想与实践"等十门课程作为教师教育专业核心课程,并基于设置的课程开发相应的教材。

此次教师教育课程设置及教材开发的基本指导思想是:在保持传统教师教育课程框架的基础上,对课程内容采用模块化设计,同时各学校根据自身教师教育办学特色,有选择性地设置相关课程模块,满足学生多样化的学习需求。同时,课程设置与教材开发不仅考虑到师范生毕业后入职入编的需要,也考虑到为师范生将来专业的持续发展奠定坚实的基础;不仅考虑到师范生通过相关课程的学习能够获得对基础教育最基本的认识,也考虑到师范生通过专业教育后能够很快地胜任中小学教育教学工作。这是一个包含多重意图的课程设计思想。试图将多重意图反映在一种课程体系中,这样的设想不免有理想化的色彩,其是否合理,能否通过课程实施而成为现实,有待实践的检验。

遵循教育部三大"标准"的理念和精神,从传统的教师教育课程转向创新的教师教育课程,其中还有许多工作要做,有许多问题要解决。我们的努力只是这个转向的一个微不足道的方面。希望我们的努力能够为这个转向注入新的元素。

安徽省教师教育课程建设和教材编写委员会

2015 年 12 月

目　　录

第一章 教育见习

 **学习目标**

　　认识教育见习的目的与意义,增强教育见习的自觉性;理解教育见习的一般要求;掌握教育见习的内容和观察要点;能够运用正确的方法制作教育见习材料,完成见习报告。

一、教育见习的目的与意义

　　教育见习是高等师范院校的教师教育专业教学计划的一个有机组成部分,是大学学习阶段最重要的实践性教学环节之一。有针对性的见习不仅能够帮助师范生更好地理论结合实践,强化专业知识,深入理解教育教学的目标和策略,而且能极大程度地发挥师范生的主观能动性,培养良好的学习习惯和创新能力。通过教学实践中的摸索与探讨,专业教师的指导与影响,师范生将逐步提高实践工作的能力。

(一)教育见习的目的

　　教育见习不仅可以提高师范生对基础教育工作的感性认识,促进理性思考,而且有助于未来教师的角色转换和培养,有助于未来教师的和谐成长和终身发展。教育见习的具体目的如下:

　　①形成基础教育阶段学校教育教学工作的感性认识,了解教育教学规律的运用,尝试积累教育教学经验,提高理论与实践相结合的意识。提高师范生从事教

育职业的认识和兴趣,激发师范生献身教育事业的使命感。

②了解基础教育教学的常规工作,通过观察教育教学的活动形式、教育者和受教育者的行为等,把握基础教育课程与教学改革的理念、现状和特点,并能从中归纳特点,发现和提出问题,反思所学理论知识,为教育实习奠定基础。

③观察中小学生的认知和情感等的发展规律和特点,了解学生学科学习的状况,培养热爱学生的情感,学会与其和谐相处,提高与学生的沟通能力,增强从教的责任感。

④通过近距离观察教师的职业行为,了解新时期教师应具备的基本职业素质,体会教师职业的神圣和光荣,坚定从师信念。学习优秀教师的高尚品行,增强职业信心,提高职业道德修养。

⑤了解班主任的日常工作,感受班主任工作的相对独立性和对学生教育效果的综合性,了解新时期班主任工作面临的新问题,体验对班主任素质的要求,加深对教育科学理论的理解,自觉提高自己的综合素质和将来独立从事学生思想教育工作的能力和管理能力。

⑥检验自己原有的所学知识,把所掌握的书本的间接的知识,转变为真正为自己所理解的、能运用自如的知识。激发师范生对所学专业的学习热情,提高自己的专业知识和专业技能。

⑦了解教育教学研究的基本思路,树立"教师即研究者"的理念,具有初步的研究意识,以适应时代的需求,为将来成为合格的教师打下基础。

⑧加强高校与基础教育间的联系,使高校教师教育专业能及时获得基础教育改革的信息,促进课程与教学改革,加强高校教育教学的针对性,从而更好地服务于基础教育。

(二)教育见习的意义

教育见习与教育实习都是高等师范院校培养方案的重要组成部分,两者略有不同。教育见习是教育实习的前奏,是教育实习必不可少的步骤,是增强师范生实践能力的重要途径。教育见习又不等同于教育实习。教育见习是学生以观摩学习为主,通过观察他人教育教学操作行为,使个体获得对他人行为的体验,强调的是替代性经验的获得与积累;而教育实习以师范生亲自操作为主,重视的是实践过程,强调的是直接经验的获得与积累。可见,教育见习的实质是师范生通过观察与体验进行的替代性经验学习的过程。《教育部关于加强师范生教育实践的意见》明确要求,"在师范生培养方案中设置足量的教育实践课程,以教育见习、实习和研习为主要模块",转变过去教师职前培养中理论与实践相分离的现象,提高师范生的从教实践能力。因此,教育见习和教育实习都是必不可少的。

教育见习对师范生了解基础教育,了解中小学生,巩固专业思想,印证理论知识,学习与掌握教育规律和具有初步的教育科研能力具有重要意义。

1. 丰富对教育的感性认知,奠定献身教育的思想基础

教育是有目的培养人的活动,是国民素质提高的重要途径,是文化传承和创新的基地。学校教育给人的影响比较全面、系统、科学和深刻,具有高度的组织性,它引导着个体的发展方向,激发受教育者的潜能。学校教育能对各种环境加以一定的控制和利用,确保受教育者的权益。

通过教育见习,师范生能够领会教育改革和发展的战略目标和战略主题,努力促进教育科学发展;增强政治责任感和历史使命感,以推动教育事业不断向前发展为己任。师范生能够明白,新形势、新情况带来了新任务、新问题,呼唤着新思路、新对策,更需要以新的教育理念,引导我国教育改革的探索与实践。

2. 了解基础教育课程改革的情况,促进专业化学习

近年来,基础教育改革体现了新时代的要求和素质教育的理念,贯穿着全新的课程观、教材观、教学观、学习观。新课程改革以培养创新精神和实践能力为重点,以提高综合素质为目标,从根本上改变了传统的教学行为和学习方式。

通过教育见习,师范生可以对基础教育教学现状进行观察和体验,了解新课程改革实施的现状、存在的问题、解决办法等,从而为教育实习奠定基础。

3. 初步了解教师工作,增强职业认同感

教师是推行素质教育的主力军,其教育导向直接影响受教育者。由于知识更新的速度加快,教师的角色也在不断地受到挑战,教师必须占领所任学科的前沿阵地,才能在教学过程中把握主动。

教师的职业态度和教学行为会潜移默化地影响师范生。优秀教师所表现出来的职业品质会对师范生起到榜样作用,会激发师范生进一步增强敬业意识、创新意识、律己意识、协作意识、服务意识等,提升作为未来教师的基本素养。

4. 反思自我,在不断感悟中成长

当代大学生是在改革开放和发展的环境中成长起来的,也存在一定的问题:

一是因为高考的压力,当代大学生的优秀个性品质和个性特长在大学前没能得到应有的培养;二是只注重知识的学习和积累,忽视了必要的社会实践;三是因为生活和学习条件好转,他们很少考虑社会责任;四是一些大学生的思想品质、知识水平、技能结构存在许多不足。

通过教育见习,师范生能够运用课堂学到的知识,去观察社会,了解学校、教师、学生及教育教学活动,从中得到感悟,增强社会责任感;理论联系实际,不断地完善自我,真正做到四个学会,即学会求知、学会做事、学会共处、学会做人,成为全面发展的一代新人。

5.加强反馈,促进高等师范院校教育专业的针对性

近年来,高等师范院校院校的教师教育专业虽然也进行了一些教育教学改革,但是仍然存在着一些不容忽视的问题。如教学内容陈旧,教学方法单调,考核方法创新度不够。这些存在的问题无法适应基础教育的发展,不利于优秀的基础教育师资的培养。

通过教育见习,高等师范院校能及时获得反馈信息,从学生全面发展和社会对教育的实际要求出发,科学、合理地设置课程,加强针对性、灵活性、适应性,通过"公共基础必修课""专业基础必修课""专业方向课""专业选修课"和"教育实践"等模块,将基础理论教学、专业技能训练与实践能力培养三者有机结合起来,形成一套科学、规范、稳定的专业培养方案,构建一个以职业素质为核心,突出专业技能实训和教学能力实践的课程体系。同时,高等师范院校进行相应的教学改革,创建以学生为主体、教师为主导的生动活泼、灵活多样的教学形式,以适应新的人才培养要求,不断适应基础教育改革的需要,从而更好地为基础教育服务。

二、教育见习的组织与要求

(一)教育见习的组织形式

教育见习从大学一年级开始,分散在各个年级的各个学期,其组织形式灵活多样,以不同的标准来划分可以得到不同的组织形式。高等师范院校可以根据自

身实际,采用不同的形式进行。

1.集中见习与分散见习

这是以见习的时间安排与人员组合为标准划分的两种见习组织形式。

集中见习主要有两种形式。一种形式是在共同的见习时间内,将见习生集中到一所学校进行见习观摩,如听观摩课或专题报告等。其优点是主题突出,统一性强,便于组织,利于指导,也便于评议总结。其不利之处是,见习生人数较多,给见习学校的接待和安排带来不便,指导教师的指导也只能泛泛而论,缺乏一对一式的个性化指导,会影响见习效果。另一种形式是在共同的见习时间内,将见习生分组安排到不同的学校见习。其特点一是便于见习学校安排,二是因见习生人数不多,利于细致观察,见习效果明显。缺点是需要较多的高等师范院校指导教师,同时因为各校情况不尽相同,见习生各组所见也自然不同,不便于共同评议研讨,共享收获。

分散见习也有两种形式。一种形式是将见习生分为若干小组,分期分批到学校见习,其特点是便于见习学校安排和指导,但会给高等师范院校的日常集中教学安排带来麻烦,会影响教学的统一进度。另一种形式是见习生个人自由组合成小组,围绕一至两个主题,自由选择时间和学校去见习。这种形式能充分发挥见习生个人的积极性,有时会收到意想不到的效果,但对于自觉性差或能力不足的见习生,可能会流于形式。

2.综合见习与专题见习

这是以见习的内容为标准划分的两种见习组织形式。

综合见习涉及的内容较为全面。一般来说,在见习生学习了教师职业道德、教育类课程以及学科教学论后可采用这种组织方式。如对学校的教育活动、教师工作、课堂教学、班主任工作、学生课外活动、教育教学研究等进行全面见习考察,以验证在校所学的理论知识,实现理论与实践的结合。

相对于综合见习而言,专题见习内容单一、问题集中。一般是在学期中间,见习生在学习了某些课程或某些专题后,针对课程内容到中小学去观察学习,增加感性认知,促进理论消化。如课堂教学见习、校本教研活动见习、参加教育教学专题研究会议等。这种见习主题突出,与课堂教学配合紧密,便于教师指导,也易于见习生观察和总结。

3. "走出去"见习与"请进来"见习

这是以见习的地点为标准划分的两种见习组织形式。

"走出去",顾名思义就是走出高校大门,出去参观考察学习。一般指走进中小学进行实地专题见习或综合见习,或组织见习生参加省、市、县组织的基础教育教学研讨会,观摩中小学教师教学基本功大赛等活动,也可组织见习生观摩社会组织的与基础教育有关的活动。

"请进来",就是把相关教育资源引进大学校园,供见习生观摩学习。主要指请中小学一线教师或教研员等来高校现场做观摩课和教学案例研析指导,或针对基础教育中的焦点和难点问题做系列专题讲座,从而进一步巩固见习生的专业知识,激发其对教师职业的热爱,产生内在的学习兴趣;也可通过播放中小学教育教学典型视频,让见习生见习观摩、研讨和评价,以增加了解基础教育教学的机会,从而获得更多的实践性知识和体验。

"走出去"与"请进来"两种形式各有利弊。"走出去",见习生到实际中去看一看,听一听,感受会更直接,感悟会更深刻,但有时会影响高校自身及所到中小学的正常教学秩序,同时也会存在见习生的交通安全等隐患。"请进来",易于组织,也不会打乱正常的教学计划,但见习生的实际感受缺乏氛围,相对肤浅一点。

教育见习可把"走出去"与"请进来"两种形式结合起来组织开展。

信息窗 1-1

某校综合性教育见习安排示例

学校将综合性教育见习列入专业人才培养方案,在大学 1~3 年级,每学期安排 1 个学分的见习任务。各个学期综合性教育见习的内容、目标以及见习任务既有共同点也有侧重点,具体做法是:每学期综合性教育见习时间为三天:一天开展 1~2 个主题性见习活动;另外两天将学生分成若干小组,分到不同的班级,开展全天候的见习活动,让学生观摩原生态课堂教学和原生态课班级管理,领悟不同学科的教学要求、教学流程以及教师的教学方法,领悟班级管理,领悟不同年级学生的心理发展及其主要特点。

第一个学期综合性教育见习,具体安排如下。

1.见习内容:(1)听见习学校校长做《基础教育改革与优秀教师素养》专题报告;(2)观摩两位教学名师上两节公开研讨课;(3)分组下班观摩原生态课堂教学和原生态课班级管理。

2.见习目标:了解基础教育发展态势,了解作为一个优秀的小学教师具备的素养,重点在于培养高师生专业思想教育和职业意识;初步感知小学课堂教学的特点,培养教育教学观察能力。

3.见习任务:见习生每天要写见习日记,见习结束后,写一篇见习观察报告,并要求带队教导老师利用两节课时间,组织见习生开展见习经验交流。

[资料来源]黄俊官.论高师教育见习形式创新[J].梧州学院学报,2014,24(1):88-89.

(二)教育见习的基本要求

教育见习是教师教育专业教学过程的重要组成部分,做好教育见习工作对保证教师教育专业人才培养质量有着重要意义,是培养见习生运用理论知识发现问题、分析问题、解决问题能力的重要过程。如果教育见习没有具体的要求和合理的安排,那么见习生在见习中能否自觉地、有计划地完成预先确定的任务,能否达到教育见习的目的,就都难以评价和把握。因此,我们应对教育见习提出较为详细的、切实可行的具体要求。

1.提高认识,增强教育见习的自觉性

教学管理部门、指导教师和见习生对教育见习重要性的认识是否到位,直接影响教育见习的成效。因此,管理者、指导教师和见习生唯有充分认识教育见习的重要性,明确教育见习的目的和意义,提高见习的自觉性,才能以极大的热情投入到见习工作中去。

见习前,要开好见习动员会,使指导教师和见习生都能充分认识教育见习的重要意义,增强师德修养,从而激发见习生献身教育事业的使命感。同时,指导教师要帮助见习生做好充分的思想准备、知识准备和物质材料准备。

2. 合理计划，提高教育见习的科学性

教育见习是较复杂的教育教学活动，其内容具有综合性，过程具有多因素性，形式具有多样性，需要加强计划性。只有周密计划，安排全面，要求具体，措施得力，才能保证教育见习任务的全面实施。学校及院系各部门要制定合理而详实的见习计划，从思想动员到见习要求，从见习内容到时间安排，从见习人员的分配到见习单位的选择，从指导教师的职责到见习生的分组合作等都需要考虑周全、合理安排，以保证教育见习的科学合理。如果缺乏见习计划或见习计划不够详实，就不能和校内教学有机结合，学生就会感到茫然，就达不到教育见习的目的。

另外，还应精心选择见习学校和见习班级。一般来说，应本着就近就便的原则选择校风、学风、教风较好，管理有序和质量较高的学校去见习。这样，见习生可以观察到优质的教育教学情境、良好的校园文化、有序的教育和学习环境、和谐的班级氛围，从而认识到前进和努力的方向，坚定从师信念，增强职业认同感。

3. 强化管理，确保教育见习顺利进行

建立健全教育见习领导机构和管理机构，明确职责，加强对教育见习的规范化管理，这是提高教育见习质量、完成教育见习任务、实现教育见习目标的根本保证。学校及院系应成立相应的组织，明确具体职责。学校层面主要负责制定教育见习的指导性文件及工作计划，审查各院系的教育见习计划，督促检查各院系教育见习活动实施情况，研究和处理教育见习中出现的重大问题，协调院系与见习学校的关系，及时获取见习中的反馈信息。院系负责制定各专业具体的见习计划，选聘指导教师，组织学生，做好见习动员与总结交流。指导教师具体负责见习活动的布置、安排、动员、组织、交流、总结以及对见习生的评价工作等。

教育见习是一项动态性教育活动，涉及面广，影响因素多。为了使教育见习顺利进行，达到预期目标，就要强化纪律要求。见习生要严格遵守见习学校的规章制度，听从领导，服从分配，积极参加学校组织的相关活动；尊敬见习学校教职工，关心爱护学生；不得擅自离开见习场所，不得擅自参加非见习活动。指导教师要精心组织，严格管理，并做好每一个见习生的评价工作。院系要做好见习生和

指导教师的考核评价工作。

4.加强指导,提高教育见习的实效性

教育见习的时间往往较短,因此,教育见习前要对学生进行必要的专业指导。每次见习前,指导教师除了进行必要的思想动员和纪律要求外,还要对见习的目的、观察的重点、分析的方法和可能遇到的问题进行逐一的分析指导,并提出明确的要求。

面对见习学校的教育情境,如见习学校教育特色的提炼、课堂教学规律的观察、班级管理的切入点、与任课教师交流的视角、和学生交往的技巧以及收集整理观察材料的方法等,由于知识和能力有限,见习生往往很难切入要害,把握真谛。指导教师应因时因地做好指导,使见习生做到方向明确、心中有数,从而迅速适应见习学校的教育情境,提高教育见习的实效性。

5.积累过程性资料,做好见习总结工作

教育见习的过程是见习生的专业体验和认知不断生成的过程。实践性知识的体验与获得,建立在对经验的不断梳理与反思的基础之上。因此,指导教师要帮助见习生积累见习资料,引导其对见习过程进行反思。比如,可以要求见习生写见习日志,记录所见所闻所感,体验成长的经历;可以要求见习生通过微型调查和访谈,积累教学活动与学生学习现状方面的资料等。

教育见习结束后,指导教师和见习生都要及时做好见习总结与交流工作,比如,交流见习的收获、取得的成绩、存在的问题等,并对高校的相关课程教学进行反思。这样做可以促使见习生在经验积累与体验中不断丰富自身的实践认知,同时促进高校的课程设置及教学改革,不断适应基础教育改革发展的需要。

案例 1-1

我的见习过程

作为一名师范生,即将开始的教育见习让我兴奋不已。能够从学生身份转变为教师的角色去重新审视课堂,这既新鲜又激动。在我心中,"见习"是一个严肃的词语,军队中的"见习"就是要真枪实弹地在前线战斗。教育见习,对我们来说也一样,是要和真实的三尺讲台零距离接触。我借了一套新西服,怀着几分新鲜和激动的心情,和我们小组的其他成员一起前往见习学校。

　　我和小组成员准时到达附小,一切都安顿好后,我们开始认真学习了。进入课堂后开始快速地记着笔记,恨不得把老师的每句话都写下来。我见习的班级是一年级(1)班,我最喜欢听的就是那个数学张老师的课,她把单调乏味的数学知识教得活泼生动。在她的课堂上,我感觉是一种享受,她把难懂的数学知识联系生活实际,这样便于学生理解并快速消化。在小学的课堂中,纪律很难维护,可这位老师让学生的思路始终跟着她,学生根本没有时间顾及其他。她注重对学生思维的启发,新课程的理念在课堂上得到很好的贯彻。这样一位好老师让人肃然起敬,我真的佩服她。她已经四十多岁了,可我们觉得她只有二十来岁,因为她看起来非常年轻有活力。我以前认为那些老教师思想守旧,固守传统的教学方法和思路,可在教育见习中我发现自己的想法是错误的,他们虽然工作了几十年还能保持年轻的外貌和心态,在工作中仍然那么富有激情,我不禁遥想,如果我将来像她一样该多好。

　　第一天的见习就这样结束了。在小学见习的第一天虽然只是听课,做笔记,但是感触颇多。

　　第二天,我继续坐在教室里,听着各门学科的老师讲课,做着笔记。

　　我个人认为,小学教育特别讲究艺术性,小学老师需要具备很强的语言表达能力,这对我这个大男生来说是一种考验。我总是在思考:如果男生像女教师那样用温柔的说话方式,是不是会有更好的教学效果,是不是有利于小学生的健康成长?

　　第三天的时候,我发现后排的几个学生在课堂上不爱发言,心情很沉闷,课间休息时又特别活跃。我开始认真地观察这些学生的一举一动,并思考着:他们的种种行为反映着什么? 不自信? 如果是不自信又是什么原因所致? 这种不自信又会给学生的性格发展带来怎样的影响? 看着这些孩子,我的心一阵酸楚。因为从心理学角度来讲,孩子小时候的某种心理会影响他的成长与学习、生活、交往等,小孩子这么早就不爱发言、心情沉闷,哪能不让人辛酸?

　　在这个问题上,我思考了很多,并想找到一些方法,帮助他们。

[资料来源]http://www.xuexila.com/zongjie/817205.html.

三、教育见习的内容

　　教育见习的内容涉及基础教育的各个方面,主要包括:观察见习学校的教育教学活动,观察和认识中小学学生,观察教师的职业生活和职业行为,观察新课程改革下的课堂教学活动,观察班主任工作,观察在职教师的教研活动等。

信息窗 1-2

日本职前教师教育实践模式

　　日本的教育实习基本分为三个主要步骤,分别为教育观察、教育参与和教育实习。观察实习一般安排在大学 1~3 学年进行,基本内容等同于我国的教育见习。观察实习之后,还有基础实习、应用实习、临界实习。

　　随着教师教育和教育实习的不断改革与发展,日本的教育实习新模式层出不穷,更加重视事前指导和事后指导,还表现出"规范管理、观念务实"的主要特征。"规范管理"表现在日本政府《教职员许可法》对教育实习活动的各项要求都有统一规定,并且具有法律效力,提升了管理的权威性与协调性。"观念务实"体现在对教育实践中细节的关注上,指导教师遵循一切从实际出发的观念,对教学细节都会进行深入研究,力图提升教育实践的切实效果。

　　总体上,日本的职前教师教育实践更加注重系统性和完整性,以此适应社会对教师能力的更高要求。

　　[资料来源]叶叶."教育见习、研习、实习一体化"实践模式的问题与管理对策研究——以上海市 H 大学为个案[D].上海:华东师范大学,2013.

(一) 观察见习学校

　　见习生通过观察见习学校,可以从中了解其发展历程、教学设施、师资队伍、组织机构、教育教学、办学特色等。见习生可以听见习学校专人介绍,观看校史展览或相关视频,留意学校组织机构图,参观年级组和教研组,参观学校一天的教育活动,从而了解学校教育的基本情况和基本规律。

我国现阶段中小学规模不一,但大多组织健全,一般有党政组织、社团组织、年级和班级组织。负责日常教育教学运行的有三个系统,即教学管理、德育工作和后勤保障,分别有专人负责,并有领导分管。教师往往按学科组成教研室或教研组,近年来,规模较大的学校一般成立年级组,形成交叉管理的格局。我国现行的中小学学制主要有两种形式:五四三制(小学五年,初中四年,高中三年)和六三三制(小学六年,初中三年,高中三年)。班级组织是学校实施教育管理的重要组织形式,是学校学生工作管理体制中的基础单位。

见习生进入见习学校后感觉既熟悉又陌生,与自己在中小学当学生时的感受截然不同。他们会把在见习学校的所见与大学课堂所学联系起来,促进理论与实际相结合。同时,通过见习,他们能从不同方面感受学校教育的重要性和复杂性,从而激发自己的从教欲望,使自己尽快成长。

(二)观察学生

对学生行为的观察是一种专业观察。为使观察更加系统和全面,必须在观察前确定目标,并拟订行动方案,这样才不至于陷入只见热闹不见内涵的表象中。

行为观察目标的确定可以以新课程确立的学生发展目标为依据,也可以针对学生的问题行为展开观察。就课堂观察而言,应关注课堂教学中的真实问题,可以就学生学习的参与程度、课堂交往行为、课堂思维状态、课堂情绪状态等方面展开观察与研究。比如,观察学生的学习态度,可以通过观察学生在课堂中举手发言次数、学习效率、作业完成情况以及听课的专注程度等来判断学生的学习态度是否积极,注意力是否集中。再比如,观察学生的课堂交往行为,可以着重观察学生在回答问题或到讲台上练习时是否胆怯、恐惧,对学习活动是否焦虑或不耐烦,与同学能否融洽相处,有无挑衅或攻击行为,有无退缩、冷漠的行为表现等。

对学生的观察,可以参照一些观察线索进行。观察线索可以帮助见习生将观察的焦点集中于学生具体的行为表现。比如,要观察学生的沟通技巧,可以从积极倾听、清晰表达和合理策略三个方面展开,而每一个方面所对应的目标行为表现依次是:能否耐心、积极聆听对方的发言,理解对方的意图;能否运用语言、表情、体态等清晰表达自己的观点;能否适时、适地、适人地综合运用交流和沟通的方式方法。这样,观察就有了明确的目标导向,可以减少盲目性。见习指导教师可以根据需要,编制观察提纲和观察线索,供见习生使用。

对学生的观察,还应注意把学生的课内表现和课外表现、校内表现和校外表现结合起来,把观察和调查结合起来,做到多方面、多途径观察。比如有的学生因为迷恋电子游戏,影响了作业的完成和学习成绩。这些情况,仅靠学校和课堂上的观察往往难以找到病根,需要通过多方调查,从同学和家长处获得更多的信息,掌握他在校外的表现,结合平日观察,才能全面深入,不至于顾此失彼。

（三）观察教师

新时期的合格教师不同于过去的"教书匠",已由工匠式向专业化发展,由知识传授向引导创造发展。新课程改革背景下的教师不仅是教育与教学活动的设计者和组织者、学生学习的指导者和促进者,还是学生的伙伴和示范者、教育教学的反思者与研究者。对教师职业的观察可以依据我国《中学教师专业标准(试行)》和《小学教师专业标准(试行)》,从专业理念与师德修养、专业知识和专业技能等方面进行。

教师的专业理念和师德修养可以从教师对待教育工作的责任心与自信心、对待学生的态度以及日常言行举止中反映出来。见习过程中要注意观察教师是否关注教育现象和教育问题,是否对本职工作充满热情。另外,教师对待学生的态度和管理方法也在一定程度上反映了教师的教育理念。教师职业生活的方方面面都能折射出教师的职业道德修养程度,而教师的职业态度、学生观和教学行为等会潜移默化地影响见习生。优秀教师的职业品质会给见习生树立良好的榜样,起到示范引领的作用;不合格教师的师德会引起见习生的反思,从而引以为戒。

教师的专业知识与专业技能可以从课堂内外的各个环节中反映出来。见习生在课前准备中可以观察到教师的敬业精神、广阔的知识面,学习教师教学准备的方法和获取信息的途径等;在课堂上可以观察教师的教学基本功,观察其处理突发问题的教育机智;在课后辅导中可以观察教师如何获得学生学习情况反馈,如何对学生进行多元评价,并针对性地改善学生的学习问题;在课后反思中还可以观察教师的自我评价和教育研究的方法。此外,观察教师与同事、家长、社会人士等的交流情况,能够学习如何协调多方教育力量以实现有效教育。

通过对教师的观察,见习生能够明确合格教师应具备的职业素养,激发自己进一步学习的热情和兴趣,为形成良好的教师综合职业素质奠定基础。对教师的观察,还渗透在课堂教学观察、班主任工作观察、教研活动观察等诸多见习内容之中。

(四)观察课堂教学

课堂教学是学校教育的核心,也是最基本的教育活动。教学理念、教学模式、教学行为、教学方法、教学艺术都集中表现在课堂教学活动中。课堂教学信息量大,观察具有一定难度,要善于从教与学两个方面观察。

1. 观察教师课堂教学行为

观察教师的课堂教学行为,可以从以下几个部分切入。

①教学准备行为。新课程要求的备课行为以指导学生怎样学为目的,强调在个人备课基础上,年级教研组进行研讨交流性质的集体单元备课。备课时应按照新课标与学情,根据集体研究与个人体会,参阅教师用书和相关资料信息,写出教学方案。要用课前、课中、课后三个时段完成备课任务。课前重预测设计,课中重个别服务,课后重反馈调控。在教学设计方面,面向不同类型的学生设计目标,采取分类目标设计或个别目标设计,并且知识与能力、过程与方法、情感态度与价值观三维目标整体设计。

见习生观察教师的教学准备行为,重点在于观察教师的课堂教学设计。首先,观察教师如何进行背景分析,包括教学任务分析和学生情况分析。教学任务分析,主要研究教学内容涉及的核心知识、思想方法、知识之间的联系以及教学重点、难点等。学生情况分析,主要研究学习新知识时,学生拥有的与新知识密切相关的已有知识,以及学生的认知特点、动机态度、学习方法、学习习惯等。其次,观察教师如何进行教学目标的设计。重点询问和观察教师如何围绕三维目标,在准确把握课程标准、教材内容和学生学习状况基础上进行教学目标设计的。再次,观察教师如何根据教学目标、教学内容、学生情况进行教学方法设计。最后,观察教师如何进行教学媒体设计。教学过程是复杂的,现代教育技术的运用切忌形式上的创新而实质上无效。

②教学实施行为。新课程主张多元互动的教学方式,创设有效的课堂教学情境,形成有效的课堂教学行为,达到提高课堂教学质量的目的。教学是面向全体学生,指向不同需求、有差异的学生个体,使每个学生都能成为待点燃的火种。

见习生观察教师的教学实施行为,重点在于观察教师确定的教学目标是否符合课程标准,是否符合学生实际,教学重点和难点是否突出,如何创造性地运用教科书,如何选择练习等。同时注意观察教师是否贯穿新教学理念,灵活运用多种教学方法,注重启发与点拨,是否创设了良好的教学情境,课堂教学层次安排是否合理,教学过程是否流畅,各环节过渡是否自然,教学时间安排是否合理。注意观察教师如何处理课堂上的突发事件,维护教学秩序。

③教学评价行为。新课程教学评价要求不仅要关注学生在语言逻辑和数理逻辑方面的发展,而且要关注发展学生其他方面的潜能,诸如与人交往的能力、适应环境的能力等。评价方式也多样化,不仅要重视量的评价,还要重视质的评价。另外,还要强调评价的真实性和情境性,不仅要重视学生解决问题的结论,还要重视学生解决问题的过程。

见习生观察教师的教学评价行为,主要从两个方面进行。第一,观察课堂练习和课后作业的布置、批改与评讲。课堂练习和作业是获得教学反馈信息的主要渠道,通过练习和作业,教师可以及时发现问题予以弥补和矫正。要观察教师的练习和作业设置是否合理,是否体现了教学重点和难点,是否有助于学生开拓思维和知识巩固。当堂评讲与课后批改是否因人而异,是否注意启发性。第二,注意观察教师对学生课堂活动的评价与指导。学生在课堂上提出问题、讨论问题、回答问题,都可以反映学生的学习状况,教师要适时并因人而异地予以评价,尤其是引导其进一步思考。同时,对在课堂活动中不配合、不积极的同学要给予恰当的引导,帮助其克服自身的弱点。

2.观察学生课堂学习行为

学生是课堂的主体,学生的课堂行为是教师行为的直接反馈,也是一堂课是否成功的根本表现。学生的课堂表现可通过观察学生回答问题、做练习、师生互动或学生间互动情况,了解学生是否掌握了所学内容,各层次学生是否均有所得,学习积极性如何,思维是否活跃等,见习观察时需注意以下几方面的问题:

①观察学生成绩对课堂教学的影响。在课堂教学中,成绩好的学生一般比较注意听讲,课堂活动中比较活跃,而成绩较差的学生一般注意力不够集中,与教师的互动也不够积极。教师往往也比较注意成绩好的学生,课堂提问也倾向于让成绩好的学生来回答问题。

②观察学生的性别对教学活动的影响。学生的性别会影响学生与教师交流。课堂上,男生与教师的互动相对来说要比女生多些,这表现在男生经常更深入地思考问题,更大胆地提出问题。而女生主动与教师在课堂上进行交流相对要少些,她们更多的是愿意作倾听者。

③观察教学内容对课堂教学的影响。男女生性别间的心理差异是客观存在的。一般而言,女生在语言能力、形象思维方面具有优势,但在逻辑思维、空间能力、理解记忆方面则处于劣势;而男生则在逻辑思维方面能力较强,而形象思维、言语能力稍显不足。这种差异必然会影响学生对具体科目的学习,如在阅读方面,女生在课堂上一般比男生要活跃些,而在学习数学方面,男生会略占优势。

④观察学生家庭背景对课堂教学的影响。拥有良好家庭背景(如家庭富实、父母和睦、生活幸福等)的学生,往往更加自信,有更好的学习习惯,从而在课堂上会更活跃,更能与教师产生积极的互动。而家庭背景相对不好(如家庭不和、破裂、家庭贫穷等)的学生,更多的存在某些非智力问题,不愿与教师产生积极的互动,甚至会产生消极的互动,从而对课堂教学产生消极影响。

⑤观察学生学习小组的活动。新教育理念越来越强调合作学习、探究式学习。许多教师在课堂上让学生组成学习小组进行合作学习,最后拿出小组的学习成果,这种学习形式更能调动学生的学习兴趣,使学生更主动地参与学习。同时,它变个人竞争为集体竞争,有利于加强学生的团队意识和合作意识。在观察学生小组活动时,要关注学生个体是否完全参与到小组活动中、小组和教师的互动情况、小组内同学间的互动情况、小组的计划是否合理、小组活动过程是否偏离学习目标等。

(五)观察班主任工作

班主任工作是一项复杂的工作,是一项塑造人的心灵、雕琢人的感情与性格的伟大事业。班主任是全班学生的组织者、领导者和教育者。班主任工作的好坏

影响学校教育教学工作的质量,影响着未来人才的素质。观察班主任工作主要从以下几方面入手:

1.观察班级常规建设

班级是学生参加学习活动的主要阵地。班级常规管理得好,可以培养优良的学风,促进学习质量的提高。首先,观察班级是否制定自己的规章制度,从班级制度中能够看出班主任对学生日常行为规范的要求以及管理方式。其次,观察学生档案,班主任会通过学生档案详细了解学生的家庭情况、性格、兴趣、特长、学习状况等。在观察中能够学习班主任分析学生情况的视角和思路,这也是教育见习中学习和观察的内容。另外,还要观察班级集体活动的组织。集体活动能够有效增强班级的凝聚力,是班级建设的重要内容。在观察班会、劳动等集体活动中能够看到班主任对学生的要求和影响。班主任要以自己的言行举止,潜移默化地感染和引导学生,使学生养成良好的行为习惯,逐渐形成独特的班风班貌。

2.观察师生关系的建立

建立良好的师生关系,是做好班主任工作的基础,也是教育好学生的前提。良好师生关系的建立关键在教师,尤其是班主任。观察师生关系如何建立的重点是看班主任是否热爱学生,能否公平地对待学生,是否关注学生生活和学习上的问题。每个班级都有优等生和后进生,作为班主任,不仅要爱优等生,更要爱后进生,把爱撒向每个学生。任何偏爱都会使学生的自尊心受到伤害,从而对班主任的教育工作增加难度。班主任要在生活上关心爱护学生,对于家庭困难等较特殊的学生要给予特殊的关爱;学习上要关注每一个学生,在一视同仁的基础上对后进生给予更多的关爱。这些都是观察师生关系时需要注意的,也是在见习中可以观察到的。

3.观察班干部的培养

要建设一个积极向上、团结友爱的班集体,仅靠班主任的力量是不够的,还需要有一支得力的班干部队伍作为班级助手。班干部队伍的好坏,将直接影响班风建设。观察班干部的培养,要从选拔班干部的程序看起。以知识、能力、品行等多方面作为考核依据,在充分尊重大多数学生意见的基础上,真正选拔出一批工作能力强、受同学拥护、以身作则的班干部。班主任如何指导班干部开展工作也是见习时需要观察的内容。班干部队伍形成后,班主任要尽量放手让班干部去开展工作,但不能撒手不管;要随时观察班干部的表现,有针对性地给予工作方法上的指导,及时调整不合理的工作分工。只有对他们热情鼓励,又要严格要求,才能上下齐心,共同建设好班集体。

4. 观察学生集体荣誉感的培养

集体荣誉感是一种热爱集体、关心集体、自觉地为集体尽义务、做贡献、争荣誉的道德情感。它能给人以自信、自尊,给人以前进的力量,是团结人们共同奋斗的巨大凝聚力。见习班主任工作时就要观察班主任如何树立起班级的良好形象,在集会、出操、劳动等集体活动中培养学生的集体荣誉感。

5. 观察后进生的转化工作

后进生的转化是班主任的重要工作,也是建立一个良好班集体的必要工作。观察后进生转化工作,首先要看班主任如何掌握后进生的各方面的具体信息,挖掘导致后进的原因。其次,要观察班主任与后进生的交流方式。建立在尊重、信任基础上的交流往往会有更好的效果。班主任能用情感去温暖、感化他们,才能帮助他们扬起前进的风帆。再次,观察班主任如何评价后进生。班主任的话在班级管理中是有导向作用的。如何正确运用表扬和批评的方法,对学生的教育作用是不同的。最后,观察班主任怎样挖掘后进生的闪光点,创造机会帮助其树立信心。在平时的班级活动中,班主任要因人而异、因势利导地发展后进生的特长,激发后进生的表现欲望,帮助他们树立自信心,从而实现更好地成长。

6. 观察班主任与任课教师的沟通工作

教育是一项集体性工作,仅靠班主任一人无法完成。在校内需要班级各科教师的通力配合,才能形成教育合力。班主任是教育合力的核心,要做好与任课教师的沟通协调工作。见习生要观察班主任对待任课教师的态度,看班主任如何向学生介绍任课教师的优点、特长、教育教学方面的成绩等,以帮助任课教师树立威信,使学生因尊其师而重其教;还要观察班主任与任课教师之间如何进行沟通与配合。一方面班主任要向任课教师介绍学生情况,帮助任课教师更全面地了解学生;另一方面班主任向任课教师了解学生的课堂纪律如何,学习态度如何,是否按时完成作业等,并协助任课教师处理发现的问题。做好与任课教师之间的沟通工作有利于班主任全面抓好班级管理工作,有利于根据学生特长、爱好,因势利导,促进学生的全面发展。

7.观察班主任与家长的沟通工作

在校内班主任需要做好与任课教师和管理人员之间的沟通工作,在校外还需要与家长和其他教育力量保持联系。正确处理与家长的关系直接影响班主任各项工作的开展。在校大学生缺乏与各行各业人士打交道的经验,就要在见习中观察班主任何时、何地、以何种态度、通过何种途径与家长进行沟通,怎样取得良好的沟通效果等。处于学校、家庭和社会中心的班主任,怎样联结三方面教育力量,发挥教育效果,是观察和学习的重点。

（六）观察教研活动

现代教师应该同时是一位教育研究者,教研活动已成为教师工作中不可缺少的一部分。见习生可以通过参加或观摩相关的教研活动,提高对教师职业的认识,增强对教学理念的理解。教育见习中,见习生要重点观察以下几种常见的教研活动:

（1）观察听课、评课活动

听课、评课是传统的教研活动形式。授课教师要精心设计和实施学科教学,并在课后介绍教学设计的重难点、方法及自己的体会等。优质的课堂教学非常值得见习生学习。与此同时,同行教师还会针对课堂上呈现出的优缺点进行研讨,提出参考性意见和建议。这能够启发见习生更加深入地对课堂教学进行思考,掌握评价一节好课的标准。比起单纯的听课,见习生能够参与同行评课,会有更大收获。

（2）观察说课活动

说课是授课教师在备课的基础上,面对同行或教研人员,讲述自己的教学设计,然后由听者评说,达到互相交流、共同提高的目的的一种教学研究和师资培训的活动。教育见习中,见习生通过观察说课活动,不仅能增强对学科教学的思考和领悟,还能促进教育理论的内化和运用。

（3）观察课题研究与论文交流活动

通过课题研究解决教育教学实践工作中的具体问题,能有效促进教师专业发展,提升教育教学水平。见习生在此类活动中可以扩大视野,更多地接触到教育领域的实际问题,学会在工作中反思,提高教研意识,进而提升专业素养。

（4）观察试题评讲活动

一名合格的教师必须能够独立编写试题，制作试卷。教师出题、解题能力也能反映出其对教学内容的把握程度。见习生通过参加试题评讲活动，能增强自己对教材、大纲的理解和把握能力。

（5）观察教学竞赛

教学竞赛是学习和提高课堂教学能力的有效途径之一，参与教师都会尽最大努力呈现一节优秀的课，以展示自己最高的教学水平。因此，观摩教学竞赛，是见习生学习具体的教学方法、课堂管理艺术、提高课堂教学能力的最佳方式。需要注意的是，观察过程中，见习生要做好详细记录，事后及时进行反思和交流，以真正达到促进提高的目的。

在职教师的教研活动对见习生的职业发展影响很大，能促使他们进一步确立终身学习的意识，增强专业学习和专业技能训练的自主性。

四、教育见习报告的撰写

教育见习报告的撰写是见习生对教育见习过程的全面总结，是运用所学的理论知识对教育见习中发现的问题进行分析和研究所形成的应用性文书。

（一）教育见习报告的撰写要求

1. 目的明确

教育见习是围绕特定目标，为了解决一定问题而进行的。撰写教育见习报告就要围绕这一目标，通过所见所闻，达到解决这一问题的目的。同时，撰写教育见习报告的过程也是整理教育见习资料，梳理见习感受，深化对教育教学的理性认知的过程。

2. 真实可信

教育见习报告的内容，要如实准确地反映教育见习的基本情况，所引用的材料必须真实可靠、准确可信。在描述教育教学现象或发现的问题时，要力求客观全面，实事求是，不能主观臆造事实。

3. 科学清晰

教育见习报告虽然强调以客观事实为依据,但其不是材料的罗列和堆砌,更不是记录教育见习活动的流水账。它需要见习生运用教育教学理论对材料进行分析、筛选和概括,从表面现象中揭示内在联系,从感性经验描述上升到理论分析层面,从而理论联系实际。同时报告内容应条理分明,一目了然。

4. 简明扼要

教育见习内容丰富,资料繁多,但教育见习报告却不必长篇大论,或挑选最能体现基础教育改革与发展方向的内容,或挑选自己感触最深的事件或细节。见习报告的语言要简洁、准确,尽量用简明流畅的文字表达尽可能多的内容,用确切恰当的语言反映见习对象的本来面貌和自己的感受。

5. 具有独创性

教育见习报告必须在充分占有资料、掌握最新动态的基础上有感而发,体现自己的真情实感,并结合自己的认识提出对教育教学现象的分析和思考,从而写出新意,切忌抄袭书本和他人的成果。

(二)教育见习报告的基本结构

教育见习报告分为表格式和一般文本式两种基本形式。表格式教育见习报告一般由学校或院系统一制定,内容程序化;一般文本式教育见习报告的形式比较自由,没有固定的格式或结构。一般来说,两种形式都包括以下三个部分:

1. 基本情况

教育见习报告的开头部分,主要介绍教育见习的基本情况。简要介绍见习时间、见习地点、见习学校、见习班级或见习事件等,说明见习的主要内容和形式,并说明见习的目的和写作见习报告的目的,以使人们初步了解见习的基本情况。

2. 过程和感受

教育见习报告的正文部分,介绍教育见习内容、过程和感受,是见习报告的主体和核心,具体叙述教育见习中经历的事件经过、发现的问题,并对所记事件进行说明和议论,是见习生对教育见习的感受和认识的集中阐述。这一部分既要有事实的记述、材料的展示和教育教学现象的描述,也要与所学理论相结合,进行总结、提升。

专题见习可具体记叙整个见习过程,也可选择自己感受最深的部分重点描述,并发表自己的看法。综合见习可以按照教育见习的内容,如从教学准备、课堂教学、课后辅导、作业批改、班主任工作、教学效果反馈与评价、教学研究等方面进行论述,也可以根据自己的经历和认识,选择自己体会最深的某几个方面进行阐述,提出自己的认识和思考。

3. 总结提升

教育见习报告的结语部分,所占篇幅较少,行文需简短有力。可以进一步发表自己从教育见习中获得的经验及感想,也可以对正文部分的重点内容做进一步概括和提升,也可以就发现教育教学中存在的问题提出需进一步研究的问题,以引发人们持续探索和思考。另外,还可以提出对见习工作的意见和建议,阐述教育见习对将来学习和就业的启发等。

(三)教育见习报告的写作过程

教育见习报告的写作过程,是对教育见习的回顾和总结,对见习中的所见所闻加以整理,对见习中自己所想所感的提炼和升华的过程。教育见习报告的撰写一般包括以下几个步骤:

1. 梳理材料

要结合自己在校所学教育理论和学科知识,对教育见习中积累的材料进行梳理、分析、概括和提炼;要善于对材料加以比较、选择和取舍,从中抓住一些关键的有价值的材料进行深入分析研究,并作为教育见习报告的写作素材。

2. 拟定提纲

拟定提纲是对写作思路的进一步整理。要详细列出见习报告的基本框架,即报告分为几部分,每一部分占有哪些资料,准备写什么内容,先写什么,后写什么。尤其要清楚见习报告重点突出什么内容,表述自己的什么观点。拟定提纲非常重要,它是撰写成功、少走弯路的关键。

3. 执笔写作

在拥有资料和提纲的基础上,组织素材,进行写作。教育见习报告的写作既要有教育教学现象的展示和描述,又要有理论分析和自己的切身感受。叙事要详略得当,议论要有的放矢,个人的体会要明确可信。报告既要有一般性的整体概括,也要有典型问题的具体论述。字数要控制在一定的范围之内。

　　学校或指导教师往往对教育见习报告有一定的具体要求,撰写或打印时要注意符合要求,格式规范。

案例1-2

教育见习报告

　　【见习时间】××年××月××日

　　【见习学校】××中学

　　【见习班级】九年级(一)班

　　【指导教师】陈老师

　　【见习内容】课堂教学,班主任工作,了解、认识当代中学生

　　【见习目的】通过见习,我们能更早地接触并了解中学教育的实际状况,将理论与实践相结合,加深对教师教学技能的理解与认识,同时增强对教育工作者肩负的责任的认识,为以后走上工作岗位积累一定的经验。

　　【见习的基本情况】

　　几经波折,我终于坐上了前往见习中学的公交车,心底的那份小激动久久不能平静下来。是的,当了十几年的学生,都是老师给我们上课,都是一群熟悉的伙伴在一起成长,今天终于换了个方式,我将以老师的身份站在大家的面前,去重新认识学生和老师的角色。陌生的景,陌生的人,还有陌生的事,看起来真的挺像一场不可预测的冒险与挑战,不过感觉还不错。

　　当我踏进××中学的那一刻,熟悉的感觉扑面而来:小小的校园,绿草青青,蓬勃的树木竞相探出墙头。三三两两的同学们笑着闹着,打破了校园的宁静。我似乎回到多年前,那个紫荆花盛开的地方,我们一起走过的分分秒秒。那个年代,真的远了,却无比怀念。这让我很快地融进了这个陌生却透着熟悉的环境。

　　一、课堂教学

　　当我走进这个班级的时候,同学们都投以好奇的目光,不过很快就被笑容取代,并且还亲切地叫老师好呢!这让我压力大大减小,很快地进入角色。

　　因为是补课，所以上课的科目也比较少，平时学校的某些日常活动都取消了，比如说早操、眼保健操等，但基本的流程还是保留的，比如说早读。可能是由于我们几个实习老师在场吧，大家都非常认真，又或许学生本来就那么用心的。总之，我是看到了孩子们朝气蓬勃的、好学的一面。

　　见习第一天结束了，我真的收获不少，真真切切地体会了作为一个老师的幸福和责任。

　　第一，老师愉悦的情绪和饱满的工作热情能唤起同学们学习的激情。谁都不喜欢整天板着的脸，看着就有压力。我觉得老师跟学生之间不要刻意拉开彼此间的距离，亦师亦友就很好。课堂上，老师可以说些幽默故事或生活小常识来融洽课堂氛围，但记得一定要有个度！

　　第二，讲课要尽量生动，这是吸引学生主动学习的关键。我觉得在教育教学条件允许的范围内，实行创新教学还是比较有效果的。比如说提问的时候，可以鼓励大家竞答；讨论问题的时候，可以分组交流；又或者遇到分歧的时候组织辩论赛；又或者玩个小游戏等，这些都会引起学生的兴趣。学生在乐中学，在学中做，他们不再觉得课堂是一味地枯燥地灌输知识。

　　第三，安排好一节课的流程。众所周知，一堂精彩的课，不仅靠学生的积极配合，还与老师的合理安排大有关系。指导老师的课安排得就很好，有复习上节课的内容、提问导入课题、深入探讨、随堂小问、讨论、随堂练习等，讲课中时常穿插幽默小故事、生活小常识等，精彩的课堂就是这样产生的。我想这是作为一名合格老师所必备的吧，作为未来教师的我们，日后也要往这方面下苦功夫了。

　　从课堂上学来的还有很多很多，而我要学习的还有更多。这就需要我们点滴的观察和积累了。

　　二、监考

　　下午刚上完课，同学们就开始搬桌子换位置，我还纳闷着他们要干嘛呢。看到我一脸的疑惑，指导老师就跟我说他们要测验，而我就是他们的监考老师。听到这些，我的内心非常激动和兴奋啊。

当我抱着卷子走进教室的时候,同学们还是一如既往的好奇。不过,在我发下卷子后,大家都集中精力做题目了。而我还是平静不下来,想当年啊,我是奋笔疾书、绞尽脑汁对付题目的学生中的一员,而今却以老师的身份站在讲台上。看着当年的那个"我",感慨良多。

重点班的纪律比较好,除了翻动卷子的声音、笔和纸的摩擦声外,几乎听不到别的声音了。乖孩子,真不错!

不过我的内心还是在纠结着:他们是否也像我怕监考老师那样怕我呢?不是说怕发现在作弊,只是害怕那张板着的脸。我想:以后监考能不能换个表情呢?

三、评卷

收好卷子,指导老师说,既然来了就感受一下当老师的全部过程吧,帮忙改一下卷子!于是乎,又一次激动汹涌而来,以前也帮老师改过卷子,可是今天是以一个老师的身份改卷子,我的内心是相当的兴奋。改卷的过程中,看到好成绩我会高兴,看到不太理想的成绩我会郁闷,还有那么点气愤。我想,当年老师面对我们七十多个学生的时候,该有多头痛呢!老师不容易啊!

【班主任工作】

指导老师跟我说班主任的工作很琐碎,班主任必须有极大的耐心和热情。我想班主任是为我们付出最多的人,他们要承受比其他任课老师更多的压力,他们默默地为学生做了很多好事之后,有时却得不到理解……

这又令我想起我们高三的班主任。在毕业晚会上,他说:"别以为毕业了就有多了不起,以后不要想我!"他说这句话的时候,大家都起哄。可是我想,我现在承认,我想他了。是的,再也没有一个老师会天天比我们所有人都早到教室,比我们任何人都晚离开教学楼;再也不会遇到一个老师只要不上课的时候,就悄悄地出现在后门或窗边,在厚厚的笔记本上飞快地记着什么;再也没有老师在每次大考小考成绩出来后,逐个叫出去谈话了吧。还有很多很多……

虽然有点晚,我还是想在这里说:老师,谢谢您了!

【认识当代中学生】

在我见习的班级中,我领略了90后学生的个性特点。他们在课堂上特别活跃,有主见、敢于发表自己的意见、善于思考、积极乐观、虚心好学,等等。我知道不能以偏概全,但他们给我的真实感受就是这样。

【见习总结】

一天的见习,让我体会到作为一个教育工作者所承受的压力,他们的艰辛和默默付出是难以想象的。人类灵魂的工程师! 虽然没有过多的时间和机会让我尝试各种教育工作,但通过指导老师的热心指导,我学到了不少知识,同时也发现自己的不足。想要成为一名合格的教师,就要从现在开始认真对待,虚心求教,积累经验。为了实现这个目标,就要好好鞭策自己向着目标不断奋进!

[资料来源]http://www.5ykj.com/Article/zjbgsxbg/126635.htm.

 问题思考与讨论

1.教育见习对促进师范生的专业成长有何意义?

2.见习生如何在教育见习中培养从教意识和素养? 未来教师的素养应包含哪些内容?

3.见习课堂教学应当注意哪些内容?

4.见习生在优秀教师身上能学到什么?

5.有一个孩子有一次考试得了 58 分,他泪流满面地找老师"借分",说家长看到他考试不及格会打他,他保证以后用满分还老师。如果你是老师,你会怎么办?

6.结合教育见习经历谈谈如何写好教育见习报告。

7.爱迪生曾因学习成绩不良被拒之门外,巴顿将军经常逃学,牛顿在中小学时成绩一直不好,拿破仑在小学时常不能正确拼写,富兰克林在小学时数学常不及格,法国前总统密特朗在中学时数学和物理成绩都不好,他们后来都成了世界名人。你怎么看这一现象?

8.老师怎样把爱撒向每一个学生?

9.遇到"不讲理"的家长,班主任应该怎么办?

10.结合基础教育新课程改革,谈谈你对以下内容的看法。

叶圣陶先生说过:儿童遇到事物,发生了求知的动机,于是亲自去观察,去试验,结果,他们对于这事物得到了一宗新知识,他们在生活中就有了一个新趋向。这种活动创造的能力,什么时候什么地点都用得着,这才是做人的根本方法。学校教育能注意到这一点,学生就能不断创造,以谋求社会的进步。

1. ［苏］苏霍姆林斯基. 给教师的建议［M］. 杜殿坤, 编译. 北京:教育科学出版社,1984.

2. 庄辉明. 明天的教师［M］. 上海:华东师范大学出版社,2008.

3. 商友敬. 过去的教师［M］. 北京:教育科学出版社,2007.

4. ［美］小威廉. E. 多尔,［澳］诺尔·高夫. 课程愿景［M］. 张文军,张华,余洁,等译. 北京:教育科学出版社,2004.

5. ［法］卢梭. 爱弥儿——论教育［M］. 李平沤,译. 北京:商务印书馆,1978.

网络导航

1. 中国中小学教育教学网　　　　http://www.k12.com.cn/

2. 中国教育在线　　　　　　　　http://www.eol.cn/

3. 中小学教学资源网　　　　　　http://www.edusx.net/

第二章　教育实习

 学习目标

　　了解教育实习的性质与意义,认识教育实习的目标与任务,掌握教育实习的内容与模式,理解我国教育实习存在的问题及其解决策略。

一、教育实习的性质与意义

(一)教育实习的性质

　　《辞海》提出,教育实习是师范学校的教育环节之一,是学生在教师的指导下,运用已获得的知识和技能,在中等、初等学校和幼儿园参加教学和班主任等工作。教育实习一般在毕业阶段进行,能加强理论与实际的联系,培养学生独立工作能力,是各级师范院校教学计划的有机组成部分。《教育大辞典》指出,教育实习是各级各类师范院校高年级学生到实习学校进行的教育、教学专业实践的一种形式,包括参观、见习、试教、代理或协助班主任工作以及参加教育行政工作等。《中国教育百科全书》指出,教育实习是师范院校学生参加教育、教学实践的学习活动,是体现师范教育特点、培养合格师资的重要环节,是各级师范院校教学中不可缺少的重要组成部分。

　　从上述对教育实习的界定中可以看出,教育实习具有以下几层含义:首先,教育实习是高等师范院校人才培养方案的重要组成部分,是指导教师有目的、有计划、有组织地指导师范生学习如何做一名合格教师的活动。尽管学习场所、学习

方法和师范生在学习活动中的地位发生了变化,但其培养师范生成为合格的中小学和幼儿园教师的目的没有变化。其次,教育实习是师范生教学专业训练的一种模式,它有利于师范生将理论和实践联系起来,使其在从事教育教学工作实践的基础上把对教育事业的感性认识和理性认识统一起来,从而加深师范生对专业知识的理解,并在教学实践中发展他们的才智。最后,教育实习是师范专业培养合格的中小学和幼儿园教师的实践环节。教育实习这种实践方式不仅能够综合运用、综合考察和综合提高所学教育知识,而且能够培养师范生从事教育和教学工作的能力,加深和巩固师范生的专业思想,使其得到全面锻炼。

信息窗 2 - 1

陶行知论教育实习

伟大的人民教育家陶行知先生(1981—1946)曾经尖锐地批评过旧的师范教育的缺点:"现行师范教育将学理与实习分为二事,简直是以大书呆子教小书呆子,所出的人才和普通中学不相上下。国内少数优良小学全凭天才做台柱,至于师范教育的贡献还是微乎其微。大多数受过师范训练的人,至今办不出一个可以令人佩服的学校,岂不是大可叹息的事吗? 我们再看看木匠徒弟所做的桌椅,裁缝徒弟所做的衣服,漆匠徒弟所做的牌匾,不由人要觉得十分惭愧的。"陶先生重视师范学校的教育实习,同时他更重视师范学校的附属小学。他认为师范附小不仅是师范学校的实习场所,而且应当成为师范生的榜样,办师范学校要从小学实际和小学需要出发,才能够培养出名符其实的小学教师来。他说:"平常师范学校的小学叫做附属小学,我们要打破附属品的观念,所以称他为中心小学。中心小学是师范学校的主脑,不是师范学校的附属品。中心小学是师范学校的母亲,不是师范学校的儿子。中心小学是太阳,师范学校是行星。师范学校的使命是要传播中心学校的精神、方法和因地制宜的本领。"

[**资料来源**] 盛克猷.教育实习[M].济南:山东教育出版社,1986:1 - 2.

当年陶先生所办的晓庄师范学校与众不同,他重视理论联系实际,采取学习书本知识与教育实习并重的方法。学生从入学考试起,就注重他们口头语言表达能力的培养,除了考作文以外,还要考三分钟的讲演。学生入学后,每天要写一篇日记,把学习心得、工作体会、思想感情都写下来,留作研究参考,这就逐步培养了师范生的小学教育专业思想和写作能力及写字技巧。晓庄师范学校还在附近农村办了一些中心小学、乡村小学及中心幼儿园,由师范生轮流去做校长、教师,任期半年,培养师范生的办学能力和教学能力。晓庄师范学校通过学习理论与教育实践相结合的方法,培养师范生的办学能力和教学能力,使他们毕业后不需要摸索很长一段时间,就能愉快地胜任小学教育工作,为我国教育战线上培养了大量人才。这些经验是值得我们学习的。

（二）教育实习的意义

教育实习是高等师范院校培养合格教师的一次重要的职前训练,是执行教师教育教学计划、实现其培养目标的一个重要的实践环节,对巩固和提高师范生专业思想、教学能力、班主任工作能力、教育教学研究能力等有着深刻的理论意义和实践意义。

1. 专业思想方面

衡量师范生综合素质的高低,不仅要看他们掌握的知识和技能的多少,还要看他们思想品德是否高尚。如果师范生没有坚定正确的政治方向,没有为人民的教育事业作贡献的高尚思想,那么,他们即使掌握了许多知识和技能,也不能成为合格的教师。教育实习是师范生巩固专业思想、陶冶师德的良好时机和有效路径。

师范生的专业思想不是与生俱来的,而是教育和培养的结果。专业思想需要在实践中养成。师范生与中小学教师和学生朝夕相处、共同生活和工作,他们能够从许多长期在自己的本职岗位上默默无闻地辛勤工作的教师身上受到教育和鼓舞,从而克服困难,提高工作的自觉性,巩固他们的专业思想,增强从事教育工作的光荣感和责任感,坚定他们献身教育事业的信念。因此,教育实习是培养师范生热爱教育事业的良好时机。实践证明,一个人对社会贡献的大小,往往与其对所从事工作的热爱程度有关,只有热爱自己所从事的事业,才能投入全部身心。当师范生走上实习的讲台,教师的责任感就会油然而生,他们会认识到自己所肩负的重任,从而促使自己用实际行动去履行教师神圣的职责。

2. 教学能力方面

教学是以教师传授知识、技能等和学生获得知训、技能等为基础,教师的教和学生的学相互联系、相互作用的统一活动。在这种活动中，决定教师在其中的地位、作用的核心因素就是教师的教学能力。教师的教学能力直接影响教学活动的效果。

《学记》有云，学然后知不足，教然后知困。只有在实践中才能"知道自己不知道"，才能提高师范生的专业知识水平和教学能力。正如医生要通过临床实习的专业训练，工程师要通过工程实习的专业训练，师范生要到中小学进行教育实习，其教学能力才能得到体现和提高。学习的目的在于应用，不加以应用，就形成不了真正的教学能力。教学能力的形成，是师范生在掌握一定理论知识的基础上，通过教学过程各个环节的长期实践，逐渐取得经验，并不断补充、完善，从陌生到熟练的过程。所以，教育实习是培养师范生教学能力和教学艺术的必由之路。

信息窗 2－2

教师的教学能力

教学能力是以认识能力为基础，在具体学科教学活动中表现出来的一种特殊能力（专业能力）……我们认为各式各样的教学活动，所涉及的能力可以归结为三种：即教学监控能力、教学认知能力和教学操作能力。教学监控能力是指教师为了保证教学的成功，达到预期的教学目标，而在教学的全过程中将教学活动本身作为意识的对象，不断地对其进行积极主动的计划、检查、评价、反馈、控制和调节的能力，这种能力是教学能力诸成分中最高级的成分，它不仅是教学活动的控制执行者，而且是教学能力发展的内在机制。教学认知能力主要是指教师对教学目标、教学任务、学习者特点、教学方法与策略以及教学情境的分析判断能力，主要表现为：（1）分析掌握教学大纲的能力；（2）分析处理教材的能力；（3）教学设计能力；（4）对学生学习准备情况与个性特点的了解、判断能力等。在教学能力结构中，教学认知能力是基础，它直接影响教师教学准备的水平，影响到教学方案设计的质量。教学操作能力，主要是指教师在实现教学目标过程中解决教学问题的能力。从教学操作的手段（或方式）看，这种能力主要表现为：（1）教师的言语表达能力，如语言表达的准确性、条理性、连贯性等；（2）非言语表达能力，如语言的感染力、表情、手势等；（3）选择和运用教学媒体的能力，如运用教具的恰当性。从教学操作活动的内容看，这种能力主要包括：（1）呈现教材的能力，如恰当地编排内容、次序,选择适宜的呈现方式等;(2)课堂组织管理能力,如学生学习动机的激发,教学活动形式的组织等;(3)教学评价能力,如及时获取反馈信息的能力,编制评价工具的能力等。

[**资料来源**]申继亮,王凯荣.论教师的教学能力[J].北京师范大学学报(人文社会科学版),2000(1):68－69.

3. 班主任工作能力方面

班主任工作能力是每一个教师必须具备的能力,和教学工作能力一样,也是衡量师范生合格与否的主要依据。培养师范生的班主任工作能力是高等师范院校的一项重要工作。

班级是学校的细胞,既是学校进行教育、教学工作的基本单位,也是学生学习、活动的基层集体。只有把一个班级的学生很好地组织起来进行教育和教学活动,才能使这个班级的学生在德、智、体、美、劳等方面得到发展。只有把教育目的和教学计划很好地落实到每一个班级,才能提高全校的教育质量。

班主任工作能力必须通过教育实习这种"实战演习"来培养。班主任工作实习期间,师范生与常年从事班主任工作的教师在一起工作、生活和学习,能够认识到教师劳动的社会价值,感受到教师的神圣、职业的神圣和讲台的神圣,就会由衷地产生一份责任感。师范生还能在班主任工作中锻炼自己的社会活动能力和协调沟通能力。班主任工作的亲身经历,能加深师范生对所学教育科学理论的理解,初步掌握班主任工作技能,形成独立从事对学生思想教育工作的能力。

4. 教育教学研究能力方面

"教师即研究者"应成为教师专业成长的目标与追求。事实上,教师职业的专业性之一便体现在对教育教学的研究上,教师不能游离于教育教学研究过程之外,自己就应该是个研究者。只有当教师的教育教学活动与研究结合起来,教师的行为才有了更富理性的内涵,教师的教育智慧才有生成的可能。

师范生在教学实习过程中,应不断总结经验,认真钻研课标和教材,积极改进教学方法,提高课堂教学技能。师范生在实习学校通过一段时间的教育教学实践,再加上在学校学到的理论知识和指导教师的正确指导,他们是有条件、有能力开展教育调查和初步的教学研究,并进行资料分析与归纳整理,撰写出具有一定水平的调查报告和教研小论文,以此提高自己的教育教学研究能力,为下一阶段毕业论文的撰写做好思想准备。

二、教育实习的目标与任务

教育实习是紧紧围绕怎样当好一名基础教育教师这个中心问题,对实习生进行的一次全面综合的训练。教育实习的目的是锻炼实习生理论联系实际、分析问题和解决问题的能力,使实习生了解中小学的实际情况,获得教师职业的初步知识和能力,从而缩短从教适应期,为今后走上工作岗位打下良好的基础。为了确保教育实习质量,让实习生在教育实习时有的放矢,因而必须明确教育实习的目标和任务。

(一)教育实习的目标

我国高等师范院校教育实习的基本目标是,培养实习生树立先进的教育理念,增强对基础教育工作的适应性;将所学的基础理论、基本知识和基本技能,综合运用于教育和教学实践,具备独立从事基础教育工作的课堂执教能力和班级管理能力;引导实习生独立开展教育研究,探索教育规律,形成初步的教育科研能力;全面检查高等师范院校办学质量,促进教学改革,进一步提高教育与教学质量。具体而言,教育实习的目标表现在以下几个方面:

1.树立专业理念,培养良好的职业道德

要成为一名合格的教师,需要具备良好的专业理念和师德。教育实习是树立实习生专业理念,培养其良好职业道德的最佳途径。在教育实习中,实习生走进基础教育一线,通过和广大一线教师长时间的接触,加深其对教师职业的理解,从而培养其良好的职业道德和素质。通过亲身参与中小学教育教学工作,与中小学生建立深厚的感情,实习生能够深刻体验到教师职业的神圣和教师工作的荣誉和价值,从而增强责任心和荣誉感,树立专业理念,初步具备成为合格中小学教师应有的职业道德和品质。

2.检验和培养实习生独立工作的能力,并完成从学生到教师的过渡

在教育实习过程中,实习生将所学的理论、专业知识和专业技能综合地应用于教育教学实践,从而巩固、运用和检验所学的基础理论、基础知识和基本技能,获得基础教育教学的感性认识,进一步理解教育教学规律,培养和锻炼独立从事中小学教育教学的工作能力。因此,教育实习是实习生在校期间的一次全面的学习、检验与提高,也是其即将走上工作岗位前的一次极为重要的准备。

3.促进反思性实践,培养教育研究能力

教育实习除了帮助实习生形成一定的教育教学技能之外,还应该使他们反思自己的教学实践,并能做出批判性的分析和解释,初步形成教育研究的态度和能力。实习生通过文献搜集、课堂观察、实证调查等多种形式对教育实习工作中所面临的困惑进行分析和研究,并最终解决问题,从而形成一定的教育研究能力。

4.检验高等师范院校的办学思想、办学成效和培养规格

高等师范院校教育质量的高低可以通过大学生走上工作岗位后的教育实践来检验。教育实习作为实习生教育教学真正意义上的初次实践,可以对师范院校的办学思想、办学成效和培养规格做出一些基本的分析和评价,及时获得反馈信息,不断改进师范院校的教育教学工作,以培养合格的中小学师资,更好地为基础教育服务。

信息窗 2 - 3

我国台湾省教育实习的目标

台湾省国民学校教师研习会曾研究列举了四百多条的基本能力,分属四大类:基本学科能力、教学能力、辅导能力、学校行政业务能力。师资培训机构的实习辅导目标包括提升学科教学能力、一般学校行政能力、班级经营能力及学生辅导能力、表达沟通能力及人际关系能力。

[**资料来源**] 孔凡琼.台湾教育实习的理论研究与实践反思——以 PD 大学为例[D].上海:上海师范大学,2014.

（二）教育实习的任务

教育实习的任务是根据高等师范院校培养目标和教育实习的目的提出的,完成教育实习的任务是实现教育实习目的的重要保证。高等师范院校教育实习的主要任务从内容上说,是培养实习生初步掌握从事教育、教学、管理等方面工作的技能和技巧,形成独立工作的能力;从形式上说,是进行教学实习、班主任工作实习和教育科研实习。

1. 教学实习

教学是学校的中心工作,课堂教学是学校教育的基本组织形式。因此,掌握课堂教学的知识和技能,是对实习生的基本要求,也是教育实习的首要内容。

（1）备课

备课是教师在课堂教学前进行的设计准备工作,是讲好一堂课的基础条件。教师根据课程标准的要求和课程的特点,结合学生的具体情况,对教材内容进行加工处理,创造性地设计出目的明确、方法适当的教学方案。

实习生在备课过程中,应在指导教师和原任课教师指导下,认真细致地钻研学科的课程标准和教材内容,了解学生原有的知识、技能水平、思想状况、学习兴趣、方法和习惯,特别要了解与本课题的知识、技能教学直接相关的情况。在掌握教材内容和了解学生学习特点的基础上,确定本堂课的教学目标、重点、难点、教学方法及教学过程安排(含时间分配);并考虑教具的选用、制作,练习的内容和方式,板书的设计及演示程序,布置的作业等。

编制教案时,实习生应深入了解学生的学习情况,针对学生的实际,确定教学目标、重点、难点、教学方法,写出详细教案。要进行集体备课。为确保课堂教学质量,每节课上课前必须进行检查性预讲,同组实习生参加听课,并邀请指导教师参加。预讲后由听课师生提出意见,实习生对教案进行修改和补充,最后送指导教师审阅批准后方能试教。

（2）上课

实习生应根据课程标准、教材、教案的要求和试讲的经验,贯彻教学原则,结合学生年龄特征和实际水平,引导学生学习基本知识和技能,同时注意思想教育,开发学生智力,培养学生能力,努力把课上好。为此必须做到:认真做好上课前的一切准备工作,特别要充分了解实习班级的情况。努力将适当的教学方式方法创造性地贯穿于整个教学过程中,保证课堂教学在紧张、严肃、生动、活泼的气氛中进行。实习生在讲课中应恰当地启发学生的思维活动,同时应随时使用适当方式帮助学生巩固知识。课堂提问时要给学生留有思考时间,对学生回答的评价要中肯,指明正误及努力方向。板书、板画要清楚,布局适当。讲授时要使用普通话,注意教学语言的简洁、生动、明确、通俗易懂,杜绝方言,减少"语病"。教学过程中要注意掌握时间,既不提前下课,也不拖堂。注意与原任课教师和前后上课的实习同学做好教学上的衔接工作。

案例 2-1

新教师如何站稳讲台

时光飞逝,岁月如歌。看着自己一点一滴的进步,看着队友们循序渐进的成功,看着孩子们一天天的成长,我的心里比吃了蜜还要甜。此刻,我能够感受到作为一名光荣的人民教师的骄傲。通过自己的努力,我和孩子们都取得了一定的进步。不仅如此,跟孩子们建立的师生情谊将会是我人生之中弥足珍贵的记忆。还记得初次在讲台上课时,对于孩子们的管理,我感到不知所措,常常在其他实习老师面前抱怨:这些学生怎么这么不听话啊?"怎样将这些孩子们管理得服服帖帖",成了我们实习队员之间讨论的热门话题。

新教师究竟该如何站稳讲台呢?我在此想分享一些个人的管理班级的经验和组织课堂教学的经历。

我管理的班级是三年级(52)。记得刚到他们班上第一堂课时,由于太过于紧张,我没有太多地关注学生的反应,又因为他们班主任坐在教室后面管理纪律,所以课堂纪律不是太坏。到上第二节课时,由于老师没有在教室后面管理,加之课前准备不充分,课堂有点失控。对于一个失控的课堂,你讲授的知识再多,那都是在做无用功。当你费了九牛二虎之力将你的课讲完后,你会发现学生根本没学到多少东西。所以,课堂纪律关乎课堂效率。

这堂课后,我就反思这一问题。我总结了如下几点原因:①教学设计准备得不够充分,课堂缺乏良好的连贯性,以至于学生跟不上老师的思路,听不懂,他们就会想办法去干别的事情。②刚上课时,严肃不够,没有很好地维护教学秩序,也没有组织好学生参与到教学活动中来。俗话说:良好的开端是成功的一半。一开始,我就没有进行良好的课堂秩序管理,而是急急忙忙地上课,这会给学生一种错觉:我们听不听老师的无所谓。所以,在接下来的课堂教学中,即使我一直在强调安静、不要讲话了,但是这些都是无效的指令。

失败乃成功之母。这次真可谓是前车之鉴。通过实践与反思这一环节,我对课堂的管理有了新的想法。在接下来的每一堂课上课之前,我都会整顿好纪律再上课,如果学生一直没有进入上课的状态,并且也没有做好上课的准备,我宁可不上课。一次次实践后,学生会发现,当老师站在讲台看着大家时,是在提醒大家,同学们该做好上课准备了。可是,有的人会问:你的学生会那么听你的话吗? 不上课他们不是更开心吗? 这将是我想给各位新老师的另一个建议:课堂管理是成功上好一堂课的前提,设计一堂精彩纷呈的课,将是成功上好一堂课的关键所在。

设计一堂精彩纷呈的课应包括两个重要的因素:①基于本班学生学情,教学内容难易得当,重难点突出。②教师充满激情,课堂充满趣味性。只有很好地把握这两个因素,才能够设计出一堂精彩纷呈的课。不仅如此,这样的课堂还能够辅助教师管理班级。试问这样的课堂谁不想参与其中? 即使有不少漏网之鱼想浑水摸鱼,只要你搞定班级的一大部分学生,那一小部分调皮学生还不是很好搞定么! 我相信大部分学生还是热爱学习的,至少在课堂上,学习氛围这么浓厚的环境之中,他们更愿意听课而不是瞎玩。

虽然我已经在班级管理之中摸索出了一些小窍门,但是要想管理好整个班级,带领他们走向胜利的终点,还需要不懈的努力。那些仍没有掌握好方法,以至于无法实施良好的课堂教学的队友们,我相信只要你们不断地跟班学习,不断地向你们的班主任请教以及通过不断地实践摸索,你们终有一天会走向成功的舞台,相信你们终有一天会站稳讲台,成为一名优秀的人民教师。

[资料来源] http://dept.hnfnu.edu.cn/shixi/news.aspx? bid=39&nid=11654.

（3）听课和评课

听课是学校教学管理的一项常规性活动，是了解教师教学活动、交流教学经验、研究教材教法的重要手段，是教育行政领导、教研员、学校管理者、教师必备的一项基本功。听课，不仅仅是"听"，更主要的还要"看"，要"观察"，既仔细地观察课堂中的动静，用心地发现许多"明明白白"现象背后所反映的问题，深刻地洞察其中的局限并分析症结所在。

评课要求教师对课堂教学成败得失及其原因做中肯的分析和评估，并且能够从教育理论的高度对课堂的教育行为作出正确的解释。具体而言，评课是指评课者对照课堂教学目标，对师生在课堂教学中的活动以及由此引起的变化进行价值判断的过程。它是教学研究活动的一个重要方面，也是提高教师综合素质和整体水平的有效途径之一。

实习生要虚心学习，经常听指导教师、原任课教师或在同校实习的同学上课，做好听课笔记。在听课过程中，要发扬团结互助精神，互相学习、互相帮助，共同提高。特别是同一备课小组和同上一个班的实习生，必须集体备课，必须互相听课，互相评议，并认真做好听课和评议的记录。

2. 班主任工作实习

每位实习生应进行至少为期一周的班级日常管理工作，熟悉并掌握实习学校在班级管理方面的具体要求，熟悉实习对象的日常行为规范。做好班主任的日常工作，利用各种机会深入到学生中去，发现问题，及时教育。参加诸如升旗、早操、课间操、眼保健操、自修课、社会实践等活动，指导读报、编黑板报、文体活动、班队活动、检查教室日志、批改学生周记、进行家庭访问等。重视培养学生自治、自理、自立的能力，使每一个学生都成为班集体的主人。

班主任工作实习期间，实习生要认真学习原班主任的工作方法与经验，听取有关班级情况的介绍，了解本学期班主任工作计划，查阅有关学生学籍资料等，明确班主任工作的目标要求。根据原班主任的工作计划，结合实际情况，拟定班主任工作实习计划，经原班主任和指导教师批准后执行。在实习班主任工作中，遇到问题应及时向原班主任汇报，共同研究，做到相互配合。实习班主任工作期间，要记好工作日记，注意积累有关教育活动资料。做好班主任工作实习的评议与总结。

案例 2－2

什么是分享

这天,李奕娴带来了一套很精致的娃娃家,有厨房,还有梳洗台,几个女孩子都争着要玩这个玩具。罗畅也想玩,她和李奕娴是好朋友,于是要求玩这个,李奕娴答应了。林俐汝这天带了一个羊角球,李奕娴很想玩,便用娃娃家和林俐汝交换,林俐汝得到了加入罗畅一同玩娃娃家的机会(这个玩具可以供 4 个孩子玩)。可是罗畅却拒绝了她,说:"不行,这个是我先拿到的,应该我玩。"林俐汝说:"那我和你一起玩。"罗畅不以为然地说:"我才不要呢,我喜欢一个人玩。"最后,我告诉罗畅,玩具应该与别的孩子一起分享,并且李奕娴已经答应了林俐汝和她一起玩,如果一直要一个人玩,不和别的孩子分享,那以后别的孩子都不愿意把自己的玩具和你分享的。罗畅听了有点不高兴,但还是让林俐汝加入了。

后来我们了解到,罗畅是个独生女,是爸爸妈妈的宝贝,大家都很心疼她,什么要求都会尽量满足她。在班级里,罗畅属于比较积极的孩子,她擅长跳舞,经常被选进舞蹈队参加演出。爸爸妈妈都觉得她十分能干,每天都是甜言蜜语围绕着她,听到的夸奖比听到的批评多。罗畅就总觉得自己是最棒的,别的孩子都不如自己,别的孩子都要听自己的,自己的要求最重要,应该最先得到满足,不喜欢与孩子们分享,总爱把自己排在最前面。我们可以看出来,罗畅的自我中心意识比较强,甚至有点自私。但是,其实她的许多能力都不如别的孩子,如穿衣等生活自理能力,数学方面计算能力,逻辑思维能力等,在语言课上,她的注意力也不如别的孩子集中,经常控制不住自己,上课喜欢和别的孩子讲话。就是因为家长一味地溺爱孩子,导致孩子的自我中心意识越来越严重,她在和别的孩子交往的时候,不受孩子们的欢迎,总会被其他孩子告状。

我想,家长要和老师一同关注罗畅,引导罗畅学会与别的孩子一起分享,同时正视自身的优缺点,保持优点,改正缺点,在与别的孩子相处中,学会考虑别人的需求,这样才能在集体生活中得到大家的喜爱。

[资料来源]http://www.docin.com/p－1703533671.html.

3. 教育科研实习

教育科学研究是实习生进行教育实习的任务之一,也是培养实习生创造力的重要举措。每位实习生在做好教学实习和班主任工作实习的前提下,安排一定时间进行教育调查或教育科研,锻炼自己的分析问题和解决问题的能力。实习生要结合自己的专业特点、个人兴趣爱好以及社会的需要,从实习学校和当地情况出发,深入基础教育一线,了解情况,在掌握材料的基础上,确定研究课题。例如,可以对实习学校教育教学改革经验、中小学生学习某学科的心理特点、学习习惯及学习方法、综合实践活动情况等进行调查研究。制定课题研究计划要详细、明确、具体,包括研究课题名称、研究意义、研究目标、研究内容、研究路径、研究方法、研究计划、参与人员、经费开支、资料来源等。

三、教育实习模式

教育实习模式就是指在一定教育理论的指导下设计的程式化了的教育实习方式。教育实习模式是将教育实习计划付诸实践的过程,是实现教育实习目标的基本途径。当前世界范围内的教师教育在模式上正向大学与中小学合作转变,试图以此推进教师专业发展,实现教师教育的职前培养与在职教育相结合、教育理论与教育实践相结合,整体上提高教师教育层次,实现教师专业化,从而为基础教育提供强有力的人力资源保障。20 世纪 80 年代末诞生于美国的教师专业发展学校正是采用了这种顺应世界教师教育发展趋势的教师教育模式。这一模式以其独有的特色日益受到人们的关注,并成为转变教师教育模式的一个新路径。

信息窗 2-4

教师专业发展学校

教师专业发展学校(Professional Development School,简称 PDS)这一概念,最早是 1986 年霍姆斯小组在《明日的教师》(*Tomorrow's Teachers*)报告中提出的。这一报告还提出要改革教师培训课程,建议学校与大学特别是大学中的教育学院密切合作,以 K–12 学校为基础建立 PDS,促进教师教学专业知识的发展,加强学校与教师培训机构的联系与合作,共同培养教师。在 T. 胡森和 T. N. 波斯尔思韦特主编的《教育大百科全书》中,教师专业发展学校被定义为:正规的小学、初中或高中与大学合作,旨在开发适应不同学生的良好的学习计划;对新教师进行实践性、启发性培训;能够加强有经验教师的新思维和专业责任感;研究提高课堂教学效果的有关知识。

[资料来源]李长吉,张文娟. 教师专业发展学校研究述评[J]. 教育科学研究,2010(11):63.

近年来,我国出现了一些新的教育实习模式或改革方案,诸如分散教育实习、多科教育实习、模拟教育实习、带薪式教育实习等。教育实习模式多种多样,各种教育实习模式既有区别,又有联系。根据不同的分类标准,教育实习模式可分为不同的类型。

(一)集中教育实习和分段教育实习

按照教育实习时间来划分,教育实习可以分为集中教育实习和分段教育实习。

1. 集中教育实习

集中教育实习是将相同专业的师范生统一编队,在同一时间,云集几个相对集中的点进行教育实习。这是最为传统也是最常用的教育实习模式。集中教育实习一般安排在最后一个学年。它是在师范生系统学习了教育科学知识和学科专业知识的基础上,将所获得的知识和技能运用于中小学教育教学实践,以形成和完善知识结构,培养和锻炼教育教学工作能力,提高职业素养。这种教育实习模式的优点有:一是时间集中,便于学校统筹安排;二是经过几年的学习和训练,师范生专业基础扎实,素质较好,易受实习学校欢迎;三是可以减少师范院校联系实习学校的次数,缓解教育实习经费不足和指导教师派出难等压力。其缺点是:实习生对中小学不熟悉,缺乏感性认识,往往需要较长的适应期,而"一锤子买卖",也不符合人的认知发展规律,不利于实习生教育教学技能的形成。在集中教育实习前,最好安排一段教育见习时间,增强实习生的感性认识,以便实习生能提前熟悉中小学教育教学实际,缩短实习生的角色适应期。

2. 分段教育实习

分段教育实习则是将教育实习安排在几个不同的阶段进行。这种教育实习模式将教育实习时间化整为零,分为几个阶段进行。其优势十分明显:一是有利于实习生专业思想的确立和从教能力的形成,因为实习生的专业思想和从教能力的形成是一个反复而连贯的训练过程;二是遵循了学生的认知发展规律,学生的认知是由感性认识到理性认识不断循环呈螺旋式上升的过程,通过前一阶段的教育实习,学生形成了一定的感性认识,有了一定的教学工作体验,发现自身存在的不足,加深了对理论知识的理解,从而提高了后一阶段学习的自觉性和针对性。其不足之处是:分段教育实习由于教育实习时间分散,次数多,对专业课程教学有一定程度的冲击,影响学生的专业素质,而且也增加了实习学校的接待负担,同时也加大了师范院校教育实习工作的难度,容易导致"走过场",最终流于形式。这种教育实习模式比较适合于教育实习基地相对稳定、数量充足的中小学教育实习。

(二)定点教育实习和分散教育实习

按照教育实习地点来划分,教育实习可以分为定点教育实习和分散教育实习。

1. 定点教育实习

定点教育实习是将教育实习安排在统一的指定地点进行,就是将学生分组,集中固定在一个或几个实习学校进行教育实习。这是一种传统的教育实习模式。其优点是:实习生相对集中,便于管理,便于把握教育实习动态;教育实习指导细致,对学生要求严格,能使实习生得到教学规范、为人师表等多方面的训练;实习生集体感强,便于相互切磋,相互竞争,相互启发,有利于提高教育实习质量。其缺点有:一是集中定点,人员多,批量大,食宿安排困难;二是有可能师范院校包揽一切,孤军奋战,从组织领导到实习学校安排,从业务指导到生活管理,从思想教育到教育实习成绩评定等,都由师范院校一方承担,难以调动实习学校的积极性和主动性;三是由于教育实习地点少,实习生多,从而使每个实习生的实际锻炼机会减少,不能完全了解和熟悉中小学教育教学实际。

2. 分散教育实习

分散教育实习(也称为开放式教育实习)是由高等师范院校出具证明让实习生自行联系实习学校进行教育实习。就是说,在学校规定的教育实习时间内,实习生自行联系实习学校进行教育实习。教育实习结束后,由实习学校评定成绩,做出教育实习鉴定。回校后再作验收试讲,由指导教师参考实习学校意见,最后评定出教育实习成绩。这种教育实习模式的优点是:实习生自由度较大,实际锻炼机会多,有利于培养实习生的独立工作能力,便于发挥实习生特长,同时还可解决食宿安排困难等问题,节省教育实习经费,部分缓解师范院校教育实习工作的压力。但这种教育实习模式的最大缺陷是:实习生过于分散,缺乏必要的约束机制,实习生"孤军奋战",没有"战友"的相互启发,缺乏教育实习的氛围,学校鞭长莫及,难于管理;一些实习生或由于落实不到实习学校,或由于自觉性差,白白浪费时间;一些实习生虽然"找到"了实习学校,但"报个到就回家,盖个章就完事",致使教育实习流于形式;同时,还由于当地教育实习条件如实习指导力量薄弱等,教育实习质量难以保证。

(三)单科教育实习和多科教育实习

按照实习学科数量来划分,教育实习可分为单科教育实习和多科教育实习。

1. 单科教育实习

单科教育实习是指只进行某一门学科的教育实习。由于中学教师专业性要求相对而言要比小学教师高,因此,在中学开展教育实习一般采用这种模式。单科教育实习模式的优点是:有利于实习生对所教的学科有更深入的了解和认识,缩短毕业后工作的适应期;有利于教育实习的组织和管理。其缺点是:实习生适应面窄,专业难对口,不能适应基础教育课程改革发展的需要。

2. 多科教育实习

多科教育实习则是指进行两门及以上学科的教育实习。这是小学教育实习最常用的模式。由于小学教师一般要求能胜任多门学科的教学,因此,在小学开展教育实习一般采用这种模式。近几年来,随着小学教师教育的高等教育化,小学教育实习也出现了单科教育实习模式。多科教育实习模式的优点是:实习生实习的学科多,训练较全面,社会适应面广,有利于学生专业的综合发展,能胜任多科或综合课程的教学,满足国家新一轮基础教育课程改革的需要。其不足之处是:学生教育实习的训练量相对较少,难以达到训练的要求;教育实习的组织也更为复杂,管理难度加大,指导教师不足的矛盾将进一步加剧,学生教育实习的负担也会有所增加。

(四)单一编队教育实习和混合编队教育实习

按照实习编队方式来划分,教育实习可分为单一编队教育实习和综合编队教育实习。

1. 单一编队教育实习

单一编队教育实习是按实习生的专业或班级分组编队进行教育实习。这种教育实习模式的优点在于:有利于高等师范院校选派指导教师,教育实习的质量有保证。其缺点主要有:一是由于实习生来自同一专业,实习学校接纳实习生的容量有限,不利于充分挖掘实习学校的潜力,无法满足高校大规模扩招的需求;二是由于实习生来自同一专业,实习生在开展团队及课外活动时,形式呆板,内容单一,活动效果差,不利于复合型师资的培养;三是由于各专业、各实习小组均需选派带队教师,因而加重了高等师范院校的人力、财力负担。

2. 混合编队教育实习

混合编队教育实习则是将多个专业合理搭配,综合分组编队进行教育实习。这种教育实习模式的优点有:一是可以从根本上扭转高等师范院校实习指导教师派出难等被动局面。由于实习生的指导任务全部委托给实习学校完成,高等师范院校只需选派一名带队教师负责实习队的管理和协调工作,这就从根本上解决了长期以来高等师范院校指导教师派出难的问题。二是有利于充分利用实习学校的有限资源,提高实习学校的接待量。混合编队每个专业的实习生相对较少,大大缓解了实习学校的指导压力。同时,由于混合编队是由中文、数学、音乐、美术、体育、计算机等专业学生组成,一方面可以使实习学校从接受实习中获得帮助,另一方面也可能给实习学校以全面触动,从而改变实习学校对接受实习是给他们添麻烦的传统观念,变"添麻烦"为"促进工作"。三是有利于各专业实习生之间取长补短,相互学习,共同提高,尤其适合于基础教育课程综合化改革方向。其主要缺点是编队复杂,带队教师任务重、难度大等。

(五)模拟教育实习和现场教育实习

按照实习真实程度来划分,教育实习可分为模拟教育实习和现场教育实习。

1.模拟教育实习

模拟教育实习是指模拟中小学的教育教学情景在高等师范院校课堂进行教育教学技能演练。这种教育实习模式的优点有:一是由于教育实习在校内进行,不再需要师生往返实习学校的交通费、指导教师差旅费及住宿费等,从而解决一直困扰高等师范院校教育实习经费不足的问题;二是可以解决高等师范院校指导教师派遣难的问题,各系可以根据实际情况指派指导教师;三是可以解决高等师范院校联系实习学校难的问题;四是指导及时,训练系统,要求严格。但这种教育实习模式的突出缺陷是缺乏中小学教学的真实氛围,没有教育的真实对象,实习生的角色无法真正变化,得不到"真枪实弹"的实际锻炼,特别是班主任工作实习几乎无从开展。

2.现场教育实习

现场教育实习则是指到中小学真实课堂开展教育教学实习。这是常规教育实习模式。其主要优点有:一是教育实习情境真实,现场气氛强烈;二是实习生锻炼全面,角色转化自然;三是有利于学生理论联系实际,增强感性认识。但这种教育实习模式也有不足,主要是组织和管理难度大,所需经费多,实习学校联系困难等。

(六)支教式教育实习与带薪式教育实习

1.支教式教育实习

支教式教育实习模式是将教育实习与农村支教相结合,选择周边农村教育落后地区作为基地,每年连续选派学生进行教育实习,或由高等师范院校教师与学生结合,混合编队,共同进行。这一举措既完成了教育实习任务,又在一定区域和一定程度上缓解了师资短缺的困难,是对业已实施多年的城市教师下乡支教活动的有效补充,有利于加强高等师范院校教师和学生的社会实践锻炼,也促进了农村科学文化知识的传播,受到边远地区中小学和群众的欢迎。但这一模式的困难在于实践中如何合理安排教育实习与支教关系,即如何科学把握教师培养规律与解决现实问题的关系,如若处理不好,会两败俱伤。

2. 带薪式教育实习

带薪式教育实习模式是指实习生在教育实习期间即可享受工资待遇。这种模式一般是条件差、师资短缺的学校为延揽实习生而推出的优惠政策。提前而至的物质利益确实也能对一些家庭困难的学生产生吸引力,但关键是,落后地区学校可供吸引人才的财力往往有限,而且越过锻炼期径直把实习生当正式教师使用。这种以牺牲中小学学生的教学质量为代价的做法,只能属特殊情况下的应急之举,不能作为常态之制。

以上这些教育实习模式的划分只是从单一的标准进行分类的,是相对的。实际上,各种教育实习模式往往是多种类型的综合,它们之间是交叉重叠、相互融合的,而且各种教育实习模式既有优点,又有不足,其适应范围也各不相同,只有选择适合本地和本校实际和特点的教育实习模式,才能调动各方面的积极性,从而提高教育实习质量。

四、教育实习的改革与创新

教育实习是高等师范院校教师教育专业一门重要的综合实践课程,是师范生经教师指导并在实习学校亲身经历教育教学和教育研究等的教育实践活动,能够帮助师范生在入职前熟悉一线教育教学,缩短胜任教育角色的适应期,是师范生专业成长与发展的必由之路。随着我国高等教育改革的不断深入,师范生教育实践能力依然是教师培养的薄弱环节,师范毕业生的教育教学能力尚不能完全适应中小学的需要。

(一)我国教育实习的研究现状[①]

自 1978 年以来,我国关于教育实习改革的呼声越来越强烈,有众多的学者从

---

①余小红. 我国教育实习的发展历程与研究现状[J]. 现代教育科学,2008(1):125－126.

理论、实践、历史、现状以及国际比较的角度,对如何加强高等师范院校的教育实习提出了许多精辟的见解,这对我国教育实习的改革起到了积极的作用。

1. 关于教育实习模式问题的研究

针对传统教育实习模式的弊端,围绕教育实习应该安排多少时间,应该采用什么形式,研究者从教育实习模式入手展开了深入的研究。从新中国成立到20世纪90年代初期,我国高等师范院校基本上采用单一的集中实习模式,由各系教师带队,按专业将学生相对集中到若干所中小学校进行实习。这种实习模式的优点是显而易见的,但其固有的弊端逐渐暴露出来,已经无法适应高等师范院校的发展。如何设计切实可行的教育实习模式,并有效地提高教育实习质量,一直是师范教育工作者思考和探索的重大课题。研究者们已经提出了一些新的教育实习模式或改革方案,例如,回乡顶岗实习、结合试用期进行实习的形式、三结合教育实习模式、全程教育实习模式、集中教育实习模式、协作型教育实习模式等。这些教育实习模式的提出,丰富了教育实习的内容,拓宽了人们的研究视野,对我国师范教育实习工作的开展无疑具有积极的推动作用。

2. 关于教育实习指导、管理问题的研究

长期以来,高等师范院校的教师在教育实习的指导和管理中占有极其重要的地位。围绕高等师范院校的教师如何指导教育实习问题,研究者们认为:一是指导教师自身的素质要过硬,否则一切无从谈起。指导教师应当具有较高的理论素养和组织管理水平,要有奉献精神。指导教师的思想素质、业务素质是影响实习质量的重要因素。二是指导教师要发挥自身在教育实习中的指导作用,正确认识教育实习,提高指导实习的自觉性,掌握教育实习规律,以科学方法指导教育实习。三是指导教师要帮助师范生达到实习目的,完成实习任务。

从20世纪90年代中期开始,研究者们逐渐意识到,实习学校的教师在教育实习中的指导作用越来越大。有人提出,充分依靠实习学校的教师来指导实习,在教育实习中充分相信、充分调动、充分利用好中小学指导教师的积极性与指导能力。从某种意义上说,因为他们长期坚持在基础教育的第一线,他们的指导更具体、更切合实际,对于未接触教学实践的大学生来说甚至是更重要的。由此可见,有关教育实习指导的观念已经有所突破。

3. 关于教育实习基地建设问题的研究

教育实习必须具备一定的场所,这个场所就是实习学校。自80年代中期以来,随着高等师范院校办学规模的迅速扩大,师范生不断地增加。有人指出,师范教育实习之所以存在种种困难,关键是因为缺乏一个相对固定的教育实习基地。针对这一问题,研究者们提出建设稳定的基地学校的主张。有关研究主要围绕以下几个方面的问题来展开:①明确建设基地学校的目的,是为了改变高等师范院校包揽教育实习孤军作战的被动局面,把原来单纯由高等师范院校联系安排教育实习,变成由高等师范院校、地方教育行政部门和中小学校共同领导、管理、负责的新局面,从而进一步完善师范生实践能力培养的机制,尽可能地为师范生争取一些实际锻炼的机会,有效地保证教育实习任务的圆满完成。②选择好基地学校。所谓基地学校,通常有两种形式:一种是高等师范院校的附属学校。附属学校是高等师范院校教育、教学实践活动的主战场,它可以随时向师范生开放,为师范生提供实践的机会。另一种是高等师范院校根据自身规模的大小,选择若干所中小学校,通过协议、约定等方式与之加强联系,建立比较稳定的关系。③基地建设必须遵循互惠互利的原则。高等师范院校要与中小学进行互动,为基地学校培训教师,举办学术讲座,帮助他们更新教育理念和知识结构。可定期邀请基地学校校长和指导教师到高等师范院校研究教育实习工作,定期和不定期举办校长论坛或名师讲坛。有关专家要为基地学校师生提供教学等方面的咨询服务,双方开展合作研究,共同探讨师范教育和基础教育教学改革。

(二)教育实习存在的主要问题

目前,我国高等师范院校由于受各种因素的制约,教育实习依然存在着不尽如人意之处。教育实习仍然是高等师范院校教育教学中一个相对薄弱的环节,一定程度上制约了高等师范院校教育教学质量的进一步提高。教育实习中存在的问题主要有以下方面:

1. 教育实习目标不够清晰

长期以来,师范生的教育实习环节往往缺乏被有意识地当作"课程"来进行精心设计和实施。这种"课程身份"的缺失,容易导致师范生教育实习过程在没有目标指引、监控和评价的状况下"自然运行"。于是,教育实习未能真正意义上获得"课程身份",实习目标得不到足够重视,必然引发教育实习质量的降低,以及教育实习诸多价值、功能被搁浅于形式之上。

另外,教育实习的目标必须反映社会发展的趋势和要求,并保证各方的有效需求。当前社会要求师范生具有扎实的专业素质和能力,为日后成为专家型教师打下良好的基础。而以往的教育实习目标存在的问题就是未能将目标置于教师教育发展的潮流——教师专业化的框架内进行思考,往往过于抽象,不具有广泛的代表性。教师作为专业人员,其发展内涵是多层面、多领域的,既包括了知识的积累、技能的熟练、能力的提高,也包括态度的转变。这就意味着教育实习的目标要围绕教师的专业发展展开,深入到知识、技能和情感态度价值观诸方面,从而更好地发挥课程目标所具有的指引、激励和评价的功能。因此,教育实习的目标必须在明确、规范叙述的基础上才能得到切实地实施。反之,如果目标比较抽象和模糊,就无法真正引导和调控整个教育实习过程,从而使得整个实习容易处于茫然、无头绪的状态。在以往教育实习目标的表述中,常出现诸如"素质""实践能力""基本能力"和"创新精神"等一些比较宽泛、不够明确的术语,这不仅导致师范生在目标理解与把握上模棱两可,且在真正实施过程中也欠缺可行性与操作性,最终导致这些目标在教育实习的过程中难以得到实现。

2. 教育实习时间短且安排不合理

目前,我国很多高等师范院校的教育实习时间短而且安排不合理,以至于很多师范生的实习流于形式。高等师范院校的普遍做法是,在学生毕业的那一学年安排 8~10 周的实习期。在校准备 1 周,回校总结 1 周,在实习学校 6~8 周。在一些发达国家的培养计划中,美国的教育实习是 16 周,法国一般是 27 周,德国一般是 70 周。与这些发达国家相比,我国高等师范院校的教育实习时间过于短暂。教育是一门艺术,仅仅有专业知识是不够的,需要长期在实践的教学中不断地摸爬滚打才能成长为一名合格的教师,否则很难驾驭课堂。两个月对于入职前的教师培训来说远远是不够的,以至于很多师范生入职后面对教育教学实际不知所措。一些高等师范院校将教育实习的时间安排在大四第一学期或第二学期。参加考研以及大学期间准备考研的学生有很多,本科大四上学期是学生考研备战的关键期。尽管实习很重要,但是相对于考研而言,很多学生都会采取各种手段压缩实习时间逃避实习。如果实习安排在下学期,很多毕业生开始找工作,四处奔波,根本无暇顾及教育实习。因此教育实习时间和考研、找工作时间存在一定冲突,师范生有时很难合理安排时间。

3.教育实习内容单薄

教育实习旨在更为全面、系统和具体地对师范生的知识、能力、技能等进行考察和检验。它不仅仅是教学工作实习,还包括班主任工作实习和教育研究实习等其他教育教学活动。而目前现在不少学校在安排教育实习的过程中一定程度上存在着重单向的课堂教学实习而轻模拟实习、教育见习的运用,重课堂教学实习轻班主任工作实习和教育研究实习等现象,教育实习形式不够创新,从而很难保证师范生尽可能多地在真实的环境中去体验教学的真谛,积累教育教学实践知识形成教育教学技能。这种教育实习难免会以偏概全,很难取得预期的教育效果,发挥不了它应有的实践优势,其结果只能是事倍功半。

4.教育实习指导力量不强

一般来说,教育实习的指导教师由两部分构成:高等师范院校指导教师,他们是教育实习的组织者和管理者;实习基地指导教师,主要负责师范生的教学业务、从教情感体验,他们在师范生的职业理想的确定上发挥着重要作用。这两方面指导教师的作用都是不可忽视的。但由于认识上的差异,人们普遍认为,指导师范生实习主要是高等师范院校指导教师的事,而较少考虑实习基地指导教师在完成师范生教育实习时所具有的特殊作用,这种认识使实习基地指导教师职责不清。实际上,由于高校师资力量的不足,教师教学任务繁重,教师没有更多的精力顾及师范生的教育实习指导。这样,就使教育实习缺乏具体指导,师范生时常处于独立摸索的状态。

5.教育实习成绩评定考核制度不严且流于形式

目前,一些高等师范院校教育实习成绩评定考核制度不够完善,致使教育实习考核不规范。考核制度的不严格导致高校指导教师对实习指导工作的重视程度不够,对学生的实习状况不是很了解,没有进行有效指导,学生实习结束后草率地评分。因为考核制度的不严格、不规范,以至于部分师范生宁愿待在寝室而不愿意去实习学校,等到实习结束了,才到处找教案抄在实习手册上。实习学校的指导教师由于工作繁忙、任务重,没有足够的时间和精力投入教育实习的指导工作,实习结束后一般都会按照师范生的要求在实习手册上盖章签字并写上评语。

教育实习成绩评定考核不严格、不规范的根源主要在于高等师范院校对实习工作的重视程度不够，认为师范生进入实习单位之后就完成了自己的职责，实际上这种认识是不合适的。

（三）提高高等师范院校教育实习质量的建议

针对高等师范院校教育实习中出现的问题，为提高高等师范院校教育实习的质量，应从以下方面着手解决：

1. 明确清晰教育实习目标

师范生通过教育实习所要达到的目标将决定实习的内容、构成、考核等一切方面。因此，需要合理定位教育实习目标，使之明确清晰，以确保教育实习的效果。2016 年《教育部关于加强师范生教育实践的意见》明确提出了教育实践的总目标：举办教师教育的院校要围绕培养适应中小学教育教学需要、高素质专业化的"四有"好教师的目标要求，通过系统设计和有效指导下的教育实践，促进师范生深入体验教育教学工作，逐步形成良好的师德素养和职业认同，更好地理解教育教学专业知识，掌握必要的教育教学设计与实施、班级管理与学生指导等能力，为从事中小学教育教学工作和持续的专业发展奠定扎实的基础。

高等师范院校要在总目标的基础之上，详细制定教育实习的具体目标。教育实习具体目标应在教师专业发展的框架内进行建构。教师专业发展是教师根据社会发展的要求和职业发展的需要，通过接受专业训练和自主学习，不断获取专业知识，增长专业技能，提升专业水平，由一个专业新手发展成为专家型教师或教育家型教师的持续发展的历程。教师专业发展的内容包含：一是情意系统的发展，二是知识系统的发展，三是能力系统的发展。因此，教育实习的具体目标应分别从情意目标、知识目标和能力目标三个维度制定。只有制定了明确清晰的教育实习目标，才能确保教育实习取得良好的实习效果。

2. 教育实习全程化

教育实习是一项专业性、综合性很强的实践活动。针对教育实习时间过短以及时间安排不合理的状况，可以将教育实习时间分散到整个大学期间。师范生一入学就开始安排，贯穿全程，年级不同，要求不同，循序渐进，各有侧重。正如顾明远先生所指出的，应该让师范生一进高等师范院校的大门，就接触中小学校，接触孩子。高师教育是一种应用性教育,像医生一样讲究临床经验,教师的"临床"就是与学生接触。师范生应尽早与中小学生接触,增强职业认知和情感。朱小蔓教授也认为,培植教师专业意识、感情和信念非常重要,应尽早植入,贯穿于培养的全过程。她建议,应尽早安排师范生到中小学校实习,把中小学的教育教学经验融入到教师的职前教育中。因此,在大学四年期间,通过微格教学、见习、实习等多种形式,将师范生教育实践能力的训练融入到日常的教学活动中。例如,可以在大一和大二时安排适当的时间到中小学进行教育见习;在大三时将微格教学指导与听课相结合,并组织学生到实习基地了解当地学校教学与学生情况,以便减少师范生适应的时间,在实习过程中快速进入状态,多参与实践尝试;大四的集中实习阶段,可以先安排师范生试讲半个月至一个月,在此期间,安排一个星期左右时间进行教学反思,然后到实习基地进行三至四个月的教学实习、班主任工作实习和教育研究实习,最终结合师范生的见习、实习情况给予综合性考评,真正将教育实习全程化。

3. 构建全方位的教育实习课程体系

教育实习是一门重要的综合实践课程,在教学计划中的地位以及对于教师培养质量和专业发展显得尤为重要,必须科学地构建好教育实习课程体系,突出教育实习应有的地位和作用,真正把教育实习落到实处。一方面,高等师范院校要明确教育实习的地位和作用,摆正教育实习的课程位置,要坚持把社会主义核心价值观融入教育实习全过程,将教育实习贯穿教师培养全过程,整体设计、分阶段安排教育实习的内容,精心组织体验与反思,促进理论与实践的深度融合。高等师范院校在师范生培养方案中要设置足量的教育实习课程,以教育见习、实习和研习为主要模块,构建包括师德体验、教学实践、班级管理实践、教研实践等全方位的教育实践内容体系。另一方面,高等师范院校要加强教育专业课程与教育实习的密切联系,对教育专业课程的内容、教学方法、质量评价等加以改造和提升,使之为教育实习提供先进的教育理念和教育理论支撑。

4. 优化实习指导教师配置

高等师范院校实习指导教师队伍建设关系着教育实习的成败和师范院校的生存与发展,影响着未来中小学教师的质量。高等师范院校教育实习应全面推行教育实习"双导师制",师范生的教育实习应由高等师范院校教师和中小学教师共同指导。一方面,高等师范院校要安排数量足够的责任心强、教学经验丰富、熟悉中小学教育教学教学实践的教师,采取驻校指导、巡回指导和远程指导等多种方式进行有效指导。另一方面,高等师范院校要与地方教育行政部门、中小学协同遴选优秀教研员和中小学教师担任指导教师。高等师范院校指导教师和中小学指导教师共同指导师范生,从专业知识、专业思想等方面进行强化训练、全面指导,特别要强化课堂教学技巧的训练,为师范生提供教学技巧性知识、班主任工作经验、教育研究心得、情感支持和心理帮助等,保证师范生能够快速适应中小学教学实际。

5.完善教育实习成绩评定考核制度

高等师范院校教育实习成绩评定考核制度的严格程度反映了学校对教育实习的重视程度。要使教育实习真正达到预期的目标,学生的教学实践能力得到真正提高,高等师范院校必须严格教育实习成绩评定考核制度,建立完善的教育实习质量监控体系。只有考核制度严格了,监控完善了,各方面才能认真起来。高等师范院校的教育实习成绩评定考核制度应该是全方位的、具体详细的,便于操作的,而不是实习结束草率给个分数或等级。首先,在考核的目标上,高师院校应以切实提高师范生的教学实践能力为宗旨,促进其专业成长与发展。其次,在考核内容上,应对师范生的教学工作实习、班主任工作实习、教育研究实习和实习生在整个实习过程中的态度、工作、学习、生活表现等方面进行全方位考核。最后,在考核的方式上,应该采取形成性评价与总结性评价相结合,量化评价与质性评价相结合,自我评价与他人评价相结合;就其评价的过程而言,不应把师范生的一次实习作为评价的终结,而应将师范生的多次实习、全程实习作为评价的参照。同时,高等师范院校应加强教育实习考核工作的督查,以确保教育实习考核的严肃性。

 问题思考与讨论

1. 什么是教育实习?

2. 简述教育实习的意义。

3. 简述教育实习的目标。

4.教育实习有哪些任务?

5.简述教育实习的模式有哪些?

6.简述集中教育实习及其特点。

7.简述定点教育实习及其特点。

8.联系实际,说明我国教育实习存在的问题以及如何解决这些问题。

9.实习老师小李到一所县里的高中实习,在班主任实习工作期间,他以陶行知先生的"爱满天下"作为教育格言,发誓要做一名热爱学生的优秀教师。为了了解和接近学生,以便取得学生的依赖,他与学生一起参加课外甚至校外活动,如打球、下棋、逛电子游戏厅等,几乎对学生的各种愿望都是有求必应。但是,一个月下来,班主任赵老师却感到非常沮丧,带队老师也批评他过于放纵学生,而且班上的同学也对他的管理方式颇有微辞,抱怨他有偏见。为此,小李老师非常苦恼,几乎动了放弃实习的念头。

实习老师小李的做法是否合理? 为什么? 请谈谈你的看法。

10.实习老师小田正在布置作业:"每个生字写5遍。"这时,有个同学小声说:"都会写了,还让写!"小田没说话就下课了。这件事引起了小田的反思,在班会上,小田提出了"教师怎样留作业"的问题。经过商讨,同学们一致同意:常规性的作业应该写,但可以根据自己对知识掌握的程度决定多写或少写,其他时间可以做自己更感兴趣的事。经过一段时间的尝试,绝大多数学生都在不同方面取得了不同程度的进步,写作业成了他们自己愿意做的一件乐事,再也不是苦差事了。看来有问题只有解决了才能有事半功倍的效果。

结合教育实习的有关理论,请谈谈如何给学生布置作业。

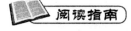 阅读指南

1.范丹红.教师专业技能训练与教育实习[M].北京:北京师范大学出版社,2013.

2.王彦才,郭翠菊.现代教师教学技能[M].北京:北京师范大学出版社,2010.

3.李强.顶岗实习指导[M].北京:人民日报出版社,2014.

4.陈文涛,刘霄.教育实习的实践与创新[M].开封:河南大学出版社,2006.

网络导航

1.南京师范大学教育实习网　　　　http://jysx.njnu.edu.cn/

2.中国教育和科研计算机网　　　　http://www.edu.cn/

3.中小学信息技术教育网　　　　　http://xxjsedu.com/

第三章　教育实习的准备

 学习目标

首要准备:了解良好的师德修养和规范的教师礼仪;重要准备:了解基本的教育理论素养和心理素质;必要准备:了解必备的社会责任感、创新精神和实践能力;专业准备:掌握教师专业技能,做好教学准备,做一位合格的人民教师。

一、首要准备：师德修养和教师礼仪

古代大教育家孔子曾说,其身正,不令而行,其身不正,虽令不从。教师担负着塑造人类灵魂的崇高使命,教师的师德修养直接影响着学校的学风和校风。规范教师礼仪是弘扬高尚师德的一个基本内容,教师的礼仪形象直接关系着学生素质的培养,教师的言行举止会对学生起着潜移默化的作用。

(一)师范生应该具备的师德修养

1.师德修养的内涵与特点

师德修养是将基本的道德规范逐步内化为教师自身的东西,成为教师素养中起主导作用的组成部分。师德修养的内涵是非常丰富的,它既包括教师内在品质方面的修养,如以身作则、献身社会主义教育事业、热爱科学和追求真理等,也包括外在行为方面的修养,如外表端庄、语言规范和衣着整洁大方等。师德修养应当是内在品质修养和外在行为修养的高度统一。从一般意义上讲,师德修养包括

两方面的含义。

第一,师德。师德是指教师公德,是教师为了维护社会公共利益应该遵守的社会公共道德。教师道德是一种职业道德,它是教师和一切教育工作者在从事教育活动中必须遵守的道德规范和行为准则,以及与之相适应的道德观念、情操和品质。师德是教师应有的道德和行为规范,是全社会道德体系的组成部分,是青少年学生道德修养的楷模之一。

第二,修养。修养指人的行为和涵养,与人的性格、心理、道德等有着紧密的联系,是个人综合素质的表现。道德修养是个人自觉地将一定社会的道德要求转变为个人道德品质的内在过程。这是一个与师德密切相关的范畴,它不仅意味着师德的自觉性与能动性,也是师德自我建立的根本途径。

师德的特点:道德意识的自觉性、道德行为的示范性、道德结果的深远性。道德意识的自觉性是指每个教师都应自觉遵守教师职业道德,不能去违背它。道德行为的示范性是指优秀教师的言行会给周围的个体主要是学生带来很好的引导和示范作用,从而影响这些人的言行。道德结果的深远性主要是指教师的道德行为的影响力对接受教育的学生来说是持久的、深远的,教师优良的道德行为结果会对学生的一生产生积极的影响。

2.新时期教师应该具备的师德修养

加强教师师德的修养,不仅是教师队伍建设不可缺少的重要组成部分,而且事关教育事业的成败。在市场经济高度发展的新的历史时期,教师应该具备的师德修养包括:有正确坚定的政治观念,有执着严谨的敬业精神,有开拓创新的进取意识,有廉洁自律的思想品质,有自我解剖的果敢勇气。教师要在学生面前树立为人处世的榜样,使学生在长期的潜移默化中形成自己积极向上的世界观、人生观。

信息窗3-1

中小学教师职业道德规范(2008年修订)

一、爱国守法。热爱祖国,热爱人民,拥护中国共产党领导,拥护社会主义。全面贯彻国家教育方针,自觉遵守教育法律法规,依法履行教师职责权利。不得有违背党和国家方针政策的言行。

二、爱岗敬业。忠诚于人民教育事业,志存高远,勤恳敬业,甘为人梯,乐于奉献。对工作高度负责,认真备课上课,认真批改作业,认真辅导学生。不得敷衍塞责。

三、关爱学生。关心爱护全体学生,尊重学生人格,平等公正对待学生。对学生严慈相济,做学生良师益友。保护学生安全,关心学生健康,维护学生权益。不讽刺、挖苦、歧视学生,不体罚或变相体罚学生。

四、教书育人。遵循教育规律,实施素质教育。循循善诱,诲人不倦,因材施教。培养学生良好品行,激发学生创新精神,促进学生全面发展。不以分数作为评价学生的唯一标准。

五、为人师表。坚守高尚情操,知荣明耻,严于律己,以身作则。衣着得体,语言规范,举止文明。关心集体,团结协作,尊重同事,尊重家长。作风正派,廉洁奉公。自觉抵制有偿家教,不利用职务之便谋取私利。

六、终身学习。崇尚科学精神,树立终身学习理念,拓宽知识视野,更新知识结构。潜心钻研业务,勇于探索创新,不断提高专业素养和教育教学水平。

[**资料来源**]中华人民共和国教育部.教育部、中国教科文卫体工会全国委员会关于重新修订和印发《中小学教师职业道德规范》的通知[A/OL].(2008 – 09 – 01). http://www. moe. gov. cn/s78/A10/s7058/201410/t20141021 – 178929. html.

3. 师范生师德修养的实践意义

教师的职业道德,应是集公民的思想、政治、法纪和道德等方面的优良素质在教育活动中的具体表现。

①要热爱教育事业。教师的道德是教师的灵魂,师德是教师职业理想的翅膀。教师的工作是神圣的,也是艰苦的,教书育人需要感情、时间、精力乃至全部心血的付出,这种付出是要以强烈的使命感为基础的。一个热爱教育事业的人,是要甘于寂寞、甘于辛苦的。

②要热爱学生。关爱学生,尊重学生人格,促进他们在品德、智力、体质各方面都得到发展。多与学生进行情感方面的交流,做学生的知心朋友。爱需要教师

对学生倾注相当多的热情和各方面关注,在相互依存中取得心灵沟通,共同分享成功的欢乐,分担挫折的烦恼。和谐的师生关系,是促进学生学习的强劲动力。

③要学无止境。教书育人是一项重大的严肃的工作,来不得半点虚假、敷衍马虎。要勇于和勤于提高自己各方面的素质,深入学习教育学、心理学和教育方法等方面的知识,把教育理论的最新研究成果引入教学过程,使教育的科学性和艺术性高度完整地统一起来。要有创新精神,积极开展教育和科学研究,探索新的科学教育模式,在耕耘中拓展视野,在执教中提炼师艺、升华师技。

④要为人师表。在传授知识的同时,更要重视学生的行为习惯,教授做人的道理,"要立业,先树人"。教师的言行举止对学生的精神世界起着无声无息的作用,如同春雨"随风潜入夜,润物细无声"。因此,教师要起模范作用,为学生树起前进的旗帜,指明前进的方向,点燃他们心中的火种;要以最佳的思想境界、精神状况和行为表现,积极地影响教育学生,使他们健康成长。

⑤要乐于合作,善于合作。现代教育是一种集体协调性很强的职业劳动,教师的工作需要竞争,更需要合作。竞争促进了教育发展的繁荣,为教育增添了活力。但教师又要乐于合作,善于合作。学生的成长和学生素质的全面发展,绝不是一个教师的劳动成果。只有善于处理好教师与教师之间,教师与家长及社会积极力量之间的关系,才能减少教育过程中的内耗,从而形成取向一致的教育力量,才能最大限度地提高教育效率。

(二)师范生应该具备的教师礼仪

1.教师礼仪的内涵

教师这一职业所具有的特殊性质和鲜明的职业特征表明,教师是学生理想人格的塑造者,是传统道德的汇聚者和弘扬者,是社会道德的倡导者,是未来道德的启迪者。一名合格的教师不仅要有高尚的品德修养、广博的知识经验、现代化的教育能力和健康的身心,还要有为人师表、受人尊重的外在形象。

教师礼仪的内容包括:教师形象礼仪、教学礼仪、教师社交礼仪等。

①教师形象礼仪。英国哲学家弗兰西斯谈到教师时说,教师是知识种子的传播者,文明之树的培育者,人类灵魂的设计者。教师肩负着教育学生、培育学生,

使学生成为接替老一辈事业、延续社会发展的新一代的重任。因此,教师无论是在教育教学活动中,还是在交际场合,均须讲究礼仪,做文明交往的使者。教师的一言一行、一举一动、一笑一颦,都在鲜明地展示自己的仪表和形象。

②教学礼仪。教学礼仪是教师在课堂教学活动中应该遵循的尊重学生、讲究礼节的规范,是教育工作者必须要掌握并且能够娴熟运用的师生交往技能。教师在导入新课、指导学生交流研讨、巩固复习等诸多教学环节当中,都要注意得体的教学礼仪。教师良好的教学礼仪对于课堂气氛、师生交流会产生积极的效应。

③教师社交礼仪。社交礼仪,从内容上看有仪容、举止、表情、服饰、谈吐、待人接物等;从对象上看有个人礼仪、公共场所礼仪、待客与做客礼仪、餐桌礼仪、馈赠礼仪、文明交往礼仪等。教师社交礼仪的基本原则体现为:尊重为本,善于表达,形式规范。

2. 教师礼仪的基本要求

①进出校门礼仪:进出校门时,教师应主动向值勤教师和学生问候。自行车、电瓶车推行,汽车慢行至指定地点,整齐摆放。

②课间礼仪:在校内,上下楼梯靠右走。在课间,值班老师按时上岗,做好学生活动疏导工作;行走在校园中,不随地扔杂物,看到杂物主动捡拾,用实际行动给学生做榜样,共同维护校园的公共卫生。

③课堂礼仪:进教室前,教师应准备好上课用品,并检查整理好自己的仪表,通讯工具关闭或设置成无声。上课铃响前三分钟,教师走进教室,指导学生做好上课准备。上课铃响,师生互相问候。教学过程中,教师用普通话教学,写规范字。多用敬语"请"字和尊敬手势,不侮辱学生人格,不挖苦讽刺学生,不对学生体罚或变相体罚。认真、耐心地倾听学生发言,适时点拨引导。教师的仪态举止要优雅,讲课时不坐不靠,不把手放在衣、裤兜内,避免不雅举止。珍惜学生的上课时间,不讲与课堂教学无关的内容,不责备学生。学生练习时,教师认真耐心地巡回辅导,关注每一个学生。下课时,教师切忌拖堂,与学生礼貌告别,保持愉快的心情。

④办公室礼仪:做好办公室的整洁卫生和物品摆放工作。负责卫生值日工作的教师,要提前到办公室,按要求自觉做好清洁卫生工作。最后一个离开办公室的教师把门、窗、电器关闭。有来宾时,办公室教师应起立热情打招呼;有家长来

访时,要微笑接待。集体办公室内不得吸烟。不妨碍他人办公,不打听别人私事,不背后议论其他教职工,不做与工作无关的事情。

⑤参加学校集会礼仪:升旗礼仪——精神饱满,规范立正,不交头接耳,向国旗行注目礼,高声唱国歌。集会礼仪——遵守会议纪律,按指定座位入座,准时有序,不无故中途离开。尊重报告人,关闭或调整通讯工具,认真聆听,掌声热烈,不做与会议无关的事情。听课礼仪——提前进入听课地点,做好听课准备。听课座位应选择在不影响上课的位置。听课时安静专心,认真记录。不做与听课无关的事,不在课堂上指戳议论。

⑥与同事交往礼仪:同事之间互相尊重,互相帮助,和睦相处。遇事冷静、坦率、大度。早晨相遇,主动打招呼。课间相见,点头微笑。得到别人的帮忙,要致谢。

⑦与学生交往礼仪:一言一行,堪为表率。要求学生做到的事,教师首先做好。学生主动向教师打招呼时,教师应面带微笑回应学生的问候。师生平等,尊重学生人格,对学生一视同仁。教师要做到"蹲"下来与学生面对面谈话,做到心与心沟通。谈话时认真倾听学生意见,然后真诚地、实事求是地谈出自己的看法。教师自己如有缺点,也应当面向学生道歉。

⑧与学生家长交往礼仪:家长会的礼仪——对学生家长热情有礼。不要态度,不训斥责备,不动辄请家长来校。尊重家长,服饰庄重,举止文雅,给家长亲切感和信任感。实事求是地介绍学生的情况,对学生多一些表扬和鼓励,少一些批评和指责;对家长应用商量的口吻,多给他们指导性的意见和建议;多给家长一些表达意见和建议的机会。家访礼仪——选好时机,预约前往;举止稳重,温文尔雅;用语合理,避免单纯的"登门告状"。

3.教师礼仪的特征

①示范性。在学生的心目中,教师是神圣的,尤其是对于喜欢和崇拜的教师,学生不仅会认真地学习该教师所教的所有内容,还会模仿教师的行为举止。因此教师的知识、眼界、品格及一言一行等,都对学生产生重大的影响。教师的形象能直接影响学生形象的塑造。学生通过对教师形象的观察和模仿,从而形成自己的形象。

②平等性。在人际交往中,尊重是前提,平等是基础。即使是师生之间也是

如此。教师要有爱心,以学生为主体,爱护学生的自尊心,保护学生的上进心,呵护学生的感恩心;要循循善诱,诲人不倦,要善于抓住学生的优点发扬光大,要学会赞美。教师在教育学生有感恩之心的同时也应该心存感激。例如,一个学生总是把作业翻到我要检查的那一页,给我很多的方便,我感激万分,就在班级大加赞赏。另外,上课时有学生帮我解决问题,我很感激,就要真诚地表示感谢。

③审美性。教师礼仪的审美性主要是指教师职业的文明礼仪对学生以及他人的感觉、领悟方面的影响。教师礼仪的审美性主要表现在教师端庄的仪容、仪表会让学生赏心悦目。作为人类灵魂的工程师,当其内在的学识修养和外在的服饰打扮和谐地统一起来,让人于朴实大方中见高雅的情趣,于整洁得体中见丰富的涵养,教师就会给学生以美的熏陶和感染。教师优雅的风度也体现了教师礼仪的审美性,是学生认识教师、评价教师的最重要的因素。

4. 教师礼仪在教学中的作用

①有利于学生的认同感。良好的教师礼仪能够让学生对教师产生一种亲和力,学生自然而然会从内心认同这样一位教师,同时对形成学生良好的"第一印象"有重要作用。学生第一次接触教师时,会特别注意教师的仪表装束,言谈举止,从而在心理上为教师定位。

②有利于教师树立威信。教师的威信在教学中的作用是显而易见的。教师威信是一种巨大的教育力量,它的形成不仅与教师的知识、能力等密切相关,也受教师外在形象的影响。举止文雅、穿着朴素、仪态端庄、作风正派的教师形象,有助于在学生中建立起威信,甚至成为学生争相模仿和崇拜的偶像。

③有利于树立学生的自我形象。教师在施教的同时,学生通过对教师形象的观察和模仿,形成自己的定位形象。年龄越小的学生,越是觉得教师是最值得尊敬和学习的人,这就是家长常说的"孩子只听老师的话"的原因。即使到了高年级,学生视野开阔了,与教师的关系也变得复杂了,但教师仍然是学生生活世界中的重要人物,教师仍然是许多学生模仿的榜样,从而继续对学生的形象设计起着不容忽视的引导规范作用。

④有利于提高教育教学效果。良好的教师礼仪是教育教学顺利开展的保证。目前,教师完成职业任务的主要途径仍然是言传身教。如果教师不仅口说而且能

真正身体力行,必然能给学生留下良好的师者形象,获得学生的尊重。这样,学生就会"亲其师"而"信其道",教师也会很顺利地完成教育教学任务,提高工作效率和教育实效。

5. 教师礼仪的意义

①塑造教师的职业形象。礼仪是显示教师的人格修养、文化背景等道德风范的窗口。礼仪可以帮助教师塑造一个整体的职业形象。职业形象包括外在形象和内在形象,言谈举止、行为、服饰等属于外在形象,外在形象是表现性的,教师的人品、情趣、气质、风度等属于内在形象,内在形象是描述性的。教师适当的形象设计,优雅的举止、潇洒的风度,是影响教育活动和教育效果的重要因素。

②协调教师人际关系。人际关系的建立是在人们的交往沟通中实现的,礼仪具有沟通功能。在人际交往中,如果双方都自觉地遵守礼仪规范,才能沟通相互之间的感情,从而使交际获得成功。礼仪还是人际关系和谐发展的调节器,人们在交往时按礼仪规范去做,有助于加强人们之间互相尊重、友好合作的新型关系,缓解或避免某些不必要的情感对立与障碍。人际关系的融洽离不开情感因素,而情感的表达离不开一些特定的礼仪形式。节日里一束美丽的鲜花,一张写满祝福的贺卡,相遇时友善的目光、亲切的微笑,聚会时得体的举止、文雅的谈吐,都会让彼此建立好感和信任。这些看似不起眼的礼仪,是一条无形的纽带,会拉近教师与同事、学生、家长之间的心理距离,营造愉快和睦的人际关系,让人们更多地感受到工作生活的幸福和快乐。

③促进学生的健康发展。教师遵守礼仪能有效地让学生体验到被尊重、被理解的良好感觉,这样就会使教师和学生的关系变成亦师亦友的新型师生关系,会促进学生的健康发展。教师作为人类灵魂的工程师,是学生增长知识和思想进步的导师,是学生学习、模仿的榜样。教师礼仪是一种强有力的教育因素,对学生起着潜移默化的教育作用。

案例 3-1

【案例描述】

镜头一："哎……又是韩老师的课，我真的不想上他的课。""他经常在教室内乱吐痰，还一嘴的香烟味，我都不敢去问他问题呢，我还被他的无敌飞沫中招了呢，我一节课都不想听呢。"回头一看，一大群人在后面围着议论纷纷，都在抱怨韩老师的不好。韩老师是我们的小学数学老师，他有几十年的教学经验。因此，我们班的数学成绩在全年级中较为突出。如此优秀的教师，理应受到同学们的尊重，但是那时候我们总在私底下嘲笑韩老师。

镜头二：只见班主任面容严肃地从教室门口走上讲台，同学们都正襟危坐地等待班主任的命令。"今天我们上第二章内容，课前我先请同学回答几个问题。"一位女生被点名站起来回答，女生似乎不知道答案，吞吞吐吐地说了几个字。班主任走到她身边，用严厉的目光瞟了她一眼。女生顿时脸红了起来，低着头站在那里。"有些学生，上课不知道听讲，下课还不知道复习，作业不认真完成，不如回家去好了，坐在这里干嘛？"听到这话，那女生有点哽咽了，全班学生也低头不敢出声。

【分析处理】

镜头一反映了同学们对韩老师的不良外在形象的抱怨。韩老师是一位拥有很高教学水平的老师，但是他的外在形象却会使他的教学效果下降。一位穿着得体、举止文明的老师会给学生留下美好的印象，反之则会使学生产生反感与厌恶。韩老师随地吐痰和抽烟的行为已经违反了基本的文明规范和职业道德，会给学生造成恶劣的影响，是对学生的不尊重。

镜头二描述了班主任老师严厉的面容和对学生在教育指导上的不妥处理。眼睛是心灵的窗户，最能给人留下深刻印象的是眼神。班主任这种轻蔑的眼神会伤害学生的自尊心，同学们需要的是老师给以鼓励和肯定的目光。除此之外，班主任当着全班人的面用讽刺的话语批评学生，对学生的健康发展会造成不良的影响。

【反思领悟】

教师礼仪，是礼仪在教育行业履行职能工作过程中的具体运用，是教师必须遵行的行为规范。教师礼仪又包括内在形象礼仪和外在形象礼仪。而这两方面都是不容小觑的。师资、师表、师德、师心构成了教师内在形象的要素；仪容、仪表、仪态又构成了教师外在形象的要素。教师的一言一行，一举一动，都会引起学生的关注。一方面，作为一名教师要具备教师内在形象四要素，要拥有教师职业道德，理解学生，尊重学生，爱护学生。另一方面，教师上课面带微笑，衣着得体，姿态优雅，语言举止文明有礼，给学生美好、亲切的印象，往往容易被学生接受，反之则容易引起学生的反感，甚至是厌恶。因此，作为一名优秀的教师，应当同时注重自己的内部形象与外部形象，内外兼并。教师礼仪在很大程度上也影响着教师的教学质量与水平。一名遵循礼仪规范、有良好的教师职业素质和职业道德的教师，才符合教师职业的需要，才能赢得更多学生的尊敬和爱戴。

[资料来源]http://www.docin.com/p-1117091199.html.

英国教育家洛克指出，教师是铸造儿童的模子，教师自己如果举止无理，行为邪恶，儿童的同类恶行就无法改正。坏榜样的规则最容易被采纳，所以应该事事留心，不可使儿童接近不良榜样。我国思想家墨子说过，染于苍则苍，染于黄则黄；所入者变，其色亦变。教师是学校教育环境设计和教育氛围营造的主要参与者，其自身的礼仪素质将直接影响学校环境教育和教师身教的效果。

二、重要准备：教育理论素养和心理素质

工欲善其事，必先利其器。师范生只有把实习前的准备工作做得充分，才能赢得实习课堂的那份精彩，才能使自己在教育实习过程中更自信。

(一)师范生应该具备的教育理论素养

教育是一种培养人的社会实践活动。理论来源于实践，理论又高于实践，理论对实践具有指导作用。在这一过程中，教师的教育理论素养发挥着重要的作用，它既是教师进行教育教学研究的基础，也是提高教育教学质量的保证。

1. 教师的教育理论素养

教师的教育理论素养是指教师经过系统的教育理论学习或培训之后,在日常教育教学实践中所表现出来的对教育理论持续学习、运用、表达、创新的意识和能力。教师必须具备的教育理论素养体现在以下几方面。

①能够掌握基本的教育知识、教学原则和相关的教育理论。了解古今中外教育家的教育理念和教育界最新的思潮动态。教学工作是学校教育的中心环节。教师要懂得因材施教、启发诱导、循序渐进、教学相长、长善救失等教学原则,注意调动学生的积极性和主动性,提高课堂教学效率。

②能够把有关的教育学、心理学知识应用于教育教学中。在教育教学工作中,坚持以人为本、以学生为本的原则,依据学生的身心发展特点,引导和组织学生自主学习、乐于合作、积极探究,帮助他们在知识技能、过程与方法、情感态度与价值观等方面得到全面、和谐发展。

③能够以教育理论的视角和观点来反观教育实践,进行经常性的反思并有意识地不断改进自己的教育教学水平。教育理论可以有效地解释教育现象,促使教师反思自己的日常教育教学行为,提升日常教育经验,促进教师专业化的发展。

④能够站在较高的角度看待教育现象和教育问题。要以一种研究的眼光对自己的教育教学行为进行研究,并将自己的研究成果与同事进行交流探讨,甚至公开发表,不断地提高自己的专业化水平和科研能力。

2. 新课程改革的理论基础

①多元智能理论:言语——语言智力、逻辑——数理智力、音乐——节奏智力、身体——运动智力、视觉——空间智力、人际交往智力、自我反省智力、自然观察者智力、存在智力。这为新课改提供了新支点、新依据和新视角。

②建构主义理论:源自关于儿童认知发展的理论,由于个体的认知发展与学习过程密切相关,因此利用它可以较好地说明人类学习过程的认知规律,即能较好地说明学习如何发生、意义如何建构、概念如何形成以及理想的学习环境应包含哪些主要因素等。其核心概括为以学生为中心,强调学生对知识的主动探索、主动发现和对所学知识意义的主动建构。

③人本主义学习理论:个人的学习是一个心理过程,学习是一种自发的、有目的、有选择的学习过程,强调学习方法的学习和掌握,强调在学习过程中获得知识

和经验,强调在做中学,最好的学习是学会如何进行学习,学习的内容应该是学习者认为是有价值、有意义的知识或经验,学生具有学习潜能并具备"自我实现"的学习动机等。

信息窗 3-2

基础教育新课程改革的理论

1. 多元智能理论是由美国哈佛大学教育研究院的心理发展学家霍华德·加德纳在1983年提出。加德纳从研究脑部受创伤的病人中,发觉他们在学习能力上的差异,从而提出本理论。

2. 建构主义也译作结构主义,其最早提出者可追溯至瑞士的皮亚杰。他是认知发展领域最有影响的一位心理学家,他所创立的关于儿童认知发展的学派被人们称为日内瓦学派。

3. 人本主义心理学是20世纪五六十年代在美国兴起的一种心理学思潮,其主要代表人物是马斯洛和罗杰斯。人本主义的学习与教学观深刻地影响了世界范围内的教育改革,它与程序教学运动、学科结构运动共同构成20世纪三大教学。

[**资料来源**]刘小明.小学课堂差异教学策略的研究[M].广州:暨南大学出版社,2012:3.

李颖,董彦.现代教育技术[M].合肥:中国科技大学出版社,2010:47.

李朝霞,卢会醒,魏旭.心理学[M].武汉:中国地质大学出版社有限责任公司,2013:160.

3. 新课程的基本理念

①新课程核心理念。"以人为本""以学生的发展为本"是课程改革的出发点,强调"三维目标"的整合(知识技能、过程与方法、情感态度与价值观),开放型的课程观是建构现代化课程体系的必然选择。民主化是建构新型师生关系和课程管理体系的牢固基石,回归生活是新课程改革的必然归属,批判与创新是基础教育改革的灵魂。树立终身学习观,树立评价促发展的发展观。

②新课程下的课程。整体设计九年一贯的义务教育课程,义务教育阶段以综

合课程为主,初中是分科课程、综合课程相结合,高中以分科课程为主。强调课程综合,设置许多综合学科。强调课程特别是农村中学课程要服务地方经济。强调思想道德教育。均衡科目结构。特别强调综合实践活动,作为必修课。加强学科的综合性,设置综合课程,增设综合实践活动等。

③新课程的功能观、教学观、教师观、学生观、质量观。课程的功能观是从“大课程”的观念来构建新的课程,教学和评价的过程是一个系统工程。教学观是一个信息和情感交流、沟通,师生积极互动、共同发展的过程。教师观是学生发展的促进者,课程的开发和建设者,教育教学的研究者,在与学生的关系上是平等的。学生观强调学生是学习的主体,是有人格独立、有个体差异和富有潜力的人。质量观是实现由“以分数为标准”到“以每个学生德、智、体等诸方面素质与个性得到充分发展为标准”的转变,使每个学生都得到生动活泼、主动的发展。

（二）师范生应该具备的心理素质

良好的心理素质是提升实习能力的根本。师范生在教育实习过程中应注意提高心理素质,尤其是在日常生活中注意锻炼自己坚忍不拔的性格;在实习过程中,充分了解教育实习的信息,沉着、冷静地应对所遇到的困难,用积极的心态扫除实践路上的障碍,直到达到成功的彼岸。

1. 师范生常见的心理问题

（1）紧张和焦虑心理

紧张、焦虑是师范生在教育实习中最常见的心理问题。由于陌生感、角色认同等原因,以教师的身份面对几十名陌生的学生,初上讲台的人一般都会有紧张感,只是程度不同而已。天生羞怯自卑、不善交际的学生更容易出现这种障碍,主要表现为焦虑不安、心跳加快、声音发颤、语速过快、结结巴巴、语无伦次、表情尴尬和不知所措等。适度的焦虑可以使人保持适度的紧张,增强大脑的兴奋程度,使人思维敏捷,对于完成学习和工作任务是必要的。但是过度的焦虑则不利于学习和工作的完成,对人的身心健康也是不利的。这一切常常使他们精心做好的一切准备化为乌有,从而严重挫伤教育实习的积极性。

（2）自卑和自傲心理

自卑是指个人对自己的评价偏低,自愧无能而丧失自信,并伴有自怨自欺、悲观失望的一种心理倾向。一些师范生在实习前对教师工作的认识比较理想化,低估了教师工作的困难,因为在实习过程中的一些失误和不足从而达不到自己预期的目标,就过多自责,降低自我评价而妄自菲薄。一些师范生面对生气勃勃、好奇敏感、多才多艺的中小学生倍感压力,对树立自己的教师威信感到迷惘和自卑,认为不能胜任教师的工作。

自傲心理在大学生身上反映最为突出。一些师范生对实习的难度估计过低或对自己的实力估计过高,从而对即将来临的实习掉以轻心、不以为然,认为以自己大学生的资历与学识上好中小学课程不成问题。这类学生比较自我,不容易接受不同意见,取得一点成绩时沾沾自喜。当工作出现失误时他们容易原谅自己的过错,用己之长比人之短,不能客观地评价自己和别人,这样容易造成过分松懈,轻视任务,不认真对待备课和上课,自由散漫。

(3)挫折和急于求成心理

大学生由于一直囿于校园,生活经历比较简单,未曾经历过波折,没有经受过挫折的考验,所以,心理承受能力和自我调节能力较差,情绪波动性大,缺乏应对挫折的准备。在实习工作中,他们往往急于求成,希望一蹴而就,害怕失败。一旦受到挫折,他们往往产生挫折心理,感到悲观失望、自惭形秽,对自己、对未来失去信心,或不思进取、消极等待,或怨天尤人、顾影自怜。很多师范生经历了上课后,在教学反思中提到吃不透教材,不了解中小学生,在上课时达不到备课的预期效果,不能做到师生互动,难以考虑到学生的思维方式和想法,教学组织和调控能力不足等,这些不足使他们产生一种挫败感,对自己的教学能力产生怀疑。一些师范生在辅导中小学生学习的过程中,看到有的学生屡教不改,几经努力达不到教育效果,便容易降低教学效能感,从而影响教育信念的建立。

(4)敷衍和患得患失的心理

一些师范生实习的积极性不高,敷衍了事,对自己要求不严,不注意自己的仪表,得过且过,上课随意性较大。主要是这类学生将来不愿意从事教育事业,专业认知模糊。

一部分师范生错误认为,教育实习就是走过场,患得患失。也有一部分师范生实习过程中处处碰壁,于是产生怀才不遇之感,抱怨自己生不逢时,抱怨没有施展才能的机会,抱怨世上无伯乐。因此,走出此误区的方法只能是调整心态,学会正视自己。

2. 师范生的心理压力源

（1）陌生感带来的压力

陌生的环境在给人带来新鲜感的同时往往还会让人有些许的恐慌，会让人没有归属感。面对实习指导教师和课堂上的学生，往日在校园生活中如鱼得水的学生要适应陌生的环境、陌生的人际关系至少需要一段时间。那么，如何在短时间内以恰当的方式主动融入到新的环境就给师范生带来较大的压力。

（2）教学实践的压力

教学压力主要来源于三个方面：一是教学准备的压力。角色的转变，没有实际的教学经验，因此很难进行课堂的预设。常常有师范生接到任务后，茶不思，饭不进，整天为此事而担心不已。二是课堂教学实施的压力。尽管师范生对所讲的内容作了充分的准备，当真正登上讲台，面对陌生的指导教师和学生时仍然会表现出紧张与慌乱的神情，这也妨碍师范生教学能力的正常发挥与表现。三是实习对象所带来的压力。面对实习班级的学生，由于缺乏经验，师范生组织教学不力，评价语缺乏鼓励性与导向性，教学环节疏散，会导致学生不信任实习教师。

（3）班级管理的压力

作为初出茅庐的师范生，他们会有满腔的热情与抱负，想把自己所实习的班级带好，有很多想法欲去实践，然而在班级管理的风格、理念上可能会与原班主任出现分歧。而作为原班主任来说，对于师范生的能力有着种种的顾虑，不肯也不敢把自己的班完全放心地让师范生去管理，怕师范生把自己的班级朝向自己不期望的方向发展。实习生处于原班主任与自己满腔抱负的夹缝之中，这也无形之中增加了师范生对实习班级管理的难度，继而带来实习的烦恼与苦闷，增加心理压力。

（4）角色转换的压力

教师既是知识文化的传授者、传承者，又是管理者、学习者。教师还要担当父母的角色、朋友的角色。多重心理角色的要求常常使师范生左右为难，应接不暇。而一旦为人师表，学校、学生、家长、社会无形中给了师范生许多的限定，师范生就得随时应对来自领导的评价、同事的议论、学生的意见、家长的批评、社会的舆论等，一些师范生会显得相对迷茫，感觉压力尤其大，也会因此陷入被动尴尬的局面。长期处于这种恐惧、焦虑、抑郁等心理压力下,就会形成心理适应困难甚至心理疾病。

3.师范生的心理预防和自我调适

(1)克服各种心理障碍,用良好的心态适应环境

师范生要明确适当的实习目标,避免理想主义,做好吃苦耐劳、从小事做起的准备,及时调整实习期望值,不刻意追求结果。个体在面对陌生环境时,会产生应激反应。适度的应激反应能提高肌体的反应能力,但过强的应激反应将会使人产生紧张、怯场等不良心理,严重者甚至产生肌体功能性障碍。对于师范生来说,课堂教学也是一种应激活动,它要求师范生面对新的环境进行新的教学活动。在这种活动中,师范生必须具备应对紧张、怯场等心理活动的能力。因此,在师范生试讲训练时,指导教师可以有意识地把学校或院系领导请去听课,这样可以锻炼学生的心理承受力,提高应激水平。另外,师范生要正确评估自己,树立自信心,不怕挫折,不消极退缩,采取积极的态度,勇于挑战。

(2)提高专业技能,培养多方面的兴趣与才能

师范生在平时的学习中要有意识地丰富自己的知识储备,熟练掌握教学技能,既要掌握一般的教育方法,又要不拘泥于固有的模式,要富有创造性和敢于创新。此外,师范生可以通过增加选修课、活动课的比重,培养多方面的兴趣与特长。如果师范生具备多方面的兴趣与才能,具有较强的专业技能,在实习中与学生就会有更多的共同语言,不仅有助于融洽师生关系,而且有利于师范生树立教师威信,增强从教的信心与能力。只要树立信心,战胜自我,就可迈出走向社会坚实的第一步,前途就充满希望。

(3)学会处理社会人际关系

师范生要理解与接受指导教师的要求和意见,明确自己的角色地位,与指导教师建立起"导师＋同事"的良好的合作关系。在实习过程中,师范生要有强烈的责任感和敬业精神,热爱教育事业,关心爱护学生,尊重学生的自尊心与人格,学会控制自己的情绪,以诚待人,建立和谐、融洽的师生关系。同时,要教会学生学会尊重别人,礼貌待人,从小事做起,养成文明交往的良好习惯。

(4)要有角色转换的心理准备

实习前,师范生要做好角色转换的心理准备,要有足够的心理承受能力,勇敢面对现实,严格遵守实习单位的规章制度,担负起单位员工的责任和义务。师范生对自己要提出高标准、严要求,面临困难、问题时,不能总想依赖别人的帮助,要培养吃苦耐劳精神,克服自身的弱点,迎接挑战。

4. 以教师的标准来要求自己

教育实习能检验师范生所学的知识,能使师范生更加了解和熟悉教师工作,加强综合能力训练,对于师范生是非常重要的。在实习开始之前,指导教师就要求师范生做好知识准备的同时也要做好心理准备,特别要注意角色转换,要以教师的标准来要求自己的一言一行。

①在实习中,要做到以学生为主体,充分调动他们的学习主动性和积极性,还要积极使用行之有效的教学方法,这样才能确保课堂教学的成功。在教学过程中尽量使课堂生动活泼,多与学生互动,提高课堂效率。另外,当好学生的指导者和助学者,培养学生独立思考、主动获取知识的能力,授人以鱼,不如授人以渔。同时,兴趣是最好的老师,要培养学生的兴趣,让学生自愿去学。

②在实习第一周的听课过程中,要注意听任课教师的教学方法、讲课思路、与学生互动的技巧等。听课的同时要准备好自己上课的内容,也就是备课。备课是教学的开始,不仅要联系书本上的内容,还要和学生的实际生活相联系,还要考虑学生原有的知识水平,学生的接受能力,学生对课堂的反应,教学实际情景等方面的情况。备课时要做充分准备,上网查资料,不断改进教学技巧。要非常认真地对待这一系列的环节,以争取在讲台上发挥出更好的效果。

③在实习班主任的过程中,要体会到作为一名班主任的不易。在生活、学习等方面都需要实习班主任像父母一样仔细地去关心爱护学生。因此,实习班主任必须要用爱去开启学生的心灵,经常与学生进行沟通,对于特别顽皮的学生,更要采取积极的态度来说服教育。另外,还可以利用课间休息的时间跟学生交流一些网络上健康新奇的东西,让学生信任老师,学生才愿意敞开心扉,与老师谈心。只有真正了解了学生的内心世界,才能收到更好的教育效果。

三、必要准备：社会责任感、创新精神和实践能力

教育实习是培养师范生社会责任感、创新精神和实践能力必不可少的重要内

容。作为未来的人民教师,他们必须增强社会责任感、提高创新意识、锻炼教育实践能力,为切实履行教书育人职责做好必要准备。

(一)师范生社会责任感的培养

社会责任感作为一种道德情感,是知、情、行的统一,而师范生教育实践则是实现这种统一的重要途径。首先,教育实践是培养师范生社会责任感的需要,师范生在一线课堂中才能承担责任,只有在承担责任的实践中产生了愉快体验,才会在今后更乐于从事教师工作,进而提高和巩固已形成的社会责任感。其次,教育实践可以满足师范生对社会认同的需要、对未来期望及成就感的需要等高层次的需要。最后,教育实践为培养师范生的社会责任感提供了广阔背景,具有不可替代性。

衡量一个教师是否合格,最重要的一点就是看其有没有强烈的社会责任感。一个有社会责任感的教师,必须具有健全的人格和良好的个性品格,必须在教育实践中起表率作用。因此,为了做一名合格的人民教师,师范生必须要增强社会责任感,树立主人公意识,才能担起历史重任。

①加强思想道德教育,帮助师范生树立正确的世界观、人生观、价值观。学校、家庭和社会三方应积极配合,给予师范生更多的关注和宽容,让他们尽可能多地去为别人考虑,明白自己的社会角色以及相应的社会责任。同时高等师范院校应引导师范生树立起正确的自我意识,自觉地把社会的需要内化为个人的成才目标,在对社会的奉献中实现自我价值。另外,高校还应建立一个社会责任感评价体系,并把结果记入学生档案。学校可以把社会责任感作为一项基本内容,在学生评优评先中,作为一项重要的考察科目。同时,在社会责任感的评价体系中,应当精简和优化社会责任感的考核指标,使其在实践中可行。

②开展丰富多彩的教育活动。教育活动是学生社会责任感培养教育的重要载体。高等师范院校要结合实际开展的丰富的教育活动如主题班会、演讲会、辩论比赛等,可以强化师范生的社会责任意识,培养他们的爱国主义和集体主义精神。在教育活动中,学校要十分重视用富有时代精神和强烈社会责任感的劳模人物和"责任典型"教育激励学生,使他们全面提升自己的认识能力和思想水平,学会对自己、对他人、对社会负责。

③师范生要有崇高理想,立志做一名"下得去、留得住、干得好"的乡村教师。《国务院办公厅关于加快中西部教育发展的指导意见》指出,要全面加强乡村教师队伍建设,增加优秀大学毕业生到乡村学校任教比例,为乡村学校定向培养更多的合格、优秀教师。《国务院关于统筹推进县域内城乡义务教育一体化改革发展的若干意见》提出,要努力办好乡村教育,结合乡村教育实际,定向培养能够承担多门学科教学任务的教师,促进义务教育优质均衡发展。师范生要时刻做好准备,为全面提升乡村教育发展水平,立志做一名"下得去、留得住、干得好"的乡村教师。

(二)师范生创新精神的培养

培养创造性人才是知识经济时代的必然要求。1996 年,国际 21 世纪教育委员会的报告《学习——财富蕴藏其中》指出,教育的任务是毫无例外地使所有人的创造才能和创造潜力都能结出丰硕的果实,这一目标比其他所有的目标都重要。中国高等教育要实现这一目标,在很大程度上取决于学生的创新意识和创新能力。《国务院办公厅关于深化高等学校创新创业教育改革的实施意见》指出,高校要落实立德树人根本任务,主动适应经济发展新常态,以推进素质教育为主题,以提高人才培养质量为核心,以创新人才培养机制为重点。

教育实践活动包括对基础教育现状的调查、教育见习、模拟实习、教育实习等,它是培养师范专业学生创新能力的重要环节。长期以来,我国教师教育实践环节薄弱,主要表现为:缺乏对基础教育现状的了解,教育理论准备不足,缺乏个性与创新性,教育实习时间较短,实习容易流于形式。因此,教师教育必须坚持以教育理论为指导,强化教育实践环节,在教育实践中培养师范生的创新精神。

①重视教育理论对教育实习的指导作用。创新教育是素质教育的重要组成部分。素质教育需要一种全新的教育观念,要求教师必须具有创新精神和创新能力,掌握培养创造性思维的理论和方法,营造宽松和谐的教育环境,以教育者自身的创造火花在学生的心中点燃创新之火。首先,师范生要明确现代教育理论,将教育学课程同教育实习有机结合起来,端正自己的教育态度,根据实习对象的年龄特点、心理状态和原有知识基础,运用现代教学理论进行创造性教学设计。其

次,师范生要根据教学实际,灵活运用教学方法和现代教学技术手段,创设问题情境,激发学生思维,使学生融会贯通地掌握知识,教会学生学习。最后,师范生要善于从实习过程中发现问题、探索问题,运用理性思维来解决问题。

②延长教育实习时间,让师范生真实感受教学活动。《教育部 国家发展改革委 财政部关于深化教师教育改革的意见》强调,切实落实师范生到中小学(幼儿园)教育实践不少于一个学期制度,加强师德教育和养成教育,着力培养师范生的社会责任感、创新精神和实践能力。高等师范院校应该在对理论的深入研究和对实践的不断分析总结的基础上,改革教育实习的方式,延长实习时间,让学生有充足的时间和精力来全身心地投入教学活动,用独特的视角来审视教学的方方面面,在总结、反思、探索中不断创新,提高教育实践能力。

信息窗 3-3

《教育部关于实施卓越教师培养计划的意见》指出,我国将从选拔、实践、创新等方向全面提高教师培养质量,其中高校在自主招生计划中将提高招收师范生的比例;要求师范生培养要走出高校"象牙塔",建立高校与地方政府、中小学"三位一体"协同培养新机制,在培养目标、课程体系、课程资源、教学团队、实践基地、教学研究及培养质量评价等方面开展全方位协同。教师是实践性很强的职业,过去教育实习时间大多不到 8 周,远远达不到培养合格教师的要求。通过建立稳定的教育实践基地和教育实践经费保障机制、实施高校教师和中小学教师共同指导师范生的"双导师制"等举措。鼓励高校与中小学、教研机构、企事业单位和教育行政部门积极探索"协同教研""双向互聘""岗位互换"等教师发展新机制。

[**资料来源**]教育部.教育部关于实施卓越教师培养计划的意见[A/OL].2014-08-19. http://www.moe.gov.cn/scrsite/A10/s7011/201408/t20140819_174307.html.

③在教育实习过程中,不断积累材料,积极撰写教育科研论文。教育科学研究是教育改革的先导与基础。在教育实习之前,给师范生布置撰写论文的任务,要求在他们实习的同时,运用所学教育理论认真思考当前基础教育面临的各种问

题,总结经验教训,钻研教育教学方法,探究教育教学新途径,从而更有效地推进教育教学的发展。进行教育科学研究既能提高师范生的教育理论水平,又能促进教育实习质量的提高,同时为师范生教育创新能力的发展奠定坚实基础。

(三)师范生实践能力的培养

《教育部关于加强师范生教育实践的意见》指出,近年来,我国教师教育改革持续推进,师范生教育实践不断加强,但是还存在着目标不够清晰、内容不够丰富、形式相对单一、指导力量不强、管理评价和组织保障相对薄弱等问题。师范生教育实践依然是教师培养的薄弱环节,师范毕业生的教育教学能力尚不能完全适应中小学的需要。因此,为了增强师范生的实践能力,全面提升教师培养质量,在教育实践中需要做好以下必要准备。

①明确教育实践的目标任务。师范生教育实践是教师教育课程的重要组成部分,是教师培养的必要环节。高等师范院校要围绕培养适应中小学教育教学需要、高素质专业化的"四有"(有理想信念、有道德情操、有扎实知识、有仁爱之心)好教师的目标要求,通过系统设计和有效指导下的教育实践,促进师范生深入体验教育教学工作,逐步形成良好的师德素养和职业认同,更好地理解教育教学专业知识,掌握必要的教育教学设计与实施、班级管理与学生指导等能力,为师范生毕业后从事中小学教育教学工作做好准备,为持续的教师专业发展奠定扎实的基础。

②丰富创新教育实践的形式。高等师范院校首先要采取观摩见习、模拟教学、专项技能训练、集中实习等多种形式,丰富师范生的教育实践体验,提升教育实践效果。其次,要充分利用信息技术手段,开发优质教育实践资源,组织师范生参加远程教育实践观摩与交流研讨,探索建设师范生自主研训与考核数字化平台。再次,要积极开展实习支教和置换培训,鼓励引导师范生深入薄弱学校和农村中小学,增强社会责任感和使命感。最后,要拓宽教育实践渠道,积极探索遴选师范生到海外开展教育实践等多种形式,开阔师范生的视野。

③更新教育实践课程的评价方式。教育实践课程评价旨在引导师范生积极参与教育教学实践活动,并在实践活动中获得教师职业技能的锻炼和提升。评价方式对师范生的教育实践发挥着重要的指引作用。高等师范院校要确立整体性

和过程性的评价理念,秉承多元化的价值取向,进入师范生教育教学实践过程,搜集和记录能够反映师范生教育教学观念和行为变化的直接材料,以课堂教学实况、班主任工作技能水平等作为依据,综合运用实地观察的评价方式对师范生的教育实践能力水平做出整体性、过程性和多元化的评价。

案例3-3

从"我行吗"到"我能行"

【案例描述】

背景:见习教师规范化培训考核方案一出,大家的议论引起我们的关注,在听取了大家的想法以后,我做了一次分析,大致集中在以下几点:游戏活动中的观察和讲评,我行吗? 集体活动设计,我行吗? 运动中安全、动作发展、保育工作都要体现,我行吗? 生活活动体现年龄特点,我行吗?

总之,见习教师们担心在考核中的现场表现会影响到最终的见习成绩,都不主动承担展示活动。我们没有批评见习教师们的想法,而是从他们的想法中重新思考我们的带教策略和形式是否真正有实效。指导教师们深入见习教师中听取意见,有的面对面的谈心,有的通过电子邮件进行沟通,详细了解见习教师们的真实想法和建议。我们也对带教策略和形式进行了调整。

【案例分析】

带教策略:指导教师"做"什么? 怎么"导"? 带教形式:有效互动,我们开展"师生互动""生生互动"的带教形式。跨班学习,除了在指导教师班中观摩,还到平行班中学习,了解同一年龄段孩子不同的行为表现,提高解读孩子行为的能力。我们通过对带教策略和形式的调整,使新教师们的见习工作更加落到实处。在学年末的考核中,见习教师们积极大胆地进行实践展示,在自评、互评、指导教师和领导小组共同评分下,推选出佼佼者,他们分别承担生活、运动、游戏、学习中的一个内容进行实践展示。考核的氛围轻松愉快,大家抱着学习、交流、共同提高的心态,在讲评的环节中,见习教师们畅所欲言,纷纷发表自己的想法,并进行现场演示。"如果是我,我会这么做"……成了整个活动的主题。

[资料来源] http://www.age06.com/Age06.Web/Detail.aspx? InfoGuid = 25a513f4 - 0dde - 4c5c - a6d4 - 510cc88199ae.

四、职业准备：教师专业技能

教师专业化是教师教育永恒的主题，如何使即将成为教师的师范生具备基本的专业能力，如何使师范生通过职前的教师教育专业学习，掌握基本的教师专业技能，为未来真正走向讲台，做一名合格的人民教师做好充分的准备，这是师范生从新教师走向专家型教师的必由成长之路。那么，师范生应该具备怎样的专业技能呢？

（一）教育理念：师德为先、学生为本、能力为重和终身学习

为促进中小学教师专业发展，建设高素质中小学教师队伍，教育部根据《中华人民共和国教师法》和《中华人民共和国义务教育法》，特制定《中学教师专业标准（试行）》和《小学教师专业标准（试行）》，此标准是国家对合格中小学教师的基本专业要求，是中小学教师开展教育教学活动的基本规范，是引领中小学教师专业发展的基本准则，是中小学教师培养、准入、培训、考核等工作的重要依据。

《中学教师专业标准（试行）》和《小学教师专业标准（试行）》有着共同的教育理念："师德为先""学生为本""能力为重"和"终身学习"。《专业标准》的基本内容包含"维度""领域"和"基本要求"三个层次。"维度"包含三个方面：专业理念与师德、专业知识和专业能力；在各个"维度"下，确立了若干个领域；在每个"领域"之下，又提出了若干个"基本要求"。

维度一：专业理念与师德。中小学教师都必须具备的专业理念与师德包含：职业理解与认识、对学生的态度与行为、教育教学的态度与行为、个人修养与行为。

维度二：专业知识。中学教师必须具备的专业知识：教育知识、学科知识、学科教学知识、通识性知识。小学教师必须具备的专业知识：小学生发展知识、学科知识、教育教学知识、通识性知识。

维度三：专业能力。中学教师必须具备的专业能力涵盖：教学设计能力、教学实施能力、班级管理与教育能力、教育教学评价能力、沟通与合作能力、反思与发

展能力。小学教师必须具备的专业能力涵盖:教育教学设计能力、组织与实施能力、激励与评价能力、沟通与合作能力、反思与发展能力。

①教学设计能力。教学设计是课堂教学的重要环节,是上课之基,上课之本。主要要求:教学目标设计能力,教学过程设计能力,导学设计能力。导学设计能力是教学设计能力的重要内容,是"学生为本"理念的重要体现。

②教学实施能力。主要要求:教学环境创设能力,教学应变能力,有效教学能力,探究教学能力,现代教育技术应用能力。通过启发式、探究式、讨论式、参与式等多种教学方式,激发与保护学生的学习兴趣,发展学生的创新能力也是体现了"学生为本"理念。

③教育教学评价能力。教育教学评价能力是教师运用各种手段了解学生学习状况,以判断是否完成预定的教育教学目标,学生是否达到预定的学习目标,从而不断改进教育教学工作的能力。主要要求:评价学生的能力,引导学生进行自我评价的能力,自我教学评价(或反思)的能力。

④沟通与合作能力。教师工作是一项与人打交道的工作,拥有与学生、同事、家长、社区等建立良好沟通与合作的能力是开展教育教学的基本保障。主要要求:与学生的沟通交流能力,与同事的合作交流能力,与家庭、社区的沟通合作能力。

⑤反思与发展能力。教师的专业能力提升是一个终身不断的持续过程。特别是在终身学习的社会中,教师只有具有自我发展能力,才能不断提升自己的专业水平,从而适应教育教学工作的需要。主要要求:反思能力,研究能力,生涯发展规划能力。

(二)师范生的教师职业技能准备

《高等师范学校学生的教师职业技能训练大纲(试行)》是学生进行教师职业基本技能准备的依据,内容包括:讲普通话和口语表达、书写规范汉字和书面表达、教学工作、班主任工作技能等四部分。

1.讲普通话和口语表达技能

①讲普通话。普通话是教师的职业语言,用普通话进行教育教学工作是合格教师的必备条件,按国家主管部门制定的《普通话水平测试标准》的要求通过测试。非语文和幼儿教师二甲及其以上,其他二乙级及以上,少数民族教师参加民

族汉考等。教育实习期间,师范生要用比较标准的普通话进行朗读、讲课和交谈。

②口语表达。有较强的朗读、讲演和讲话能力,口语表达做到清晰、正确、得体,掌握教学、教育、交谈的口语特点,力求做到科学、简明、生动,具有启发性。各专业的教学法课要讲授教学、教育语言的运用问题。教育实习期间,指导教师要注意培养和考查实习生的口语表达能力。

2. 书写规范汉字和书面表达技能

对高等师范院校学生进一步加强规范汉字、书写技能和书面表达这三项技能的准备是很有必要的。为了胜任教师工作,要养成良好的写作习惯,提高写作水平。这三项技能的准备应当从大学一年级开始。

①规范汉字。一是树立用字要规范的意识,了解国家语言文字工作的方针、政策,掌握汉字的规范标准。二是掌握好现代汉语常用字。掌握常用字的笔画、笔顺和字形结构。掌握《简化字总表》中的简化字。三是会读、会写、会用《现代汉语常用字表》中所收的 3 500 个字。四是自觉纠正错别字,掌握容易读错的字、容易写错的字、容易写别的字、多音多义字。

②规范书写。培养良好的书写习惯,纠正已经形成的不良书写习惯。以提高硬笔楷书的书写技能为主,兼顾行书;提倡写好毛笔字。要求笔画清楚,正确规范,熟练有力,匀称美观。掌握执笔、运笔的方法,纠正不正确的动作和姿势。纠正有关的书写毛病;掌握书写款式:卷面干净,留有天地,布局恰当,行款整齐;掌握选帖、读帖和临摹的基本知识和要领,培养对书法作品的鉴赏能力。

③常用文体写作。掌握工作计划、工作总结、申请报告、调查报告、各类信函等常用文体的写作知识(包括行款格式)和技能;学习范文,并习作若干篇;掌握常见语病的类型和改正方法。所写文章内容符合文体要求,语言得体,语句通顺,标点符号正确无误。

3. 教学工作技能

①教学设计。理解教学设计的概念,了解教学设计的方法。通过研究课程标准,制定教学目标、分析和处理教材、制定教学策略、制定教学计划和编写教案。能结合学科特点设计和批改学生作业,课后能评价自己和别人的教学。

②教学媒体。了解教学媒体的种类和功能,掌握现代教学媒体的使用方法及常用软件编制的方法。能根据教学内容和学生的特点选择、使用教学媒体,设计制作教学所需的教学软件及简易教具。

③课堂教学。了解课堂教学中基本教学技能的类型,理解各项基本教学技能的概念。掌握各项教学技能的执行程序和要求,能根据教学任务和中小学生的特点把教学技能应用于教学实践。具体内容为:导入技能,板书板画技能,演示技能,讲解技能,提问技能,反馈和强化技能,结束技能,组织教学技能,等等。

④组织和指导学科课外活动。了解学科课外活动的特点、方法、组织形式,能组织和指导与本学科教学有关的课外活动。如:课外兴趣小组,科技知识竞赛,读书报告会,小论文和小制作比赛,等等。了解课外活动方案的构成和活动方案设计的方法,做到活动目的明确,另外,活动内容的选择要适合青少年的特点。

⑤说课、评课、观课与研课。第一,说课。说课是教师在备课的基础上,依据课标和教材,结合有关的教学理论和师生实际,向其他教师说本单元本节课的教学思路和教学设计。包括:说教材、说方法、说程序、说重点把握、说难点突破、说内容处理等。第二,评课。评课是参加听课的教师对执教者的讲课及说课进行客观的科学评价。评课要依据一定的教学理论,对教学目标的实施、教学过程、教学效果以及教师的教学思想、教学设计、教学能力等方面做出客观性价值判断,从而使教师不断充实和完善自己的教学。第三,观课。有效观课的“三个了解”:了解内容,所属学科、承载三维目标的不同内容;了解讲课人主旨或教研活动主题;了解自己的“观”课需求。“三个抓住”:抓住自己的观课点,不要游离;抓住与观课点相关的事件,并真实记录与思考;抓住学习目标的制定、落实与达成。第四,研课。“研”前的“三个准备”。氛围准备:开诚布公,坦诚交流,解决所有参与者的个性或共性问题,而非评判。信息准备:说课教师的说课与反思信息,观课教师的观课信息。组织准备:组织者的组织策略、交流次序、沟通衔接等。“研”中的“三个抓住”“一个形成”:抓住研究主题,抓住具体情境下的事件或现象分析,抓问题的解析与深化,形成具体的共识性小结。“研”后的“三个落实”:共识性要求要落实,一周内跟进一次;整体或个体沟通要落实,一周内研讨一次;达成的共识要落实,并明确具体要求,逐渐实现和谐高效课堂的逐步深化。

⑥教学研究。了解教学研究的方法、能初步运用本专业知识的教育学、心理学原理进行教学研究,探索教学改革,提高教学质量。

4.班主任工作技能

班主任工作技能准备是高等师范院校学生的教师职业技能准备的重要组成部分,掌握班主任工作技能是师范生成为合格的人民教师的必备条件之一。班主任工作是以教育学、心理学等学科的基本理论为指导、理论与实践相结合的教学实践活动。班主任工作技能主要包括:集体教育的技能、个体教育的技能、与任课教师和学生家长沟通的技能等。在对师范生进行技能准备的过程中,既要做到有组织、有计划、有措施,又要注意调动师范生参加准备的主动性和积极性,使准备达到预期效果。

第一,集体教育。了解建设班集体的几个重要环节,掌握组建班集体的主要方法;了解开展各种活动的形式和内容,并能实际组织各种活动;等等。

①组建班集体的技能。制定班级工作计划,确立班级奋斗目标;选拔、培养和使用学生干部;协调好正式群体与非正式群体的关系;培养优良班风:正确运用表扬、批评、奖励、惩罚等教育手段,形成正确的舆论导向,通过活动形成学生正确的是非观念和集体荣誉感,严格管理、严格要求,使学生养成良好的行为习惯,促进优良班风的形成。

②组织各种活动的技能。组织和指导学生参加课外活动时,要坚持自愿的原则,鼓励和发挥学生的独立性与创造性。班主任应具有科技、音乐、美术、体育等方面的基本知识和基本技能。组织和指导学生参加社会实践时,要有明确的目的性和针对性,要掌握组织社会实践的方法。组织和指导学生参加校内外其他集体活动时,要根据学生的思想热点或带有倾向性的问题来确定活动的主题,并根据内容选好活动的形式,同时,引导学生积极参与,使活动的过程成为学生接受教育的过程。

第二,个体教育技能。了解学生个体思想和心理变化的特点,掌握对他们进行教育的几种主要方法。

①了解学生的技能。观察学生:观察的形式可分为自然状态下观察和特定条件下观察两种,要根据观察的内容确定观察的形式。班主任对观察到的第一手资料,要随时记录下来,并将有价值的信息分门别类地建立学生情况卡片,定期进行整理分析,从中寻找带有普遍性和规律性的内容,使对学生的教育更具有针对性。与学生谈话:谈话的形式可分为正式和非正式谈话两种。谈话前要做好充分的准备;在谈话时,要掌握谈话的方法;谈话后要对学生进行观察,检验谈话的效果;运用谈话法还可以与其他教育方法相结合。分析书面材料:包括学生填写的各种表格、学籍卡片、日记、周记、入团申请书、班主任的操行评定、班级日志、班级荣誉册等。调查访问:具体形式有个别交谈、座谈会、书信往来、家访、请访问对象来校参

加活动、问卷调查等。调查访问力求做到实事求是,全面深入,对所了解到的情况要进行认真、客观的分析和研究,排除人为的因素,以便对学生个体或群体做出公正、准确的判断与评价。

②掌握学生心理的技能。了解中小学生的生理和心理特点以及心理障碍产生的原因。掌握心理咨询的主要方法和技术。在对学生进行心理咨询的过程中,要与其他教育方法相结合。

③操行评定的技能。了解学生操作评定的内容和特点,采取公正、客观的评定办法,全面地对学生德、智、体、美、劳几方面的状况做出公正的评价,并提出今后的努力方向,以激励学生发扬优点,克服缺点,争取更大的进步。

第三,与任课教师、学生家长沟通的技能。了解班主任与任课教师、学生家长关系的基本特点和相互配合的教育意义;掌握与其沟通的几种主要方法,努力获得任课教师和家长对班主任工作的支持。

①与任课教师的沟通。主动向任课教师介绍学生的基本状况,向学生介绍任课教师的教学情况。定期邀请任课教师座谈,交流学生的听课及学习情况,帮助任课教师解决问题,听取教师对班级工作的意见和建议。邀请任课教师参加班级活动,可以增加师生之间的相互了解,增进感情。

②与学生家长的沟通。家访:明确家访的目的,订好家访的计划,了解家长的个性特点,做好与家长谈话的各项准备工作;考虑可能出现的问题和家访后应做的工作。信访:注重信访内容的设计,语调准确诚恳,字迹认真工整;要体现出对家长的尊重和希望家长配合的态度。家长会:根据家长会的规模与形式,做好会前准备工作,如:确定会议的主题、收集各种资料、预先通知家长、构思发言等。家长会后要针对学生的表现,及时与家长取得联系,并且激励和表扬进步的学生。在实习期间,如有条件,可参加班主任的家访,以取得家访的实际经验。

教与学的方式的改变,要求教师不断地掌握新的基本技能。面对新课程,教师要树立新形象,必须掌握新的专业要求和技能:除了尊重、引导、反思、合作之外,学会关爱、学会理解、学会宽容、学会给予、学会等待、学会分享、学会选择、学会激励、学会合作、学会"IT"、学会创新,才能与新课程同行。

问题思考与讨论

1. 师范生应该具备怎样的师德修养和教师礼仪？

2. 谈谈教育实习的理论素养和心理准备。

3. 如何增强师范生的社会责任感？

4. 如何在实习前掌握教师专业技能？

5. 浙江省乐清市某学校的一个班上来了一位非常新潮的女教师，黄中带红的头发和种种奇装异服让同学们大开眼界。但是新鲜感过去之后，老师的这种风格越来越影响学生们的上课。由于注意力总是被老师的衣着、发型之类所吸引，班上学生的成绩开始下降。于是40多个学生联名上书要求学校解聘他们刚刚上任3个月的英语老师，学校本来准备再研究一下，却引起家长们更大的抗议，无奈之下只好辞退该名教师。

请结合师范生应该具备的师德修养和教师礼仪，谈谈怎样才能做一名合格的教师。

6. 蒙娜丽莎的微笑不知迷倒了多少人。因为它的亲切与神秘充满了魅力。在教学中，老师微笑的魅力和作用更胜于蒙娜丽莎。窦桂梅、于永正、李艳敏众多名师，无不是以微笑取胜。为了渲染课堂气氛，引起学生的兴趣和求知欲，上课时，我总是面带微笑，并辅之以风趣、幽默，给学生创造一个开放宽松的教学环境。在和谐宽松的课堂气氛里，学生们会怀着轻松愉快的心情投入学习，自然就敢于大胆发言，积极思维，进而产生浓厚的学习兴趣。

请谈谈教师如何维护自己的教学形象。

7. 教育是美丽的，更是快乐的。唐代慧宗禅师酷爱兰花。一次，因要外出弘法讲经，行前吩咐弟子定要看护好寺中的数十盆兰花。弟子们崇敬禅师，殷勤有加。一天狂风大作，暴雨如注，由于一时疏忽，弟子当晚将兰花遗忘在户外。第三天清晨，望着一片狼藉中憔悴不堪的兰花，大家懊恼不已。几天后慧宗回寺，众弟子惴惴不安，准备受罚，禅师得知原委后，却一如平常地泰然自若，平静安详地对弟子说："当初，我不是为了生气而种兰花的。"

慧宗禅师的快乐胸怀令人叹服！

请用学过的知识，结合故事，说说教育实习中遇到这样的问题，该怎样处理。

8. 磨刀不误砍柴工。有一位伐木工人，工作十分卖力。第一天，他砍了18棵树,老板表扬了他。第二天,他干得更加起劲,但是只砍了15棵,老板还是表扬了他。第三天,他加倍努力,结果却仅仅砍了12棵。这位伐木工人觉得很惭愧,跑到老板那儿道歉,说自己力气好像越来越小了。

老板问他:"你上一次是什么时候磨斧子的?""磨斧子?"工人很诧异地说,"我天天忙着砍树,哪里有工夫磨斧子!"

结合教育实习,想一想:"我们多长时间没有磨斧子了?"谈谈你的看法。

9.学习别人的经验贵在移植其思想。我国著名的教育家陶行知《四块糖果》的故事,早在教育界传为佳话。故事是这样的:当年陶行知任育才学校校长的时候,有一天他看到学生王友用泥块砸自己班上的同学,就将他制止,并责令他到校长室。等陶行知到办公室,见王友已在等他,陶行知掏出第一块糖递给他:"这是奖给你的,因为你比我按时来了。"王友惊疑地接过糖果。接着,陶行知又掏出第二块糖果给王友:"这也是奖给你的,我不让你打人,你立刻住手了,说明你很尊重我。"男生将信将疑地接过糖果。陶行知又说:"据我了解,你用泥块砸那些男生,是因为他们不守游戏规则,欺负女生,说明你很有正义感。"陶行知掏出第三块糖奖给了王友。王友感动极了,他流着眼泪后悔地说道:"陶……陶校长,你……打我两下吧! 我错了,我砸的不是坏人,而是自己的同学呀! ……"陶行知又掏出第四块糖果说:"你已经认识到自己的错误,再奖给你一块。我的糖果分完了,我们的谈话也该结束了。"

谈谈陶行知先生面对犯错误的学生采取的是什么样的教育方式。

10.赞美教育(探究活动)

——嗨,你真棒!

【活动目的】通过本课的学习,学生懂得赞美在人际交往中有着不可忽视的重要作用;掌握赞美他人的技巧;懂得只有坦诚地接受赞美,才会坦诚地给予赞美;学会用适当的方式接受别人的赞美。

【活动准备】进行关于赞美的调查,并统计结果;制作多媒体课件。

【活动方法】多媒体课件;小品表演;小组讨论。

【活动过程】〔导入〕在很多影视片中,我们常常可以看到人们在交往中是通过赞美来表达对对方的尊重的。那么在现实生活中,我们是否习惯别人的赞美并大胆地去赞美别人呢? 为此,我们做了一个调查。在把这份调查结果告诉大家之前,我想先听听大家的看法。

请学生回答以下四个问题:你是否愿意经常赞美别人？为什么？你是否习惯别人对你的赞美？听到别人对你的赞美后心情怎么样？听到别人赞美后你会作何反应？

在学生回答的基础上公布调查结果:

本次调查的对象是 6~8 年级的 90 名同学,其中能主动赞美他人的占47.1%,52.4%同学习惯别人的赞美。尽管还有52.1%的同学不会主动赞美他人,47.6%的同学不习惯别人对自己的赞美,但是有87.2%的同学在赞美后都是很高兴的。因为每个人的内心都渴望被人认可、赏识。心理学家詹姆士说过,人类的天性的至深本质是渴求为人所重视。所以生活需要赞美。

【教师总结】看来赞美的力量是无穷的。它是我们随时随地能献给别人的一件最好的礼物,它是人际交往的润滑剂,是情感沟通的需要,也是自我完善的需要。我们都应该大胆地去赞美别人。

阅读指南

1. 翟大彤.教育实习指导[M].北京:北京师范大学出版社,2014.

2. 徐世贵,刘芳,王晓旭,等.新教师是这样炼成的——师范生教育实习与就业指导[M].重庆:重庆大学出版社,2010.

3. 朱绍禹.教育实习全程解说[M].太原:山西教育出版社,2005.

4. 蔡敏.美国中小学教师评价及典型案例[M].北京:北京大学出版社,2009.

5. 易小文,陈杰.教育心理学[M].北京:北京工业大学出版社,2006.

6. 巢宗祺.中学语文教育实习[M].北京:高等教育出版社,2000.

网络导航

1. 安徽教育网　　　　http://www.ahedu.gov.cn/
2. 中国教师教育网　　http://www.teacheredu.cn/
3. 为您服务教育网　　http://www.wsbedu.com/

第四章 教学工作实习

学习目标

掌握课堂设计的基本步骤和要求,根据学科课程标准,尝试进行实习课的课堂设计;熟悉微格教学和无生上课的程序和要求,在教学实习中进行积极尝试;了解听课、评课与说课的要求和内容,学会听课、评课与说课;弄清走上讲台之前的准备工作,熟悉走上讲台的教学艺术,为走上讲台打下基础;学习教学实习中作业训练、教学反思、课外辅导、学业评价等方面的相关知识,逐步提升课堂教学技能。

一、课堂设计

课堂设计是指教师在备课过程中,在"研究课程标准""研究教材""研究学生"的基础上,就整个教学过程及各个环节、各个步骤、各种方法进行认真研究,拟订出具体的教学实施构想。课堂设计是教学实习工作的基础环节,是上好一堂课的关键因素。

(一)基本步骤

1.明确教学目标和任务

教学目标决定了一堂课的方向。只有围绕课堂教学目标组织教材,才能主次分明、层次清晰,从而形成系统严谨的教学结构。明确每节课的目标,才能突出教学重点,为选择教学方法和课型提供依据。因此,实习生课堂设计的第一步就是

要明确教学目标和任务。

2. 确定教学重点和难点

确定和突出教学的重点在课堂设计过程中至关重要。一般来说,教学重点是那些在学习中对学生认知结构起决定作用,并能在进一步学习中起基础作用和纽带作用的内容,如教材中的定义、公式、法则、方法、基本技能的训练要求及公式、法则推导的思维过程等。教学重点确定的根据主要是教学目标,学科、单元和课程教学体系、知识体系和技能体系。

学生接受起来比较困难的部分则是教学难点,也是造成学生学习成绩差距的分化点。其确定根据主要是学生的学科知识水平、学习能力和学习习惯。有时某一内容在甲班不是难点,而在乙班可能就是难点。一般来说,实习生易于把握根据教学目标确定的重点,而根据学生实际确定教学难点可能会存在一些困难。实习生可通过以下途径确定教学难点:其一,通过备课确定难点,即自己备课中遇到的难点问题往往也是学生学习的难点;其二,通过学生预习情况确定难点,对学生而言,难点可能就是学生预习时感到困难的部分;其三,借鉴其他教师的经验,了解他们对教学难点的把握。

3. 选择教学方法和手段

教学方法和教学手段是教师完成教学任务的途径和办法。实习生在确定教学重点和难点之后,就要思考通过什么途径和办法突出重点,突破难点,以顺利实现教学目标,提高教学效率和教学质量。

教学方法最终是为教学目标和教学内容服务的,并且受到学生认知规律的制约。因此,在选择教学方法时,既要围绕教学目标、教学内容和学生的实际情况展开,比如新授课与复习课、文科课与理科课、单一课与综合课、高年级课与低年级课均应选用不同的教学方法;又要根据教学时间的变化而定,例如,学生精力和情绪、集中注意力的情况在每天的不同时间段是不同的(每天上午和下午,白天和晚上,第一节课和第四节的课均不同),所以实习生也要区别选用教学方法。

随着信息技术的发展,教学手段不断丰富,在课堂设计中,实习生可选择的范围很广,但在使用现代化教学手段时要做到:明确目的,恰当使用;精心设计,讲究效益;仔细检查,准备周到;合理运用投影仪、电影、电视机、计算机辅助教学等深受学生欢迎的现代化教学手段,以提高教学效果。

4. 设计教学语言与板书、板画

教学语言与板书、板画是课堂教学设计的重要一环。教学语言是教师在引导学生认识世界时使用的一种专业语言。板书、板画是课堂教学的辅助手段，也是实习生向教师角色转变不可缺少的教学基本功之一。

5. 构思提问、练习与作业

提问、练习与作业均是课堂教学设计中必不可少的环节。提问是教学过程中，教师启发学生思考、加深学习印象、复习已学知识的一种必要手段，同时又是集中学生注意力的辅助方式。实习生在提问设计上要有针对性、启发性，要把握时机，注意方法，维护学生的自尊心。练习是实现教学目标的重要方法以及课堂教学的重要组成部分，适当的练习有助于学生掌握知识、形成技能、发展智力。在课堂设计中，实习生必须精心选择和安排课堂例题、习题和实践活动，可事前演算、分析教科书上的例题习题，弄清各部分的目的、要求、难度，在原有基础上进行创造性的例题习题设计。设计的习题应紧扣教学目标、目的明确、突出重点、数量适当、比例搭配合理，并能适应不同层次的学生需要。为使学生进一步巩固、掌握、消化课堂教学内容，也可精心设计一定数量的作业，但数量要严格控制，不给学生增加过重的负担。

（二）主要内容

实习生的课堂教学设计应包括以下几个方面的内容：

1. 教学目标的设计

教学目标是课堂教学的核心和灵魂，教学目标的设计是课堂教学设计的重要内容。其一，教学目标既有知识方面的目标，也有能力、素质方面的目标，因此，实习生在备课教学目标设计时应努力做到知识与技能、过程与方法、情感态度与价值观三方面的内在统一，不能只考虑"知识目标"，过于关注"知识点"，还应依据最新的课程标准，围绕学生学习的过程与方法、情感态度与价值观设计教学目标。

其二，面向全体学生，目标设计体现层次性。教学目标的设计应能使不同水平的学生在各自的基础上通过努力都能达到，做到全面适度、简洁明了。作为一名实习生，虽然实习时间较短，但也应尽量全面了解教学对象的实际情况，以便有的放矢地设计教学目标。实习生应根据实习班级学生的实际水平，设计不同层次

的教学目标,以关注个体差异,满足不同学生的学习需求,创设能引导学生主动参与的教学环境,激发学生的学习积极性。

其三,教学目标具有一定弹性,能给学生留下自由发挥的空间。实习生有时会着重强调教学目标的预设性,追求一种"一切尽在掌控之中"的效果,原本富有生命力的课堂教学很容易演绎成完全预定的、僵死的"走教案""演教案剧"。教学本身是一个鲜活的、流动的、充满情感的过程,教学目标也应在学生与教师在互动、对话中形成"创生"及"动态生成"。因此,实习生需辩证地理解"预设"与"生成"的统一关系,认识到教学的"动态生成性",在教学目标设计时进行积极的尝试。

2. 教学内容的设计

教学内容是实现教学目标的载体,组织得当的教学内容是一堂好课的基础。在教学内容的设计上,首先,实习生需要思考如何协调好学生学习的逻辑与知识本身逻辑之间的关系,使教材内容同学生的经验和体验建立联系,更好地激发学生的探究热情和认知欲望;思考如何将平铺直叙的教学内容转化成学生愿意解决的问题,并在解决问题的过程中帮助学生完成学习。比如,在小学数学讲平均数的概念时,一位老师是以一个数学问题引入的:两组小朋友做手工,第一组 3 个人做了 15 个小篮子,第二组 5 个人也做了 15 个小篮子,请问哪组做得快一些? 这样的问题成功地引发了学生在认知上的一个冲突,即只用总数不能够解决这个数学问题。在这道题目的帮助下,学生们利用已经学过的除法概念,就能很好地理解平均数的意义和求法。其次,实习生要吃透教材,学会对教材内容进行加工处理。吃透教材即要仔细推敲,深入思考所教的每一个章节或每篇课文:学生应学会什么、掌握什么、发展什么;还要真正把握教材的重点、难点和精髓,明确哪些内容该讲,哪些内容不该讲等。加工处理教材内容即是说不能唯教材,要能根据需要整合教材内容,甚至适度改编,以便在教学中体现"创生性"。最后,在教学内容设计中,实习生还需要考虑这样一些基本问题。比如,本节课的基本概念、规律是怎样表述的,如何推导出来的,学生的学习目的是什么,每一道例题的目的如何,每一插图的用意如何,练习题如何安排等。

3. 教学过程的设计

教学过程即达到教学目的或获得所需结果而必须经历的必要程序。实习生设计的每一个教学环节,每一个具体的教学步骤,都应围绕教学目标来落实。教学过程的设计需要考虑:如何导入教学? 课堂教学的基本环节是什么? 每个环节要达到的目的是什么? 如何组织和衔接这些环节? 教学环节的时间分配是怎样的? 怎样在教师的引导下实现学生的主动学习? 如何把客观存在的知识转化为学生在建构过程中利用的材料? 等等。实习生在教学之前对教学过程的发生要有充分的准备和设计。

①课堂导入的设计。课堂导入是教学活动全过程的序幕,也是调动学生学习积极性的关键一步,是课堂教学的引领环节。因此,实习生应掌握一定的课程导入设计技巧,以实现将学生带进与教学任务和教学内容相适应的教学情境中的目的。

案例4-1

常用的课堂导入的方法

1. 开门见山法。"开门"就是教学的开始,"见山"就是直接说出本课的目标与内容,这里的"山"就是本节课的主要内容。开门见山法就是直奔主题,用短短的几句话,将本节课的目标、内容和要求明确地揭示出来。这一方法的优点是简明扼要、省时高效。如《曹刿论战》的导语:民贵于天,人民是创造历史的动力。这是历代有识之士的共识。齐鲁长勺之战之所以能以弱胜强,靠的就是曹刿这种取信于民的战略思想,现在就让我们一起体会这一光辉思想的伟大之处。

2. 问题导入法。问题是思维的"启动器"和出发点,它能使求知欲由潜伏状态转入活跃状态,有力地调动学生思维的积极性和主动性。设疑导课是常用的导课方法之一。

例1.《聪明的马小明》一课的导引问题:同学们,谁能想出好办法,将混在一起的木屑、沙子和铁屑分开?

例2.《食肉目》的导引问题:

①在夜里,人们看不见老鼠,但家猫为什么能很容易地发现老鼠?

②发现老鼠后,猫要接近老鼠,老鼠的听觉很灵敏,但为什么却觉察不到猫的接近呢?

③家猫能很快地吃掉老鼠,它的牙齿和舌头有什么特点呢?

3.悬念导入法。悬念能够引起学生对课堂教学的兴趣,使学生产生刨根问底的急切心情,在想主动探究的心理状态下接受教师发出的信息。教师在悬念中既能巧妙地提出学习任务,又激发起了探求知识的动机。悬念的设置要恰当适度,不悬会使学生一眼望穿,则无念可思,太悬又会使学生无从下手,也就无趣可激。只有寓事实于悬念中,才能引起学生开动脑筋,琢磨思考,兴趣盎然地去探索研究。例如,有位数学教师讲代数式的值时,首先让学生比较 a 与 $-a$ 谁大,大多数学生顺口回答 a 大,因为 a 为正数, $-a$ 为负数,接着教师分别给出当 $a=0$,$g=-2$ 时的情况,从而造成了 a 比 $-a$ 为什么会有时大、有时小、有时又相等这样一种悬念,接下去再讲代数式的值,学生自然集中精力地听讲和思考。

4.生活经验导入法。教师从学生已有的生活经验和熟悉的素材出发,用生动有趣的提问、讲解等方式也可以导入新课。这种方法使学生有一种亲切感,能引起学生的求知欲,引导学生开始研究问题。例如,在讲《惯性》一课时教师可以这样引导:同学们在乘车时会出现这种现象,每当汽车突然启动时,人会向后倒;当汽车急刹车时,人会向前冲;当车子急转时,人有被甩出去的感觉,这是为什么? 这是由于物体存在惯性的缘故。那么,什么是惯性呢? 下面我们就来学习这个概念。

5.故事导入法。故事导入法就是教师在讲课之前,先讲一个在内容上或道理、规律方面与新教学目标有关的小故事,激起学生的兴趣。例如,一位语文教师在讲知识短文《词义》时,为了使抽象的"词义"知识能迅速地为学生接受,一开始便给学生讲了一个阿凡提理发的小故事:阿凡提为了整治一个只理发不付钱的人,先给他剃了个光头,然后在刮脸时候,阿凡提问他:"眉毛要不要?"那人说:"当然要!"阿凡提就把眉毛剃下来给了他。那人虽然生气,但又不能怪阿凡提,因为他确实说过"要眉毛"的,阿凡提接着又问:"您的胡子要不要?",那人忙说:"不要! 不要!"阿凡提又哗哗两刀把他的漂亮大胡子给剃掉了,结果那个人的头像个剥光的鸡蛋。

听了这个故事,同学们大笑起来,语文教师马上引导说:"阿凡提究竟要了什么花样让那个人上当的?"同学们立即领悟到了阿凡提是运用"要"这个词的多义性来捉弄那个人的。于是将课堂教学自然引到了对词义的理解上。

[资料来源]温恒福.研究体验式创新教学法——实施新课程的新理念与技术[M].哈尔滨:黑龙江人民出版社,2003:183-187.

②课堂组织形式设计。教师以什么样的形式组织学生,教学活动按照什么样的程序展开,教学时间如何分配和安排等课堂组织形式是实现课堂教学目的的重要内容。课堂组织形式必须为教学目的服务,它不是孤立存在的。因此,实习生应在明确教学理念的基础上,设计与之相适应的教学组织。比如与新课程改革强调"自主、合作、探究"教学理念相适应的就有自主学习、小组合作、探究学习等几种比较常见的课堂组织形式。

③结束语设计。只有结束环节设计好,课堂教学才是完整的,一节课的完结标志着阶段性教学的完成。常用的有总结式(讲授完毕后,扼要地归纳出提纲或要点)、提问式(教师用提问的方式来结束一节课)、开拓式(重在向课内外纵深开拓,多以鼓励引导的口气激发学生进一步学习的兴趣)、悬念式(结束时卖一个关子、设一个悬念,以激发学生对新知识的好奇与探索)等课堂结束方式。

案例4-2
扩展式与悬念式结语

扩展式:比如,在讲完"法拉利电磁感性定律之后",老师这样结束:好!今天,我们学习了发生电磁感应的导体电源作用和电极性问题,从这个物理现象的探讨中,我们可以得知,学习某个物理定律的时,最重要的是理解它所描述的规律性质,切实掌握公式中物理字符所代表的物理意义和适用条件,包括单位制的使用。只有这样,才能在分析问题和解决问题时成为"行家里手"和"常胜将军"。

悬念式:一位数学老师讲完等差数列,准备在下一节课讲等比数列。课堂结束前,老师提出一个问题:"数列20、10、5、2.5……的第十项是多少?"学生开始计算,有的计算,有的在找规律。老师这个时候说:"其实很容易找到,至于怎么找,下节课学了等比数列,同学们就知道了。"

[资料来源]陈昕,屠国平.教师口语艺术[M].北京:高等教育出版社,2012:245.

4.教学方法的设计

实习生的课堂设计需要认真考虑教学方法的选择问题。教学方法是教学过程中教师教的方法和学生学的方法的结合,是完成教学目标的重要手段。教学方法的设计既要参照教学目标和学生实际,还应注意:其一,尽量将信息技术与所教课程结合起来,注重信息技术在教学过程中的普遍应用;其二,充分考虑学科本身的特点和规律,选择合适的方法;其三,综合运用各种方式方法,使教学产生整体效应,吸引学生、感染学生;其四,关注学生自主、探究、合作的学习方式,尽量选用适宜发挥学生主动参与、乐于探究精神的教学方法。

5.教学评价的设计

为了改进课堂教学,提高教学质量,需要实习生依据一定的教学目标,运用可行的评价方法,对教学活动及其效果给予价值判断,这就要求实习生在课堂设计中考虑到教学评价的设计。新的教学评价理念更加关注的是评价过程,主张发挥评价的发展功能。因此,实习生在教学评价设计中应注重定性评价,打破单一的量化评价形式,综合运用发展性评价、过程性评价、主体性评价和多元性评价等多种评价方式。

案例4-3

《计算机硬件组成》教学设计

一、教材分析

1.教材地位和作用

这节课是高中信息技术教材第一册基础知识中的一节,在教材中这一节叫"微型计算机系统"。它是对整个计算机硬件系统和软件系统的介绍,是针对高中学生的知识接受能力,对计算机的本质进行介绍,使学生充分了解计算机的组成和简单的工作原理,以便在学习后续知识时对知识的理解更为深刻。本节课是其中的硬件系统这一部分,主要介绍计算机由哪些硬件组成,及其各部件的功能。

2.教学目标的确立

·知识与技能

(1)在观察实物及动手实践的基础上使学生对计算机硬件系统有直观的认识,了解计算机的硬件组成,并简单地了解其功能。

(2)培养学生自主学习、自主探索、合作学习、观察以及总结归纳的能力。

(3)培养学生的动手实践能力,实现概念和实物的对接。

·过程与方法

通过课件演示、学生交流、师生交流、人机交流等形式,培养学生利用信息技术和概括表达的能力。

·情感态度与价值观

(1)让学生在自主解决问题的过程中培养成就感,为今后学会自主学习打下良好的基础。

(2)通过小组协作活动,培养学生合作学习的意识、竞争参与意识和研究探索的精神,从而调动学生的积极性,激发学生对计算机硬件的兴趣。

3.教学重点

计算机的硬件系统由几大部分组成,分别包括哪些硬件,基本功能是什么?

确定依据:根据高中生现有的接受能力以及应考要求,当给出硬件实物或图片时学生能指出名称和它们的基本作用。

4.教学难点

存储设备和运算设备都包括哪些硬件以及它们的功能是什么?

确定依据:这两大部件包括的硬件较多,又是计算机的核心部件,但由于这些部件大多集中于主机箱内部,学生平时很难见到学生主机箱内部部件,所以不太容易掌握,故为本节的难点。

二、教学策略分析

1.学生情况分析

本节课授课对象是高一年级学生,在这之前学生已经对计算机了有一定的了解,他们认识鼠标、键盘等硬件设备,还掌握了常用的应用软件操作。但学生对计算机的系统组成、计算机内部结构认识不是很清晰,经过本课学习之后,对学生进一步了解计算机主机的外观和内部组成,以及了解存储设备和输入、输出设备有很大帮助。这个年龄段的学生对电脑有着很强的好奇心,并且对学习电脑有很大的兴趣。学生的计算机水平有差距,水平高的学生和一般学生的认知能力、思维能力的不同会对教学效果有影响,所以学生通过交流互相学习。

2.教学方法

(1)任务驱动法

让学生在具体任务的驱动下进行学习,在完成任务的过程中掌握应掌握的知识点。本节课的教学中,让学生拆机、装机并通过交流、讨论来识别各个部件的名称与简单功能。

(2)协作学习法

把学生分成5个小组,每组的成员互相协作来完成任务。

(3)讨论交流学习法

在学生完成任务后,每个小组选出代表总结,在此过程中,各个小组间得到交流。

3.教学手段

多媒体网络教室、相关教学课件、可供拆装的计算机。

4.学法

"授之以鱼"不如"授之以渔"。本课教给学生的学法是"接受任务—思考讨论—合作操练—总结巩固"。

(1)自主学习法,学生是学习的主体。

(2)小组协作学习法,培养学生团结合作的精神。

一个人的力量是有限的,而大家集思广益则事半功倍。由于这部分要认识的硬件多而杂,各小组的每个成员仔细研究一两个部件,然后大家综合到一起,就可以组成完整的硬件系统。

(3)互帮互助法。

由于学生计算机水平有差异,基础好的学生可以给基础差的学生讲解,学生之间传递的知识往往比老师传授的更容易接受。这样基础差的学生有了初步的认识,基础好的学生得到知识的巩固。

三、教学过程设计

教学内容	教师活动	学生活动	设计意图
一、创设情境、导入新课	拿出主机实物,问学生:这是什么?有没有同学打开过主机箱,看看里面是什么呢?那么今天我们就把主机箱打开,来看看计算机内部都是由哪些组件组成的。这就是我们今天要学习的内容——计算机的硬件系统。	学生异口同声地回答"主机"。回答"有"的同学很少。	利用学生感兴趣的话题激趣,使学生整堂课都能保持积极的心态去探索新知。
二、任务一:拆计算机	根据学生人数将学生分成5组,让计算机水平较高的同学任组长,安排学生完成拆机、任务。深入到学生之中,了解学生的操作情况,指导点拨并帮助学生处理不好解决的问题。各个小组把各个部件拆掉后,要求每组学生拿出各自的CPU,并找学生回答1.CPU的特征,然后让学生思考,CPU的缺口意味着什么。2.文字信息的含义。3.CPU的性能指标是什么。这两个问题让学生稍后讨论。要求学生把其他部件依次都拿出来,每个部件的特征都找学生回答,从而引导学生要通过各个部件的特征识别名称和功能,从而突破这节课的重点。	学生带着好奇的心理,在组长的带领下完成任务。组长带领小组成员拆机,通过仔细观察讨论,小组的每个成员分别说出机箱里的一两个部件名称,并简要说明其功能。学生按要求依次拿出各个部件,并且回答它们的特征。	学生是学习的主体。这节课的内容很容易激发起学生学习的积极性。因为学生很少甚至从来没看见主机箱内部都有什么部件,所以对这些部件很感兴趣。另外,他们经常通过报纸杂志等接触到CPU、内存等硬件术语,他们很想知道这是一些什么部件。所以,在这里要发挥学生的主体作用,让他们通过实践自主学习这部分知识,突破重点和难点。
三、任务二:组装计算机,讨论问题	给学生10分钟的时间,让各个小组把各个部件重新安装。在此过程中要求学生注意观察刚才给大家留的问题,如CPU的缺口、内存条的缺口,各种板卡的缺口,并且结合课本讨论文字信息的含义。	学生带着问题按要求组装计算机。等学生组装完毕后,学生回答刚才留的问题。	再次强调重点和难点。

教学内容	教师活动	学生活动	设计意图
四、归纳总结、课件演示	通过课件演示，系统地向学生介绍计算机硬件组成部分，尤其对运算器和存储器进行详细的介绍。展示其他型号的各个部件，如：CPU、网卡、声卡、主板等。	学生根据特征识别各个部件。	
五、布置作业	如果你自己动手组装一台计算机，都需要哪些相应的硬件？这些硬件的性能有哪些可以参考的指标？	学生按要求完成作业，从而巩固本节的学习内容。	通过拆机、装机操作，学生已经迫不及待地写出自己的所得，他们的学习热情被进一步激发出来。

四、教学反思

本节课的教学设计主要有三个特点：

第一，教学流程设计上符合认知规律。采用先介绍主机然后引出主机内部结构的顺序，使学生尽快进入学习状态。

第二，鼓励学生动手操作。通过参与，学生对计算机的硬件特别是主机部分的设备有一个更直观的认识。

第三，利用课件讲解。这样做的好处是，使枯燥的知识更直观，而且易于理解、掌握，通过实物与教学课件的有机结合，使学生对计算机有了更为系统的认识。

[资料来源] http://www.pep.com.cn/xxjs/jszj/xxjx/gzjx/gzal/201008/t20100827_783183.htm.

二、微格教学与无生上课

（一）微格教学

微格教学也称微型教学、微观教学、小型教学或录像反馈教学。《教育大辞典》指出,微型教学是指师范生或受训教师用 10 分钟左右的时间,运用某种教学技能进行小规模的教学活动,录像后由教师和同学讨论、分析,是改进教学行为的有效方法。微格教学能够帮助实习生在教育实习中熟悉课堂教学技能和方法,并改善自己的教学。对于实习生而言,掌握微格教学的基本程序尤其重要。

1. 理论学习和研究阶段

微格教学是在现代教育理论指导下对教师教学技能进行训练的实践性动。因此,在进行微格教学的试教前进行相关教育理论的学习和研究是非常必要的,这个阶段也称理论组织阶段。学习的内容主要有教学设计、教学目标分类、教材分析、课堂教学观察方法、教学技能分类、教学评价、微格教学的理论基础以及微格教学的模式和方法等。学习的目的是,帮助实习生形成一定的教育理论和微格教学基本知识的认知结构,力图实现目的明确、方法恰当、训练合理,保证学习信息的可感受性和传输效率。

2. 观摩分析示范阶段

微格教学最基本的做法就是将复杂的教学过程细分为若干单一的技能并逐项培训。在正式训练前,为了使实习生明确训练的目标和要求,增强其形象感知,通常利用录像或实际角色扮演的方法对所要训练的内容和技能进行示范。指导教师在实施微格教学前应组织实习生观看针对性强、不同水平的示范视频,或观看优秀教师课堂教学的示范录像,或观看反面示范的课堂教学录像,或是一节课的全过程,也可以是课堂教学的片断,以帮助实习生形成感性认识。示范的基本技能主要有语言技能、导入技能、讲解技能、提问技能、结束技能、演示技能、板书技能、变化技能以及强化技能等。必要时,实习指导教师可给予简洁、及时、准确的提示。

3. 微格教学方案的编写阶段

理论学习、观摩示范之后,实习生对教学已经有了一些初步的表象认识,下一阶段,实习指导教师应组织实习生设计微格教学方案,在已有知识经验的基础上,积极主动地进行思考加工,完善教学方案。教案的编写是关系微格教学成败的重要环节,它既是对前面所学教学技能理论和教育教学理论进行具体应用的重要步骤,又是后面进行角色扮演的必要环节。微格教学方案不同于一般上课使用的教案或讲稿,不是简单的文字和图片罗列,而是实习生根据技能的分类,对某一技能进行 5~15 分钟的教学片段的课前准备,包括教学目的、教学内容、教师教学行为、学生行为、应用的教学技能、需要准备的教学媒体、时间分配等要素。需要指出的是,微格教学方案在角色扮演之前的一个星期应上交给实习指导教师,以便教师进行有效的检查,提出修改意见。

4.微格教学的训练实践阶段

微格教学的训练实践是实习生训练教学技能的具体教学实践活动,也是微格教学组织实施的核心环节以及最能体现微格教学特征的中心环节。它一般由组成微型课堂、角色实施、准确记录等三个环节组成。组成微型课堂就是要确定角色,即确定教师角色(实习生)、学生角色(实习生的同学担任,5～10人)、教学评价者(一般由指导教师担任)、微格设备操作人员。角色实施是指实习生就某一技能上5～15分钟的课,试讲一节课的一部分,在角色实施活动开始前,实习生应对本次课作一个简短的说明,简要阐明设计意图。技术记录是指在角色实施中,教学评价者或微格设备操作人员利用摄像机、录音系统、计算机等现代教育教学设备对教师、学生行为进行真实准确的记录,以便能及时准确地进行反馈。

5.微格教学的反馈评价阶段

反馈评价是对实习生课堂教学技能训练情况进行诊断的过程,可以调节、矫正教学行为,使技能训练进一步强化、深化,使训练效果更加显著。反馈评价分三步进行:其一,重放录像。为了使实习生及时获得反馈信息,当角色扮演完成,稍作休息后要重放录像。全组人员一起观看录像,进一步观察实习生达到培训目标的程度。其二,自我分析。看过录像后,实习生应注意观察自己的实际表现与原先设想的出入之处,进行自我分析,检查试教过程是否达到了自己所设定的目标,所培训的教学技能是否掌握。其三,讨论评价。评价人员要从各自的立场来评价试教过程,讨论实习生存在的问题,指出其努力的方向。

(二)无生上课

无生上课是指教师根据事先的课堂教学设计,在没有学生的情况下对听课者(如教师、同行等)上课。对于实习生来说,无生上课的听课者主要是实习同学以及实习指导教师。无生上课对实习生未来走上讲台有着重要的推进作用,是试行教学方案的可行方法,能将实习同学、实习指导教师的意见和建议与课后自我教学反思结合起来,从而保证备课活动的完整性,提高备课质量。另外,听课者对实习生教学技能的评价和建议,有利于提升实习生的课堂教学技能,培养其课堂应变能力和课堂表演能力。

对于实习生来说,做好无生上课,要做到以下几点。

①熟悉教学内容。实习生不仅要通读教材,还要把握教材新旧知识之间的横向与纵向关系。备课时,实习生既要备自己所带年级的教材,还要熟悉上下年级的相关教材内容,要对教材进行合理安排,不要拘泥于教材,要活用教材,用活教材。

②教学严谨规范,运用合理的教学语言。无生上课不可因为无生而随意,要如正常上课一样严谨、有序,摒弃教学中的随意成分。课堂教学的流程要交待清楚,让听课者明白课堂教学过程。另外,要合理运用教学语言,做到精确简洁。运用合适的教学语言把课堂的各个部分联系起来,体现课堂的完整性。

③控制上课时间。一般来说,无生上课限时 20 分钟。若超过 20 分钟,一是表明课堂语言还不够精练,二是说明可能存在"满堂灌"的现象。若少于 10 分钟,教学内容的容量又略显不足。

④适当使用多媒体。多媒体是一种教学辅助设施,不能替代上课,过多使用多媒体的教学可能会变成多媒体的展示。多媒体画面也不要太花哨,无生上课时对画面的介绍要一语带过,短短 20 分钟的时间里不宜用过多的时间解释其中的变化。

⑤精心设计板书。板书是无生上课必不可少的一步,实习生设计板书不宜太多,要简洁大方。上课前,实习生可以把黑板擦拭干净,给自己创造一个良好的板书环境。一般来说,生词可以写在黑板的右边,问题写在中间,太长的表述可用几个字符代替,以节约时间。

⑥勤加训练。在实习学校自己可以尝试多上一些无生课,及时发现自己在教学中的问题,以便日后改进教学。

三、听课、评课与说课

　　听课、评课与说课是教学实习工作的常规性活动,既是促进实习生之间相互学习的重要手段,又是检验实习生课堂教学质量、提高教学能力的重要途径。听课、评课与说课能有效地提高实习生的从教能力,加快实习生从学生到教师的转变。

(一)听　课

　　实习期间,实习生除备课写教案、预讲和上课外,还要听课。进入实习学校,实习生要听学校组织的观摩课和原任课教师的示范课,熟悉课堂教学常规,学习老教师的教学经验,实习生之间也应相互听课。听课是一种学习方式,是一种从课堂教学情境中获取信息资料的心智活动。为师,从听课开始。可以说,实习生要讲好课,首先要学会听课,要关注别人“怎么教”。听课不仅能使实习生获得直观丰富的课堂教学感性经验,明细课堂教学的基本要求,而且可以使实习生学习他人的长处,彼此之间相互取长补短,为日后掌握课堂教学技能奠定良好的基础。

1. 听课的目的

　　①促进实习生熟悉并适应教师角色。听课有助于实习生从教师的立场洞悉实际的课堂教学情景和思考问题,感悟课堂教学的生成过程,促进实习生的角色适应和转换。②了解教学对象。通过听课,实习生可以更多地接触教学对象,了解他们的认知水平和学习特点,从而加强自己教学的针对性,避免主观主义。在课堂上,实习生通过对学生学习状态的观察,充分了解学生的能力基础和基本的价值取向,从而为自己上课做准备。③促进教学反思,增进教学经验。实习生在听课中通过观察讲课老师的教学方式,对比自己的教学过程设计,能够促使其理性思考课堂教学过程,间接地增进自身教学经验。

2. 听课的类型

　　根据不同的标准划分,听课可以分为两种类型:一是根据听课人的身份不同分为实习生组内互相听课、原任课教师听课和指导教师听课;二是根据听课目的不同分为观摩课、竞赛课、检查课、评估课、随堂课、教研课等。

3.听课的准备

（1）课程准备

①明确教学内容和课的性质。在听课之前,实习生应充分了解本节课要完成的教学任务和教学目标。要针对教学者的教学内容研读教材、教参以及课程标准,了解本学科的教研现状,熟悉新的教学理念和理论,了解所听的课在教材中的地位和作用,弄清教学重点、难点。课根据不同性质可以分为示范课、研讨课、观摩课、汇报课、探索课和竞赛课等。不同性质的课,有不同的设计思路。实习生听课前明确课的性质有助于提前把握课堂教学过程和特点,做好听课准备。

②了解学生的认知特点和学习基础。了解学生的认知特点和学习基础,有助于实习生对课堂教学过程有一个相对准确的预设,对讲课教师的课堂教学展开比较清晰的判断和评价,对学生学习的自主生成过程也能有比较明确的认识。

③对教学过程进行预设计。实习生对教学过程的预设计有助于自己充分利用听课机会进行学习。对教学过程进行预设计包括:对教学目标、教学重难点、教学过程、教学方法、学生组织形式等教学的主要元素进行设计。

（2）听课用具准备

①听课记录表。一般来说,学校有比较固定的听课记录表,以表格的形式要求听课人记录:上课时间、授课教师、班级、课级、课题、教学过程以及听课人对教学过程的思考。如果实习学校不提供听课记录表,实习生可以在自己的笔记上记录听课的相关内容。

②计时器。计时器的作用是准确记录每个教学环节的时间。精确的记录有助于分析课堂教学时间分配的合理性。

③学生座位分布图。学生座位分布图可在进入听课教室后临时画出来。学生座位分布图有助于听课人记录授课教师与学生互动机会的分配和教师在教学过程中的行走路线,以考察教师在面对全班同学时的关注点的分配特征。

4.听课的内容

在听课过程中,实习生要认真地观察授课者如何教、教什么,并且思考授课者为什么这样教。总之,听课的内容涉及教师的教学行为和学生的学习行为等多方面。

教师的教学行为主要包括教学目的的确定、教学内容的把握、教学方法的运用、教学结构的安排、教学关系的处理、教学过程的调控以及教师自身素质的表现等。听课中要看教师对教学目的的确定是否全面、具体;对教学内容的把握是否正确,重点是否突出,难点是否解决;对教学结构的安排是否合理;对教学方法的使用是否切实可行有效,是否符合学生的认知规律;对教学关系的处理,是否体现了教师主导、学生主体的教学原则;教学环节是否张弛有度、环环紧扣、首尾贯通。对于教师自身的素质,可从以下方面衡量:教学态度是否亲切、自然、大方;教学语言是否清晰、明白、流畅、生动;是否使用普通话;教师的板书是否工整、清晰,等等。

学生的学习行为也是"听"的重要内容。实习生要看学生是否发挥了主体效应,比如:参与状态是否全员参与、全程参与、主动参与;思维状态是否主动思考,深层思考、多项思考;情绪状态是否积极主动、愉快有效;交往状态是否多向交往、合作交往、和谐交往,等等。

5. 听课的记录与思考

在长达45分钟的一节课中,实习生作为听课者,要接受大量的信息,如果不做好听课记录,可能就会遗忘许多有价值的信息,就难以全面地分析、准确地评价这堂课,也很难全面地吸取别人的经验、发现别人存在的问题。此外,详细、完整的听课记录,也为实习生日后的评课提供了良好的基础。

(1)记录内容[1]

①课堂教学的基本信息:授课教师、时间、地点、班级、课题、开课目的、组织听课的单位、听众范围。

②教学流程:教学环节,每个教学环节的起止时间、授课教师采用的教学方法、学生的组织方式、学生的学习情况,听课人对该环节处理的思考。

③教学内容:板书。

④学生的互动机会分配:在学生座位表上记录下教师对每位同学的提问次数

①高鸿源,赵树贤,魏曼华.师范生教育实习指南[M].北京:北京师范大学出版社,2013:97.

和教师在教室走动的路线分布。

⑤课堂教学中的关键事件：促成课堂生成的关键事件。

⑥总评：对课堂教学整体评价与思考。

（2）思考问题

听课涉及教师的教和学生的学。其一，教师的教，包括以下几个方面：

①教育理念：看教师是否具有开放、健康、平等、探索、创新、民主的现代教育理念。

②组织能力：看教师能否抓住知识主线、层次分明、思路清晰、重点突出，能否根据学生学习现状实时调整教学计划。

③调控能力：看教师能否根据课堂教学进展情况与出现的问题，采取有效措施，调整教学环节，保证课堂教学任务顺利完成。

④教学机智：看教师能否灵活利用各种教学资源，果断处理课堂突发事件，调整教学计划，重组教学结构，激活课堂教学。

⑤练习设计：看教师能否依据学生个体差异，设计具有弹性、开放性、实践性的练习题，达到巩固新知、拓展提高的目的。

其二，学生的学，包括以下几个方面：

①注意状态：倾听是否全神贯注，回答是否针对提问的问题。

②参与状态：看学生是否主动参与，是否绝大多数（或者所有）学生参与到课堂活动中。

③交往状态：看课堂上是否有多向信息联系与反馈，学生的活动时间是否充足，人际交往是否有良好的合作氛围。

④思维状态：学生的思维是否有条理，是否能表达自己的见解；学生是否有问题意识，敢于发现问题、提出问题，发表自己的见解；学生提出的问题是否有价值，探究问题是否积极主动，是否具有独创性。

案例 4-4

四边形听课稿

小学数学听课记录					
讲课教师	×××	班别	三年(1)班	记录者	×××

<table>
<tr>
<td>

一、创设情境,引入新课

1. 教师放录像

教师提问:"在图中你能看到什么?"(让同桌互相交流)

学生:我看到了正方形的蓝色地板砖。

2. 点明主题(引出主题:四边形)

二、探究交流,学习新知识

(1)涂一涂

教师的问题:在卡片上找出你认为是四边形的图形,并把它涂上颜色。

学生都很认真地找和涂。

(2)四边形的特点

教师投影出涂好的四边形,问:"观察一下这四边形有什么特点?"

(3)举例进一步深化

请两个学生到屏幕前提出长方体的面是四边形。

(得出结论:长方体的六个面是四边形)

三、动手实践,取得新知识

1. 课前教师给每个小组一个信封(里面有很多图形卡),教师要求每个小组按不同的分法把图形卡分组。

2. 游戏(准备工具:橡皮筋、钉子板)

要求学生亲自动手围一个四边形。

四、让学生再次阅读课本,如果有不明的地方提出,教师解答,并总结整节课

五、板书

四边形

四条直的边

四个角

</td>
<td>

点评:

利用录像引起学生的注意。学生回答在屏幕上随机出现的各种图形。这加深学生对四边形的认识,从而引出新课的主题"四边形"。

教师循循善诱,使学生跟着一起动脑、动手,且让学生去发表自己的意见,提高课堂气氛。

以游戏的形式,让学生亲自动手,提高其积极性,发挥其创造性思维,并且让学生去总结知识点,加深对知识的理解。

板书简洁而明了,突出四边形的特征。

</td>
</tr>
</table>

续表

小学数学听课记录

总评

　　首先,教师对学生的学习情况和小学三年级的数学特点有比较清晰的把握。教师从具体的四边形入手,从展示图形和让学生亲手操作制作图形,到请同学归纳总结四边形的特点,体现了学生对知识的学习和接受从具体到抽象的特点。

　　其次,在本节课的教学中,教师较好地体现了学生的学习主体性。教师通过请同学自主探究和动手操作有效地激发了学生学习的兴趣。通过精心设计的探究环节,学生能够在亲自操作和探究中归纳出数学规律。

　　最后,教师较好地完成了本节课的教学目标,学生不仅对四边形有了直观的认识而且概括出了四边形的数学表达。

[**资料来源**]高鸿源,赵树贤,魏曼华.师范生教育实习指南[M].北京:北京师范大学出版社,2013:99-100.

(二) 评　课

　　如果只重视听课而不重视评课,甚至听而不评,那就失去了听课的真正意义。评课与听课一样,也是一项重要的常规教学实习活动。评课是依据一定的标准对课堂教学进行分析、评议,指出成绩与不足,认定其优劣的教学研究活动。教育实习中的评课,一般是在听完某个实习生的课之后,由实习指导教师或实习组长召集,以实习小组为单位举行评议会。参加评议会的有授课的实习生、听课的实习生、实习指导教师、原任课教师和其他参与听课的教师。

1.评课的目的及意义

　　实习过程中的评课为评定实习生的教学实习成绩提供了较客观的量和质的依据。但更重要的是,科学正确地评课,能促使实习生正确认识自己的得失,明确自己的努力方向,提高教学实习质量和教学技能。

　　评课的直接目的主要有两方面:一是对实习生课堂教学的优劣做出鉴定;二是对实习生课堂教学成败的原因做出评析,帮助其总结经验、吸取教训、查缺补漏、改善教学方法。评课在教育实习过程中有着不可忽视的实践意义。

①促进实习生理性反思课堂教学过程。评课是听课活动的延伸,是对所听课程的系统、科学的分析和评价,有助于实习生重新理性地回顾课堂教学过程,对每一个教学环节的恰当性进行思考,提高自己的教学认识。

②以听课为平台,增进教学研讨。评课是授课教师和听课教师之间就教学活动本身的研讨。评课研讨可以围绕教学的具体问题充分展开讨论,这样能使教学研讨言之有据,对实习生的帮助更大。通过实习生之间的相互评课,可达到相互学习、取长补短、相互促进的目的。

③展示实习生对教学理念和教学过程的理解。评课过程实际上是展示教学理念的过程。评课是实习生展现自我对教育和教学的理解和认知的活动,这不仅是一个展示的过程,也是一个接受评价和指导的过程。

2. 评课的方式

评课的主要方式是召开评议会。因为实习课很多,而时间有限,所以不能对所有实习课都召开评议会,有时只能采用个别评课的方式进行。实习课后,实习生应该虚心主动地征求听课人的意见,不能在上完课后不闻不问,撒手而去。实习生尤其要请实习指导教师进行指导,力争为自己的课召开评议会。评议会一般由指导教师主持,以利于为实习生掌握评议方法和主持评议会起到示范作用,在实习生基本掌握了评议方法之后也可由个别实习生主持评议会。

3. 评课的内容和标准

明确了评课的方式之后,还要解决评什么,以什么标准来评的问题,这是评好课的前提,也是一个实习生必备的知识。

(1)评课的内容

评课的内容主要包括:①评教学思想。评教学思想要有针对性,要依据课堂教学活动的实例,评议课堂教学中体现了哪些现代教育思想与理念。②评教学过程。这主要包括:教学目标的确定是否明确全面,具体、适宜;教学重点是否把握准确,是否在教学过程中得到突出;教学难点是否把握准确,是否在教学过程中得到突破;教材的组织、处理是否合理。③评教学方法和手段。评教学方法和手段主要看方法是单一的还是多样的,教学方法的选择是否量体裁衣、灵活运用;是突出了教师的教还是强调学生的学,是否充分发挥学生主体性,采用多样化的学习方式,促进学生主动的、富有个性化的学习;是运用传统教学手段还是运用了计算机、投影仪等现代教育技术手段。④评教学效果。课堂教学效果评析包括:教学效率的高低,学生思维是否活跃,气氛是否热烈;学生知识、能力、情感目标是否达成;是否充分有效地利用教学时间,课堂上的问题是否当场解决,学生课业负担是否合理;可利用测试手段评析课堂效果,比如通过出一定数量的练习题来检测学生学习的知识;等等。

(2)评课的标准

教师把教学规律、教学原则运用到课堂中去,应达到的基本要求是:教学目标明确,重点突出;内容正确,方法得当;表述清晰,组织严密;课堂气氛热烈,效果显著。具体来说,评课时应该把握以下的标准:①课前准备充分;②课堂导入适宜;③教学过程严谨;④教学内容正确;⑤重点难点突出;⑥教学方法得当;⑦语言清晰准确;⑧教态自然大方;⑨板书工整规范;⑩结束圆满完整。

4.评课的注意事项

①考虑其他因素。课堂教学能否成功的因素是多方面的,既有实习生本身的主观因素,也有实习班级的班风班纪、教学内容的难度、教学时间的安排等影响课堂教学的客观因素。评课时应该立足课堂教学特点和班级学生实际进行综合考虑,评课要分析深刻、全面。

②评课时应避免空洞语言,尽量用事实、数据说话。少戴"帽子",少用空洞语言,要注意用实际表现和事实来说明观点,实事求是地指出问题,讲求实效;态度诚恳,对事不对人;以研讨为基础,以改进为目的。

③准确使用评语。在使用评议用语时,尽量不要用"特别好"或者"特别差"的评语,少用"很好""很差"的评语,一般用"较好(较强)""尚好""较差(弱或欠缺)"等类评语。评课应从主要问题和关键问题入手,抓住本质,明确中心,非原则性的零碎意见可以会后提出。

④不同的评议对象要用不同的方法来评议。对于那些主观努力,但由于客观因素(自然的或者人为的)的限制而导致课堂教学情况不是很好的,应对成绩给予充分的肯定;对于那些主观上没有发挥应有努力的实习生,应该恰如其分地肯定成绩,侧重于指出不足之处。

案例 4 - 5

《掌声》评课稿

《掌声》是一篇讲读课文。课文以小英"自卑—感激—乐观"的情感变化为主线贯穿全文,蕴含着丰富的人文精神。作者以饱含爱心的笔墨,用朴素无华的语言,把学会尊重、学会关心的主题寓于故事中,把少年儿童纯真善良、关爱别人的美好心灵生动地表现出来。本节课既能使学生学习语言,又能使学生在思想上得到启迪,在情感上受到感染和熏陶。许老师这节课上得很成功,她能抓住课文的重点和难点,以生为本、以情为线、以读为主、以拓展为目标,引导学生抓住关键词、句、段读来悟体会。学生通过自主阅读,研讨交流,在读中感悟,读中理解,懂得人与人之间需要尊重、鼓励,要主动去关爱别人,特别是身处困境的人;同时也要珍惜别人对自己的关心与鼓励。

一、评教学目标

本课的教学难点:指导学生朗读课文,了解小英的情感变化,深刻领会"掌声"的内涵。许老师在本课教学中重点突出,目标明确。

1. 紧扣关键点,突出内涵

所谓关键点指一篇文章中最敏感、最关键部位,可以是一个词或一个句、一个过渡段等。本文的关键点是"同学们的两次掌声"。许老师一开始就紧紧抓住同学们的两次掌声,引导学生品读课文的重点段:第二至四自然段,体会同学们的两次掌声给小英的鼓励和赞扬,给小英带来的信心,由此突破口切入,突出"掌声"的内涵。

2. 转换角色情,领悟内涵

当学生阅读文本时,远离学生的生活实际,学生体会不到真切的情感。许老师就发掘学生善良天性,引导学生转换角色,如:如果你是小英的同学,你想通过掌声告诉小英什么? 如果你是小英,你听到同学们热烈、持久的掌声,你会想些什么? 学生变成文中的人物,让其产生联想或幻想,激发出情感,走入人物内心世界,更真切地体会到掌声给小英带来的变化,从而领悟掌声的内涵。

3.对教材的大胆处理,让教学的重点更突出

教师首先让学生体会小英前后不同的性格变化,从而引出重点段二、三自然段的学习。对重点部分的学习,老师让学生找出描写小英神态、动作的语句,让学生体会掌声给小英带来的心灵震撼。这一环节的教学充分体现了学生学习的自主性。从学生精彩的发言中不难看出,许老师在平时教学中扎实的语言文字训练。

4.教师对文本深层的理解,深化了教学

教师对教材的理解没有仅仅停留在掌声上,而是拓展到"爱"的主题。而课后的延伸又十分有层次,首先是残疾人在大家的关爱下,扬起自强不息的风帆,然后回到孩子的生活当中,对身边的同学给予关爱。文章最后的设计突出了这一点。

二、评教学特色

本节课的主要特色有以下几点:

1.教学思路——清晰严谨

《掌声》一课的教学紧紧围绕这四步进行:

(1)读第四自然段,找出课文写的两次掌声。

(2)品读小英上台演讲前的表现,体会两次掌声给小英带来的变化。

(3)结合小英演讲后的变化,进而理解掌声的内涵。

(4)拓展小练笔,升华掌声的内涵。

这一教学思路,比较清晰地反映了文章的脉络,围绕掌声的内涵设计教学环节,自然而合理。对于教学目标的实现,不仅仅定位在知识与能力上,更多地表现为对学习方法的掌握,情感态度的升华和价值取向的引领。

2.教学细节——扎实有效

在整个教学过程中,留给我印象最深的是朗读的指导。因为,我们现在的朗读指导趋于一种虚化,目标也不明确,好像练读的目标就是读好这一段,而许老师的朗读指导扎实有效。学习第二到四自然段时,许老师让学生找出演讲前小英的三处表现,在练读这三处表现时,不仅仅是注重朗读技巧,更让学生走进人物的内心世界,体会人物的感情。读是为了促进悟,悟是为了提升读,朗读与感悟相结合。如:练读"轮到小英的时候,全班同学的目光一齐投向了那个角落,小英立刻把头低了下来。"这段话。

师:读读这句话,体会她的心情,你能读好吗?

指名读。

师:你认为这样读比较好?

指名读。

师:在上一堂课我们了解到小英是个自卑、忧郁的孩子,平时,总是默默地走向那个角落,她不愿别人看到她走路的样子,她害怕别人注视的目光,而这时全班同学把目光一齐投向了那个角落。谁再来读?

指名读。

师:此时的小英心里在想什么?

生:我不想让别人看我走路的样子,别人还逼我。

生:别人会说我很可怜的。

生:别人会笑话我的。

师:此时的小英胆小、害怕,把她的心里话通过朗读表现出来,怎么读?

再次指名读。

这已是第四次读了,但四次朗读层层深入,一步一步引导学生体会小英演讲前的胆小、忧郁,也为后面理解掌声对她的重要奠定基础。

三、一点看法

1.课文5~6小节的学习不够深入,有点蜻蜓点水的感觉。而这次演讲之后小英的变化,更能体现别人鼓励、关爱对一个人的成长的重要性。

2.最后一小节是文章的中心,它告诉大家两点:

(1)珍惜别人的掌声。

(2)献给别人掌声。而许老师只是让学生齐读了一遍,有点囫囵吞枣的感觉。

[资料来源]http://3y.uu456.com/bp_9who16ade27tdil0366g_1.html.

(三)说　课

说课是一种考查教师教学基本功的有效方式。所谓说课,就是以口头(现场说课展示)或书面(撰写说课讲稿)的形式,在有限时间(一般来说 15 分钟左右)内将一节课的教学设计思想、教学过程及教学内容用简要准确的语言表达出来,呈现给听众。实习生的说课则是指实习生在独立备课的基础上,以口头表达的方式,在规定的时间内,向指导教师或实习同学介绍自己的教学设计及理论依据,以达到相互交流、共同提高的一种教研形式。说课更加侧重的是实习生的课堂教学设计意图,不仅要求实习生说出"教什么、怎么教",而且还要说出"为什么要教这些内容"以及"为什么要这样教"等问题。

1. 说课的价值

说课在实习生教学工作实习中有着重要的价值。

(1)说课有助于实习生进一步系统思考课堂教学设计思路

说课的核心在于回答"为什么",这就要求实习生进行教学反思,督促其反思在教学实习中的教学元素,比如教学目标的制定、教学方案的设计和教学方法的选择等。说课有助于实习生系统设计和规划课堂教学的各个要素和环节,把握它们之间的联系。

(2)说课有助于实习生对课堂教学设计再认识和再修改

说课不是讲课,说课的目的仍然是对准备实施的教学设计进行修改和完善。对教材编写内容和教材编写意图及学生情况的进一步分析有利于实习生对课堂教学设计的再认识和再修改。

(3)说课为实习生合作学习创造了条件

说课是在实习生个人有充分准备的基础上,与实习同学、实习指导教师相互交流、共同研讨、共享信息、分享实习体验和教学经验的过程。每个人都能参与其中,并且从中受益,这实际上就为实习生的合作学习提供了一个合作平台。

2. 说课的内容

说课的内容主要包括以下几个方面:

(1)说教材

说教材的目的是帮助实习生把握教材,明确教学目标,合理地组织、安排教学内容。说教材主要是说对教材的理解,对教材的处理所使用的方法和策略,重点从教材的编排体系和知识结构入手。具体要求:①说出授课的教学内容以及它在整个教材中的地位、作用和教材的前后联系;②说出本节课的重点、难点以及确定它们的依据,即为什么是重点和难点;③说出本节课要实现的目标及确定目标的依据。

（2）说教法

说教法的目的是要教会学生学会运用知识。说教法可具体到采用的教学方式、手段，如运用何种教学模式、教具和运用其他教学辅助手段的作用、目的等。具体要求：①清晰说出为完成本节课的教学目的和教学内容所采用的教学方法及其理论依据；②说出采用什么样的方法讲清重点，突破难点，抓住关键，即如何教，为什么这样教；③说出本节课会采用什么方法、怎样创造情境促使学生积极主动参与学习过程。

（3）说学法

说学法的目的在于引导学生主动自觉地学习。说学法主要是说出学习指导方法，即本节课会采用什么方法和什么措施让学生爱学、乐学、会学、会用。具体要求：①说出通过何种途径、方法培养和激发学生的学习兴趣；②采用什么方式训练和培养学生良好的学习习惯；③采用什么方法指导学生学习，掌握何种职业技能和学科研究方法。

（4）说教学过程

说教学过程的目的在于优化教学结构和教学过程，要说清楚教学思路、教学环节、教学步骤、教学结构等，主要是说怎样组织整个教学过程以及这样做的理论依据。具体要求：①说出本节课的整个教学过程以及每一个教学环节的要求；②说出本节课师生教与学的双边协调活动的具体安排和依据；③本节课板书的设计和设计意图。说教学过程时要注意与说教材、说教法与学法保持一致，使教学的各个环节都能围绕教学目标，形成一个统一的说课整体。

信息窗 4-1

说课的基本要素

第一，说课题：目的在于让听者或评委首先知道你要说的课题是什么及出处，使人很快明白一节课的主题。

第二，说教材：依据教材为蓝本，说清课程标准、教学内容、基本能力要求、教学原则、教学方法、实施建议、编写意图。在教材分析时，要说说自己对教材的理解、分析及处理意见或方法。另外，亦可增添说课者个人的思维亮点。如对教材内容的重新组合、调整以及对教材另类处理的设计思路。以下四个方面不能少：

说地位：从理论和思想认识两方面阐述，这一课题在本节课乃至全书中的地位和作用。

说内容：即这一课题包括哪些基础知识，明确知识点。

说重点和难点：即说出教学重点、难点是什么以及确立这一重点、难点的理由。为什么是重点，怎样抓重点；为什么是难点，怎样解决难点。一般也应从理论和思想认识两方面阐述。

说教学目标：教学目标可分本节课的总目标与具体的基础知识目标、发展智能目标和思想教育目标。简言之，包括知识与技能目标、过程与方法目标、情感态度与价值观目标三个层次。教学目标是以学生为主体，着眼于学生的学及学后要获得的效果。

第三，说学情：关注学生的感受、是否获得成功的体验；设计的教案是否适合学生；学生学习本课的原有基础、知识储备、相关的知识、理解能力、情感状态；现有的困难、主要的问题在哪；将要帮助学生解决什么问题；学生有什么学习需要；学生有什么学习特点等。这样可以提高教学过程中的预见性。

第四，说教法：说清教师选用方法的依据、作用、适用性。如：情境教学法、读书指导法、实践探索法、案例分析法、导读法、演示法、讲读法、谈话法等。选择某方法的依据为：教材内容、学生特点、教学资源、媒体、教师特长、授课时间等。始终贯彻"具有启发性""突出主体性""注重思维品质"的原则。

第五，说学法：说清学法的可行性、预期效果。说清学生在教学过程中可能出现的学习障碍及原因；如何实施学法指导，指导学生应掌握的学习方法：预习方法、思维方法、阅读方法、观察比较法；根据学生认知特点创设的教学环境和条件。要体现教师为主导，学生为主体的教学双边关系。要充分激发学生的主动意识和进取精神，倡导自主、合作、探究的学习方式。

第六，说教学程序：教学过程的安排，包括教学流程、教学结构、安排的理由。一般应控制在5~7分钟，可按照复习、引入、新课、练习、小结、作业等流程进行。教学过程具体为教学环节：复习、导课、讲解、应用、练习，师生互动，教学设想、依据、预期效果，突出重点、突破难点、抓好关键，教学媒体的合理运用、实验设计、习题设计、板书设计、课外作业。教学结构要紧凑。其中还包括全班组织形式、小组组织形式、教学环节的链接形式、教学情境的制造。

此外,还要说说板书、教学资源、教具的选用、课时的安排等。但要注意,说课不是上课的删减,而是有自己独特体系,因此时间不宜太长,以10~15分钟比较适合。

[**资料来源**]徐武生.教育实习指导[M].南昌:江西科学技术出版社,2009,84-85.

3.说课的思路与方法

(1)说课的思路

说课活动主要解决的是"教什么"以及"如何教"的问题,涉及教学内容和教学设计理论依据两个方面,包括"教什么内容""为什么要教这些内容"和"为什么要这样教"等。因此,实习生说课的思路一般应聚焦在教材分析、学生分析、教学目标与内容确定、教学方案设计和反思、教学程序实施等几个部分。

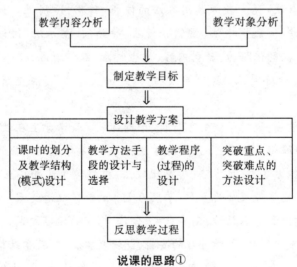

说课的思路①

---

①高鸿源,赵树贤,魏曼华.师范生教育实习指南[M].北京:北京师范大学出版社,2013:58.

（2）说课的方法

①在备课的基础上进行说课

说课是备课与上课之间的一个过渡环节。实习生在说课前必须精心备课，对所教学设计多问几个"为什么"，寻找相关的理论依据。说课一定要在教学设计方案初步完成后进行，切不可就课论课，只简单考虑教材和教法，不作深入的理论思考。这样空洞的说课便成了无源之水，无本之木，必定是漏洞百出。

②强调理论性，注重操作性

"教什么"和"怎样教"是说课的重要内容，但说课不仅限于此，说课还要从理论和实践结合的层面具体说"为什么这样教"。说课不是简单地复述教案，而是必须要阐述执教者的教学思想、教学意图和教学设计的理论依据。说课的核心在于说理，在于突出理论性。还需说明的一点是，说课最终是为课堂教学实践服务的，具有较强的指向性，说课中的每一环节都应具有可操作性，不能为说而说。否则，将流于形式，成了纸上谈兵。

③中心要明确，内容要客观真实

有的实习生认为说课就是说清教学内容，把重点放在细析教材、演示教具、解说投影、介绍板书等步骤上，这就偏离了说课的中心。另外，说课不能对教育理论和学术术语生搬硬套，应真实地反映自己的做法和想法，以便在相互切磋之中纠正原先的偏差和不当。因此，说课时要明确说的重点，把握好中心，对主要的课堂教学要素作出科学的解析，说课的内容必须客观真实、科学合理。

④语言精辟简练，形式灵活多样

说课时不要故弄玄虚、夸夸其谈，应力求简练，说理要精辟。要坚持有话则长、无话则短、说大不说小、说主不说次、说难不说易的原则。说课的形式可以灵活多样，不一定全盘说整节课的过程和内容，可以只说其中的一项内容，也可以仅说某一概念的引出，或某一规律的得出，或某一技能的使用，或某个实验的设计等。要形成不拘形式、自由研讨的说课氛围，从而帮助实习生进一步完善教学设计。

4. 说课的注意事项

（1）突出"说"字，抓住"课"字

说课，要在有限的时间内说出一堂完整的课，必须经历课堂教学的各个环节。对常规课课型来说，要经历铺垫—新授课—举例—巩固—置疑—小结—练习等过程;对采用目标教学法的课程来说,要经历前置补偿—捐题展示—反馈矫正—课堂练习等过程。因此,说课者要根据不同课型的基本环节去"说"。说思路、说方法、说过程、说结构、说内容、说训练、说学生,无论说什么内容,都要说得有理有据。

在说课过程中,要特别注意:①说课不同备课,千万不能照教案去说;②说课不同讲课,不能视听课对象为学生去说;③说课不同背死课,不应将事先准备好的"说案"一字不漏地死背下来;④说课不同读课,不能拿着事先写好的材料去读。

（2）遵循"课"路,选准"说"法

教师讲课时,要紧紧围绕教学思路进行,说课也应环环扣住课堂教学思路展开,能否围绕教学思路实施"教"法,能否围绕教学思路展开"说"法,是授课和说课成败的关键。诚然,说课的方法有很多,但说课需要因人制宜,因材施说。如说理论、说实验、说演变、说现象、说本质、说事实、说规律、正面说、反面说、横向说、纵向说、陈述说、间接说、理论联系实际说等,但不管怎么"说",都要遵循课堂教学思路这一主线去"说"。

（3）变换"说"法,找准"说"点

说课的对象是听众,而不是授课的对象:学生。听众将竭力站在学生角度去对待说课者所说的课,去审视说课者说课时的一字一句、一举一动,包括教法的采用,教学重难点的突出,教学环节的把握以及说话的语气、表情等。因此,说课者必须置于听众思维和学生思维的变化处,站在备课和讲课的临界点,变换"说"位,编写"说"案,研究"说"法,找难"说"点。

（4）把握"说"度,把课"说"活

说课时必须详略得当。如何把握"说"度呢？最主要的一点就是因材制宜,具体问题具体分析,灵活选取"说"法,把课"说"活,说出该课的特点和特色,把课说得有条有理、有理有法、有法有效,说得生动有趣、绘声绘色,使听众听得清清楚楚、明明白白,使听众都有"词已尽意无穷"的感觉。这就要求说课者认真钻研说"材"说"案",灵活选用"说"法,准确实施"说"程。除此之外,为了说好课,实习生还要认真学习现代教育教学理论,研究教法和学法,把握教学规律,钻研教学大纲、全面熟悉教材,细致了解学生,认真撰写说课提纲与讲稿。

案例 4 - 6

《观潮》说课设计

[说教材]

《观潮》一课是小学语文四年级上册的一篇课文。课文通过作者的所见、所闻、所感,向读者介绍了自古以来被称为"天下奇观"的钱塘江大潮。文章思路清晰、语言生动,给人以身临其境的感觉,是一篇进行热爱祖国大好河山教育,培养留心观察周围事物习惯的好文章。

[说学生]

四年级的学生思维活跃,求知欲强,乐于表达,乐于与人交流,但他们的生活经验毕竟有限,对文中描绘的钱塘江大潮的雄伟景象,仅凭想象难以深刻感受,需教师提供直观的图像帮助理解。

[说目标]

依据大纲要求、教材特点及学生实际,制定以下教学目标及重点和难点。

1.体会钱塘江大潮的壮观与雄奇,激发热爱祖国大好河山的强烈情感。

2.激发学生读书的热情,提高学生品味词句的能力。

3.学习作者有顺序、抓特点的观察方法,培养留心观察周围事物的习惯。

教学重点是理解"潮来之时"的记叙。

教学难点是体会钱塘江大潮磅礴雄壮的气势。

[说教法学法]

学生是学习和发展的主体,语文教学应以学生自读自悟、自学探究为基础,让学生在读、悟、议这种宽松民主的氛围中学习。教师要做的是帮助学生架设生活与教材的桥梁,激发学生的情感体验并参与其中,推动学生去深入地感受。因此,我的教学设计如下:

一、运用电教媒体,直观感受,激发情感和兴趣

1.导入:在我国,有许多奇特的自然景观,钱塘江大潮就是其中一处,有谁知道钱塘江大潮? 见过吗?

2.放录像,直接感受钱塘江大潮的雄伟和壮观。

3.请学生谈观看钱塘江大潮后的感受。

运用电教媒体,让学生直接感受到钱塘江大潮的磅礴雄壮的气势,学生的激情马上被调动起来,既激发了学生的学习兴趣,也利于学生理解词句。

二、初读课文,理清课文顺序

课文脉络非常清楚,学生在初读课文的基础上能很快理清文章的顺序,在此基础上按潮来前、潮来时、潮退后的顺序组织教学。

三、创设情境,体会观潮人的感受

通过创设情境,让学生设身处地地体会到观潮人的急切、激动的心情。因此,我设计这么几个问题:如果你就是观察人中的一员,想到就要见到大潮了,你心情如何?你会怎么做?观潮的人群又是怎么做的呢?

四、通过"读、悟、议、赏、再读、想",重点体会潮来时的壮观景象

潮来时雄伟壮观的景象这一部分是课文的重点。抓住重点词句品味是难点。学习这一部分时,我充分发挥学生的主体地位,让学生充分读、体会,并发动学生相互评议、补充,让每个学生都能在自身的基础上得到提高。因此,我设计如下环节:

1.读。学生自由读潮来时这一部分,找出自己最喜欢的地方读,在阅读教学中以读为本,把时间和主动权还给学生,让学生在读中自学,读中自悟,读中自得。

2.悟。读中感悟,说说自己的体会。学生在读书时联系已有生活经历,体会感悟,能更深入地理解课文。

3.议。教师给学生足够多的时间讨论交流,让学生能够充分发表自己的见解,允许有不同意见;并鼓励创新,围绕"哪些景象最吸引你,说说体会,并把体会到的读出来"这一问题,让全班交流。大家各抒己见,如读到"浪潮越来越近,犹如千万匹白色战马齐头并进,浩浩荡荡地飞奔而来,那声音如同山崩地裂,好像大地都被震得颤动起来"时,有同学说那情景像发生了海啸,有同学说像发生了地震,感受到地在震动,有的同学感受到了大潮涌动的速度。"议"这一环节的设计,充分发挥了学生的主体地位,调动了学生的积极性,让学生在老师搭设的学习舞台上发挥、表演。

4.赏。再次展现大潮来时的雄壮情景,在体会文中描绘的情景的基础上再次直观感受到大潮的气势。

5.再读。在学生深入体会感受后,把自己体会到的朗读出来。这使学生在读中欣赏品味,既激发了学生读书的欲望,提高品味词句的能力,又再一次为大潮的雄壮所折服。

6. 想。如果你就在观潮的人群中,看到一条白线拉长、变粗、横贯江面,最后犹如千万匹白色战马齐头并进,你的心情又如何呢?又会说些什么呢?"想"既利于学生在头脑中再现大潮的雄壮,又拓展了学生的思维,培养了学生的想象能力。

五、结束

学完全文后,我再次让学生自由读自己最喜欢的地方,并给予时间让学生展示。这样既巩固了学生的感受,又进一步激发了学生读书的兴趣。

六、作业设计

让学生把自己观赏到的钱塘江大潮的景象及感受讲给家长听,既锻炼学生运用词汇的能力,又培养了学生的口头表达能力。

[说板书]

略。

[说效果(评价)]

可以看到,通过充分读,学生实现了在读中自学,读中自悟,读中自得,读中展示;通过自己领悟,激发了学生的思维和情感体验;通过自由评,学生的参与意识,学生的主体地位发挥得淋漓尽致。"读中感悟,议中深入"使学生不仅读懂了课文,而且体会到祖国河山的壮丽,感受到祖国语言文字之美。

[资料来源]徐武生.教育实习指导[M].南昌:江西科学技术出版社,2009:85-87.

四、走上讲台

走上讲台,是整个教学工作实习的核心,是课堂教学实习的重要环节。对实习生而言,走上讲台是其业务、思想水平和教学能力的集中反映。上好实习课,是实习生的美好愿望,也是实习指导教师的殷切期待。实习生经过辛勤认真的准备,希望在讲台上一举成功。但是对实习生来说,因为对教学环境和教学条件还比较陌生,他们不可能像老教师那样收放自如,即使备好了课,也未必能在讲台上正常发挥,取得预期的效果。因此,实习生需要初步学会运用教案,尽量减少教学失误,并具有一定的应变能力和自我控制、自我调节的能力,为走上讲台做好充分的准备。

(一)课前准备

为了避免在上课的时候出现一些意想不到的状况,实习生的课前准备工作应该尽量做到细致。

1.认真备课,做好充分准备

备课是教学实习工作的第一个重要环节,是实习生走上讲台的前提与基础,也是决定课堂教学质量的关键。一方面,实习指导教师要精心做好备课的指导工作;另一方面,实习生自己要全力做好备课工作,依据课程标准和学科特点,在研究课标、研究教材、研究学生的基础上,选择合适的教学方法,全面规划自己的教学活动,做好上课前的教学准备工作。

2.尽量熟悉教学环境

上课前,实习生最好能到实习班级仔细观察一下教室的环境,从门窗的开关、座位的排列到讲台的高低宽窄,乃至黑板的大小、墙上的标语横幅等都应注意。此外,还应弄清楚上课时自己站立和板书的位置以及学生干部和少数后进生的座位等。

3.教学用具要准备齐全

教具主要是指在教学过程中即将用到的辅助教学用具。课本、教案、粉笔、黑板擦、小黑板、卡片等教学用品及需要用的标本、模型、挂图等直观教具,需检查一下是否准备齐全。如需运用现代教育技术手段,还要仔细检查器材用具,不妨先试做演练一遍,以保证课堂上操作或使用成功。

4.熟悉教案内容

实习生走上讲台前首先就是要熟悉教案内容。大到公式公理的推导,小到一个概念一个字词的理解,都要认真琢磨,仔细推敲,尽量做到备细、备深、备精。做到有稿不看稿,把精力集中在教学艺术的运用上。其次,上课前应在头脑中将教学情景过"电影",从新课的导入到结束设计,从教学环节的衔接到教学方法的选用,做到胸有成竹,运用自如。一般来说,实习生走上讲台应尽量抛开教案讲课。若上课时仍需翻看教案,可将教案加工为特写教案与微型教案。特写教案是指将教案中的要点、关键词语、重点句、概念等采用独立成行、变换字体、符号标记、彩笔突出或批注提示等方法加以"特写",使之更加醒目。微型教案是指把教案内容简化成讲课提纲式,写在卡片上,夹在课本里,可随时观看,以帮助实习生记忆讲课的内容和程序。

5.整理着装,注重仪表

实习生外在的仪表是影响学生注意力的重要因素,直接影响到学生的听课效果。服装干净整洁,发型正常得体,仪态自然大方等能对学生的听课产生积极的影响。有的实习生不拘小节、衣冠不整,有的实习生发型怪异、喜欢招摇,有的实习生精神委顿、拖拖沓沓,这些都有损于作为老师的实习生在学生中的形象,因而实习生必须在上课前整理好自己的着装。

6.让学生提前做好准备

在上实习课前应该让学生做好准备,包括心理准备和学习准备两个方面。心理准备是指上课前提前和学生打好招呼,学生对实习生上课有充分的预期,以避免学生出于新奇而出现一些偶然状况,扰乱课堂教学计划。学习准备是指实习生在上课前给学生布置好预习工作,如果需要学生自己准备一些学习用具,要在上课前查看学生是否都准备好了。

(二) 上 课

上课即课堂施教,这是教学工作实习中最主要的环节。上课的基本过程包括:组织教学、检查复习、新课导入、教学展开、巩固新课、课堂小结和布置作业等几个主要环节。

1.组织教学

任何一堂课都是从组织教学开始的,并且贯穿于课的始终。组织教学是实习生走上讲台上课的第一个环节,它是保证教学工作正常而有秩序进行的基本条件。组织教学的主要任务是稳定学生情绪,稳定课堂秩序,集中学生的注意力。比如,上课铃声响起,实习生可出现在教室门口,以和善的目光扫视全班,对情绪尚未安定下来的学生用目光或者手势示意,使他们平静下来,切勿大声批评或训斥。铃声响毕,实习生应缓步走进教室,自信地走上讲台,在全体学生起立行礼后以亲切的眼光环视全体学生,等大家的情绪都稳定下来了,再恭敬还礼,开始上课。实习生的这些神态动作虽是无声的,却是在用具体形象组织教学,可能会产生意想不到的效果。

2. 检查复习

检查复习是检查和巩固既得知识和能力的重要手段,主要是检查学生对前面所学教材的掌握情况,并使学生在知识技能上做好学习新教材的准备,起到"温故知新"的作用。在学习教材新知识之前,实习生可先通过检查作业、口头提问、简单的书面练习、板书等方式简明扼要地自然导入到新课的内容。检查复习的内容,可以是上一课已学过的,也可以是与将要学习的新教材有联系的内容。

3. 新课导入

新课导入又叫新课导言,是新课的开头部分。在学习新课之前,实习生应用简洁凝练而又巧妙的语言,串联起新旧知识,把学生的注意力吸引到新的教学内容,以达到激起学生学习新课的兴趣和求知欲的目的。

4. 教学展开

新课的教学展开,是课堂教学的中心环节。实习生讲授新知识的时候,必须做到:①明确目的,把知识传授、能力培养和情感养成统一起来;②内容正确,知识系统,结构严谨,主次分明,重点突出,化难为易;③方法合理,正确选用教学方法,充分发挥各种教学方法的效能,也可使用、课件、板书演示、练习和反馈等教学手段来推进教学过程;④注意启发,尽量教给学生思考的方法,引导学生积极主动地思考问题。

5. 巩固新课

教材新知识学习完毕,实习生若要进一步了解学生对教材新知识的理解和掌握程度,可设置巩固新课环节。为了帮助学生理解、消化教材新知识,教师可以采用多种方式,如:对新知识作概括总结,或者根据教材的重点和难点设疑让学生回答,或者让学生提出疑难问题进行解答,或者根据教材内容组织学生进行练习,等等。

6. 课堂小结

课堂小结是课堂教学必不可少的重要环节,发挥着总结、启发、结束的功能。它不仅出现在一节课的结束,也出现在每一个教学环节的结束。新课结束以后,教师可以通过小结的方式,用简明扼要的文字与学生一起回顾所学的新知识,帮助学生加强对新知识的理解。课堂小结的方式有很多,如:可利用板书,让学生自己归纳出新课的知识点、重点、难点等。

7. 布置作业

布置课外作业是课堂教学的最后环节。其目的在于巩固新知识,培养学生独立完成作业的能力。但布置的课外作业要精心设计、题量适当、难易适中、要求明确、梯度分明。

(三) 课堂教学艺术

1. 重视实习课的开端和结尾

良好的开端是成功的一半。实习生讲课前应认真设计准备好"开场白",力求"先声夺人",以新颖别致、幽默而有感染力的语言开讲,迅速拉近老师和学生以及教材与学生之间的距离,牢牢吸引住学生。

一个好的结尾,会使整个课堂教学在归纳中得以升华。结尾是巩固知识的一个环节。实习生应设计好课堂教学的结束语,旨在激发学生的求知欲,使学生回味无穷,并对下次的课产生期盼。一个完美的结尾往往是能在练习中得以巩固,在朗读中激起共鸣,在描述中余音袅袅……

2. 注意自己的教态

教态是教师留给学生的第一印象,包括教师在教学中的情态、体态和举止等。课堂上教师的举手投足以及一言一行都会直接影响到学生的学习情绪。一般来说,实习课堂上,学生对课堂的投入程度会根据实习生言行提供的感情信号而变化,美的教态能够以美感人、以情动人,对学生的身心发展起到积极作用,反之,将会对学生的身心发展产生消极影响。这就要求实习生要特别注意自己的教态。

(1) 表情要自然大方、端庄和蔼、变化适度

这要求实习生做到:一要自然大方,以表里如一的真实形象赢得学生的信任;二要端庄和蔼,表情不能过于严厉,不要板着面孔,否则会令学生望而生畏;三要变化适度,表情变化应恰如其分,不可过分、过多,做到喜乐不失态,哀怒不失声。

（2）目光合理分配

实习生要注意自己的目光与全班同学的目光之间的交流。有的实习生因为紧张，眼睛不敢与学生对视，总是东张西望、目光游移，或看天花板，或看讲台，或看窗外，或看后面黑板，这让学生有被忽视、被冷落的感觉；也有的实习生长时间地固定地盯着某个学生，使其如坐针毡。这些做法显然都不适宜。合适的做法是，将目光的中心放在教室三分之二的位置（倒数第三排前后），并兼及全班，顾盼自如，亲切地与他们交流，吸引他们认真听课。

（3）举止要持重、合度

实习生要做到：一是注意手部的动作，手势动作是迅速有力，还是柔缓舒展，要与教学内容和谐一致，切忌手势过于频繁，动作幅度过大，收放生硬；二是注意站立的姿势，应服从教学内容的需要，做到自然平稳，移动有度。此外，实习生还应努力克服在上课时的某些不雅观举止：摇头晃脑、耸肩弓背、手敲讲台、手插裤袋、乱扔粉笔头等。

3. 善用课堂提问

课堂提问是指课堂教学中教师依据学生已有的知识储备和经验构成，对学生提出问题，并启发学生进行思考，从而得出结论的一种教学方式。有效的课堂提问对学生获取新知识、巩固新知识、发展思维能力有着重要的作用。因此，实习生走上讲台需要掌握一定的课堂提问技术，善于运用课堂提问来组织教学。具体可遵循围绕教学目标，梳理教学内容，提出问题整体框架；设计有弹性的问题，善于捕捉课堂生成信息；学会倾听、积极反馈等基本步骤。提问时要做到表达清晰、语速适中、指向明确、聚焦问题。

4. 精心设计板书

板书是教师的一项基本技能，是教师授课、向学生传递信息的必不可少的辅助手段。对于实习生来说，学会设计板书是教学实习的一项重要内容，也是走上讲台必须掌握的一项专业技能。板书包括主题板书和辅助板书两个基本组成部分：主题板书是提纲挈领地反映教学内容的书面语言，可以是讲授要点、层次分析、论点论据、概括总结，要求写在黑板的左半部和中部，又称正板书。辅助板书是在教学过程为了引起学生的注意或是为了解释一些学生难以理解的字、词，教师顺手写在黑板侧旁的书面语言。如教师在讲课中遇到的一些关键词、生僻字词、引用的公式,没听懂的一些字、词等都是辅助板书。一般来说,板书设计有计划性、规范性、启发性、逻辑性、简洁性等基本特征。

信息窗 4-2

板书常用的表现形式

(1)线索式板书。教师为突出教学内容的脉络,以知识生成过程为逻辑线索构成的教学板书。这种板书思路明晰,突出知识逻辑,能帮助学生理解教学内容,把握知识的线索和重点,构建知识体系。

例如,《分数的初步认识》的板书:

分数的初步认识

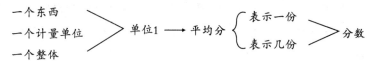

《美丽的小兴安岭》板书:

美丽的小兴安岭

小兴安岭→树多→四季美丽　春——生机勃勃 / 夏——花木繁荣 / 秋——果实累累 / 冬——景色壮丽　宝库花园

《除法的初步认识》板书:

除法的初步认识

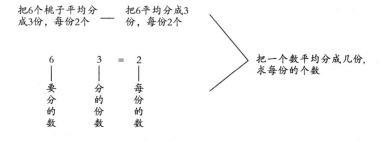

(2)摘录要点式。通过对教材内容的分析和综合,概括出几个要点,书于黑板。这种板书要点清晰,层次分明,突出教学重点,反映了知识内在的联系。

例如,《分数乘以整数》板书:

分数乘以整数

意义:与整数乘法意义相同

法则:$\dfrac{a}{b} \times c = \dfrac{a \times c}{b}$

应用:与整数乘法相同

(3)对比式。对比式板书是教师将教学内容的知识线索以对比的关系表现出来而设计的板书。这种板书可以帮助学生学会建立知识间的联系,学会分析知识。

例如,《故乡》中关于闰土形象描写的板书设计,这一板书设计突出了文中所有的独特的对比写作手法,通过对少年闰土变化的对比,使学生把握住文章的思想感情。

《故乡》板书:

少年时的闰土	中年时的闰土
紫色的圆脸	脸色灰黄,眼睛通红
头戴小毡帽	头戴破毡帽
颈上戴着银项圈	身穿极薄的棉衣
红活圆实的手	手像松树皮
很高兴	欢喜而凄凉
装笋捕鸟	要香炉敬神
	多子 饥饿 苛税 兵匪 官绅
刺猹英雄	像个木头人

(4)图表式。它根据教学内容可以明显分类、进行比较等特点,找出教学内容的要点,列成表格,通过横向对比和纵向归纳,获得新知识或建立知识

之间的联系。这种板书适用于教学内容各要素具有并列关系,或新旧知识的对比学习、实验数据的分析归纳等。

面积和周长的比较的板书:

概念	公式		计量单位	举例
	长方形	正方形		
面积 物体的表面或围成的平面图形的大小	长×宽	边长×边长	平方米 平方分米 平方厘米	4×3＝12(平方厘米) 答:面积是12平方厘米
周长 围成一个图形的所有边长的总和	(长＋宽)×2	边长×4	米 分米 厘米 毫米	(4＋3)×2＝14(厘米) 答:周长是14厘米

(5)留白式。教师故意留出一定空白让学生思考填充的板书。这种板书具有很强的启发性,可以调动学生积极思维。如:

《塞翁失马》一课的板书:

(6)总分式。揭示知识之间的总分关系或层级关系时可以用总分式的板书形式。

例如:《三角形分类》板书:

三角形分类

三角形(按角分) ⎧ 直角三角形:有一个角是直角
⎨ 锐角三角形:三个角都是锐角
⎩ 钝角三角形:有一个角是钝角

《望庐山瀑布》板书：

望庐山瀑布

望 { 假望——照、生
　　 遥看——看、挂
　　 近观——飞、下
　　 联想——疑、落

[**资料来源**]高鸿源,赵树贤,魏曼华.师范生教育实习指南[M].北京：北京师范大学出版社,2013:80-84.

徐武生.教育实习指导[M].南昌：江西科学技术出版社,2009：152-153.

周立群,陈斐,杨泉良.语文教育实习导论[M].广州：广东高等教育出版社,2008:57.

五、作业训练与教学反思

（一）作　业

作业是学生学习活动的重要组成部分,是学生掌握基础知识、基本技能的有效途径。作业一般由教师给学生布置,要求学生在课余时间独立完成,旨在让学生加深理解、巩固和延伸课堂所学知识,提高运用所学知识分析问题、解决问题的能力。

作业对学生的学习效果具有反馈和调整的作用,是教师和学生在课后的一种无声对话,是教师检查自身教学效果以及学生学习效果,并对学生学习进行有效指导的重要手段。应当说,作业一方面可以检测和巩固教师课堂教学的效果；另一方面可以弥补教师课堂教学的某些不足,将课堂教学延伸到课外,进而拓展学生学习的兴趣,帮助学生理解、巩固所学的知识,熟悉技能和技巧。实习生通过检查和批改作业,可以了解教与学双方的情况,从而及时补缺遗漏,改进教学工作。

因此,实习生应当对作业的类型、设计、指导等方面有所掌握,重视这项课后教学工作。

1. 作业的类型

作业主要有两种类型:①习题作业。习题作业主要是指教师布置的以习题为主的作业,学生的完成主要以练习和演算为主。②实践作业。实践作业是教师根据教材内容和学生的身心特点,结合现实生活情形精心设计安排的,以实践性、创造性的主体活动为主要形式,以独立操作、主动参与、自主探索为主要特征,以培养能力、激发思维、促进学生素质综合全面发展为目的的一种作业形式。实践性作业往往要求学生带着疑问思考问题,自主实践、自主探究,激活创新潜能,从而逐步形成运用知识解决实际问题的能力。

2. 作业的设计

实习生在作业设计方面应充分考虑以下几个方面:

(1)设计作业以适宜、适量、适度为原则

适宜是指应围绕教科书选择适宜学生的题型来对学生进行训练。作业要基于课程标准,重点关注学科素养和学科思维,培养学生积极思考、温故知新、迁移拓展的能力。九年制义务教育教材的每一课或每一章节后,都有题型多样、基础与提高相结合的作业题,这些作业题都是围绕教学大纲精心设计、细心推敲过的,具有较高的质量和价值。实习生一般可从中根据每节课的教学内容进行选配。

适量是指要把握好作业题目的分量和完成作业的时间量,控制作业总量,突出重点。精选精练,既不能搞"题海战术",也不能迁就学生不布置作业。做适当的作业,对学生巩固学习效果是十分必要的。一般来说,小学一、二年级可不留课外作业,小学中高年级每天家庭作业总量尽量不超过 1 小时,初中学生每天家庭作业总量不超过 1.5 小时,高中学生每天家庭作业总量不得超过 2 小时。

适度是指作业的难易程度符合学生身心发展特点。作业难易要适度,要根据学生实际能力选取作业题,合理搭配,由易到难,对作业中的难点和疑点要进行必要的提示。一般来说,课前预习作业和课堂练习作业,是以基础性作业为主,课后复习作业则可针对不同层次学生的个别差异,适当安排提高性作业,设计几套难易不等的作业,供不同能力、不同兴趣、不同类型的学生自主选择。

(2)根据作业内容及各层次学生的水平特点,设计具有明显分层特征的作业

　　其一,实习生可针对某个知识点,依据教学目标、各层次各类型学生实际水平,分别设计独立的作业题。这些作业题内容不同,难度逐层提高,可按基础题、提高题和发展题的顺序依次呈现给学生。

　　其二,同样的题目,设计不同的解答要求以适应不同层次学生。教师围绕一个问题设计作业,分别设置出基础层、提高层和发展层三层难度逐步提高的作业要求。通过这些要求逐级完善对这一问题的求解,同时在知识难度、知识广度和复杂度上,逐层提高对学生的要求。

　　(3)作业训练应尽量做到明确、适时、多样

　　明确,是指实习生在作业设计中要明晰作业的具体要求,并对学生进行指导和说明。每个学生应该明确作业的内容、上交作业的时间、具体的格式规定或有关其他要求。适时,是要选择和把握布置作业的时间。课前预习作业在旧课结束之后,新课正式讲授之前;课后复习作业在相关内容讲解完后。有些教科书每一单元后有单元检测题,全书后有总复习题,应根据教学内容安排分而习之。多样,是指作业形式的多样化。因此,作业设计可尽量做到多种形式的结合,如书面作业与实践作业、个人独立作业与小组合作作业、口头作业与书面作业、统一要求作业与学生自主作业等相互补充。

　　(4)作业批改要及时、认真、规范

　　及时、认真地批改作业是实习生检查教学效果的重要手段之一,能使其及时发现教学中的疏漏,进行纠正弥补,调节自己的教学工作,从而保证高质量的教学。要及时、认真地批改作业,做到不漏批、不拖延,能够让学生尽早了解自身知识掌握情况以及能力发展如何。当天作业尽可能当天批改,做到堂堂清、日日清,作业一般应在下节课之前发给学生。对实习生来说,宜采取全批全改的方式为好,批改后,实习生可以对共性的问题、突出问题进行汇总、记录以便课堂上给学生进行针对性的讲评。批改作业尽量使用红笔,书写要规范,字体要端正,要正确判断作业的正误,不随意马虎,不得只在作业上批审阅日期。实习生在批改作业之前应该认真研究"标准答案",客观题把握准确性,主观题把握灵活性,并用规范的批改符号或文字显著地标出作业中的错误和不足,让学生明白错在什么地方,以便能够自行改正。要恰当评价,评价应统一采用等级或等级加评语的方法进行,评语写在适当位置上,字迹工整,内容明确具体,不仅要肯定优点,而且要指出缺点,要多鼓励指导。

另外,作业反馈要及时,讲评要科学合理。批改的作业发给学生后,应当要求学生仔细阅读,及时改正。讲评时要强调重点、难点内容和学生普遍存在的问题,正确对待学生作业中的独特见解和典型错误,拓展学生思维的宽度与理解、分析问题的深度,提高学生分析和解决问题的能力。要表扬完成较好的作业,对少数自行订正作业仍有困难的学生应适时进行个别辅导,帮助学生订正,这样既有利于提高实习生批改作业的能力,也是提高学生作业质量的有效措施。

3. 对学生作业的指导

实习生对学生作业的指导需要考虑以下几个方面:

其一,强调与家长的合作。实习生在布置完作业后应该让家长了解作业的重要性和教师的期望值,同时向家长告知完成作业的步骤和要求,加强与家长的交流沟通,共同督促学生按时按质完成作业。

其二,对学生进行作业的方法指导。教师除了可以指导学生使用网络、书籍等搜集整理参考资料,了解完成作业所需的背景知识和素材之外,还可教会学生如何在写作时确定中心思想,如何在阅读时快速查找关键信息,如何整理、运用参考资料等具体的方法。

其三,向学生解释布置作业的意义。这样可以让学生了解作业的价值,明确知识建构的路径,从而养成自主学习的能力。

其四,重视对作业的检查,明确作业的要求和完成的时间。作业要求做到字迹工整,内容准确,推理严密,格式规范。实习生应明确完成时间,培养学生养成良好的学习习惯,还应给学生提供明确的反馈,保证学生能理解批语。

其五,帮助学生形成积极处理错题的习惯。实习生可以帮助每个学生建立修题手册,把每次作业出现的错题摘抄在一个本上,鼓励学生每隔一段时间就把错题重新拿出来再练习一次。

(二)教学反思

教学反思是指教师在上完一节课后对自己的教学决策、教学活动、教学行为、教学思路、教学状态、教学结果等整个教学活动过程进行"过镜"式回想、审视,以体会、感想、启示等形式对自身教学行为进行批判性思考的活动,以此提高自身对教学的认识,更好地做好后续教学工作。教学反思是实习生整理教学经验、丰富教学认识、改变教学习惯、积累实践性知识、实现迅速成长的重要渠道。

1. 教学反思的意义

正如美国学者波斯纳将教师成长的规律概括为："经验＋反思＝成长"一样，教学反思对实习生的专业成长而言意义重大。这主要体现在三个方面：

其一，实习生通过教学反思能够及时对自己的教学行为表现与其行动依据之间的关系进行回顾、诊断、自我监控和自我调适，并据此改善自己的不良教学行为、教学方法、教学策略、教学习惯，从而不断提高自己的教学能力，加深其对教学活动规律的认识和理解，更加适应现实和未来教学活动的要求。

其二，实习生通过教学反思能够更为准确地调整自己的专业角色定位，担负起向学生传授知识、培育人格、促进学习的职责，更好地胜任教育教学工作。

其三，实习生通过教学反思能够全面地评价自己的教学活动，他们可站在教学情境之外冷静客观地评价自己的专业水平，以便更好地重新定位与自觉调适。

2. 教学反思的主要方法

①清单式回顾①。上完一节课后，实习生可系统地检视一下自己所上的这节课的得失，这就需要有一个反思的框架与套路，即教学反思清单。实习生可以利用以下教学清单来进行自己的教学反思活动：

和上一节课相比，我的……教学优势依然存在吗？

和上一节课相比，我的……缺陷还在重演吗？

和上一节课相比，我对学生的……态度有所改变吗？

和上一节课相比，我在……方面有新进步了吗？

和上一节课相比，我是否接受了……老师提出的好建议？

和上一节课相比，我的教学设计有进步吗？这些进步主要表现在哪些地方？

②撰写教学日志进行反思。通过撰写教学日志，记载自己实习教学的点滴，能让实习生更加深入地理解教学以及学生方面的问题，从多个维度来认识教学的过程，从而更加了解自己的教学风格，了解最适合于自己的教学方式，了解如何获得那些支持教学的各种教学资源，等等。一般来说，教学日志的记录形式主要有备忘录、解释性、描述性三种。

---

① 田建荣. 学科教育实习指南. 教育[M]. 西安：陕西师范大学出版总社有限公司，2012：49.

案例4-7

备忘录教学日志

语文课。七彩的课堂(每天课前5分钟)总是弥漫着花的馨香、草的翠绿，小家伙们都说他们是七彩孩子。是呀！七彩的孩子总有七彩的梦。"放飞你的希望,春天的早晨,让春姐姐的花瓣雨长上翅膀……"我告诉孩子们,"你们的希望一定是多彩的。"一会儿,孩子们的话匣子开了……

"我的梦想是全世界的闹钟都走慢一点,我的美梦就不会被吵醒。"

"我希望月儿是我家的电灯。"

"我的梦是常人想不出的萤火虫,亮着灯光,在老师的窗前……"

"我希望妈妈的嘴巴变小,骂我的时候声音就不会太大。"

"月亮的梦是弯的,花儿的梦是红的,小草的梦是绿的,奶奶的梦是老的。"

我告诉他们,有梦的孩子就会飞,口气中饱含着自豪、钦佩和共勉。

[资料来源]孙向阳.教师教育科研最需要什么[M].南京:南京大学出版社,2010:282.

案例4-8

解释性教学日志

没有特别注意到第三小组,因为第一次看他们时,他们都表现得非常好。他们不太会离开座位——而其他小朋友常在教室内走来走去。我曾建议小朋友可以离开座位,和其他小组讨论如何使用电脑。

第三小组没有离开座位的必要,可能是他们坐得离电脑很近。王阳(课堂观察员)也同意,这小组的人容易和其他小组打键盘的小朋友说话、讨论。

评论:使用电脑进行合作性写作时,小朋友需要来回走动。移动和嘈杂声,是合作时必然会出现的情况。若要减少移动与噪音,可将电脑放在教室中间,小组则围绕周边而坐。这需要增设或延长电脑的接线——我想我会试一试这种做法。

[资料来源]孙向阳.教师教育科研最需要什么[M].南京:南京大学出版社,2010:284.

案例 4－9

描述性教学日志

今天一早,我刚一走进教室,语文课代表就向我汇报,今天我们班有七位学生没有做作业。我一听火儿就往脑门冒,心想:这学期刚有了起色,让我觉得他们长大了,懂事了,怎么老毛病又来了,而且还是上学期老不做作业的这几个人。当时我气得又想扯开嗓子训他们,可是转念一想:我这样也无济于事啊。随后,我劝自己慢慢冷静下来,先听一听这些同学不做作业的理由。

于是,我把这些同学叫到前面,沉默地看了看每一个同学,问到:"能告诉我不写作业的理由吗?"同学们一一说了,六个同学的理由是书找不到了,故而没完成。其中一个是经常不完成作业、不按时完成作业的典型学生,但是这一个学期他改正了,而且经常很快就完成作业把本子交上来。所以我决定把信任送给他,对他说:"没关系,明天记着带来就行了,你的表现让我相信你已经完成了,只是下次应该提前整理书包,这样就不会忘记。"带着老师对他的信任,他高兴地回去了。接着,我问全班同学:"完成读后感的人都有书吗?"有的同学马上举手了:"我没有,我是向同学借的。"我转过头去看那六人:"听到同学的话了吗? 遇到困难,应该学会动脑筋自己解决困难。别人能做到的,我相信你们也能做到,对吗?"六位同学异口同声地说:"是的。"接着我又提出了自己的担忧:"我想这次的事,以后会不会再发生呢?"我再次看了他们一眼,眼里流露出担忧、期待。于是,我又听到了异口同声的回答:"不会的。"这次我欣慰地笑了,"希望你们用行动再次证明你们自己。"事实确实如此,中午时,他们一个个把作业补上来了。我想,是我的宽容感动了他们。最后,剩下一位了,"看着老师的眼睛,告诉老师,你不会。"我用坦诚的目光看着他的眼睛,他一声不吭。"没关系,什么样的理由老师都能接受,是不会写吗? 真是这样的话,我可以和你一起来完成,我会帮你的。看着我,真诚地告诉我。"他的头低下去了。"抬起头看着我,好吗?"他终于抬起头说:"我不愿意写。""那你知道这样做是不对的吗?"他又点了点头。"那你该怎么做?""我马上补。"我笑了,"是个男子汉,去吧!"

我想,当学生犯错误时,老师不应火冒三丈,而要以真诚的心、坦诚的态度、和善的语言去教育他,帮助他。这样他才会认识到自己的错误,并以最快的速度去改正错误。

[资料来源]徐世贵,刘恒贺.教师怎样做小课题研究——高效助力教师专业化成长[M].重庆:西南师范大学出版社,2011:139－140.

③叙写教后感进行反思。上完一堂课后,实习生应该及时静下心来全面回忆这堂课,对整堂课进行一次全面系统的回顾与过滤,尤其要将自己在教学中即刻形成的独特感悟与见解趁热打铁地记录下来,为以后的查阅保存相关的资料。叙写教后感主要是记下闪光点、记下体会、记下评价、记下疑问等。

案例 4-10

教后感应当堂堂记

(1)记闪光点。可以把一堂课的教学变化或"闪光点"记下来。这些变化或"闪光点"是以往课堂上较少出现的,对教师本人认识学生或教学行为有这样或那样的启示。这种记叙可长可短。

(2)记体会。它侧重于理性的分析,有的实际上就是一篇教研论文。如有教师在教《卢沟桥的狮子》时,从教材及班级实际出发调整了教学目标,效果很好。课后,这位教师对如何确定教学目标进行了总结,分为四个小标题:一是从语文学科的特点出发设计教学目标,二是抓住课文特点设计教学目标,三是从整体入手合理选择教学目标,四是从学生实际出发设计教学目标。

(3)记评价。俗话说,当局者迷,旁观者清。听完一堂课,不同的教师会有不同的看法,有的指出成功处,予以鼓励;有的指出欠妥处,相互切磋;还有的上升到理性高度予以点评。这些看法都应原原本本地记下来。如有教师在外校教七年级公开课《小橘灯》时,板书设计中有一个词原定为"制作",结果学生设计的板书为一个字"做",教师便写成了"作"。一个学生举手指出教师写错了,应为"做"。教师随即在下面板书"做"字,鼓励了一番。之后,教师便问:"'作'并不见得就错了,谁能在前面加一个字呢?"结果,同学们都说出了"制"字。评课时,老师们对此评价很高,说是"解惑有方"。

(4)记疑问。智者千虑,必有一失。教师在设计课堂教学时,难免有一些没有准备好的问题会在教学中暴露出来。记下这样的疑问,然后通过查找资料找到答案,既解决了课堂教学中的问题,又为今后的教学做好了准备。有教师在教《卖炭翁》时,有学生提出这样一个问题:一车炭换了半匹红绡一丈绫,这么多东西,怎么是那位卖炭翁的悲哀呢?教师也回答不上来,便记下这个问题。后来也查到了答案,原来红绡是"红紫染故衣败缯(破旧物品),实为强夺"。再次讲解时,学生对课文理解更为深刻。

[资料来源]郑金洲.新编教学工作技能训练[M].上海:华东师范大学出版社,2007:126.

3. 教学反思的注意事项

实习生在进行教学反思时应该注意以下几点：

（1）明确问题意识，捕捉反思对象

实习生在开展教学反思活动时要注意形成自身的问题意识，要善于从稍纵即逝的现象中捕捉问题，在貌似没有问题的地方发现问题。就教学来说，如果实习生有明确的问题意识，就可能在教学的方方面面发现问题。比如在教学目标方面可以反思教学目标的设置是否合理，教学目标的掌握情况是怎样的；在教学内容方面，可以反思教材内容重点、难点的处理方法是否适合学生的实际情况；在教学方法方面，可以反思本节课的内容比较适合什么样的教学方法，在选择、使用不同的教学方法时要注意什么策略；在教学过程方面，可以反思教学的导入、教学的推进、教学的结束等教学环节是否衔接得恰到好处，各环节花费的时间是否合理等。

案例 4 – 11

教学目标掌握方面的反思

有名实习生在进行反思时说："学生总结规律的能力比较有限。情感、态度和价值观目标我没有很好地做到。初三学生面临中考，非常有压力，老师们也只关注知识目标是否达到了。但这节课的教学目标设置得很恰当。因为所有的化学现象在定量上都要通过质量守恒定律分析，所以质量守恒定律是相当重要的一个定律，重点放在这是必要的。"

[资料来源]董玉琦，侯恕，等. 教育实习实地研究[M]. 长春：东北师范大学出版社，2008：153 – 154.

案例 4 – 12

教学方法与方式方面的反思

某节化学课后老师反思："这节课的知识性比较强，同学生互动交流多了显得课太花哨，我感觉我在教学方式上选择得还是比较恰当的。但是在过程和方法上通过操作、观察、组织讨论这一方面就做得比较弱。可能要多采用分组讨论的方式，因为他们分组讨论学习的能力很差，在这方面我要有所突破。初三学生处在一个比较特殊的阶段，他们面临着中考，对于太多花哨的东西已经不感兴趣了,但是对幽默的、具有亲和力的老师还是非常喜欢的。总的来说,我这一节课用的教学方法主要还是讲授居多,但这是必需的,因为知识必须得讲透。要取得突破就要在教学语言、教学仪态和教学表情上多下功夫。例如,对他们说一些幽默的语言、表情要变化多一点;如果他们回答不上某些问题,要用期待的眼神看着他们,并给予一定的暗示。"

[资料来源]董玉琦,侯恕,等.教育实习实地研究[M].长春:东北师范大学出版社,2008:153.

案例4-13

教学过程方面的反思

在"液体压强"这节课中一位教师反思时谈道:"本课的教学目标应该还是恰当的,主要是让学生弄清液体压强的特点,上完课后学生应该能掌握。过程与方法维度的目标主要是学生观察实验的准确性,学生也掌握了控制变量实验的方法,但是在理论推导液体压强公式这个目标上没有很好地实现,没有让学生意识到物理科学的严谨性;教学方法主要运用实验法,我认为还是很恰当的;整个教学过程的后半段表现得不够好,公式推导出了点问题,不够深入。习题方面学生回答得不够好,这与自己没讲清楚也有关。需要提高的地方是课堂的主动把握方面,此外执行教学计划的能力也需要提高。随着教学的推进,我还是应该明晰教学目标,不至于遗忘了教学设计中的一些细节。另外,自己的声音不够响亮,不够自信,语言连贯性不好,出现中断现象,这些都需要加强提高。"

[资料来源]董玉琦,侯恕,等.教育实习实地研究[M].长春:东北师范大学出版社,2008:154.

(2)综合已有经验进行反思,构建个人化理论

反思是针对某一现象或问题进行的,但这并不意味着反思仅仅是就事论事的思维活动,它完全可以引申开来,将自身已有的理论知识与当下教育教学问题的思考联系起来。这样的反思才更有深度和广度,更能提升自己的智慧水平。在教学实习过程中,实习生既要结合听课评课、主题班会、个别教育、教育教学研究等

具体教学实习工作进行反思,又要加强自身理论的学习,夯实理论知识基础,对教育教学活动进行评判性思考,并努力形成自己对问题的独特看法,提升自己理性分析问题的能力,构建个人化的理论。

(3)对教育教学行为进行持续不断的系统化思考

偶尔的反思并不困难,也是绝大多数实习生能够做到的,但持续不断的系统化反思却不是每个人轻易可以做到的。实习生的教学反思应该是持续的、不间断的、系统的、全面的,应摆脱零散片段反思的状态,将反思渗入教学实习工作的全过程,为今后成为一名真正的教师打下坚实的基础。

六、课外辅导与学业评价

(一)课外辅导

在实习期间,实习生不仅要学会如何备课、如何上课,还要学会怎样对学生进行课外辅导。课外辅导是对课堂内容的重要补充和延伸,是适应学生个体差异、贯彻因材施教原则的重要的教学辅助形式。在实习班级里,同一个班级的学生在身心发展水平上存在着个性差异,我们可能会遇到少数尖子学生感到"吃不饱",而一些后进生则"吃不了"的情况,而课外辅导能够有效弥补这种班级授课制的缺陷。对于实习生来说,课外辅导既可以弥补其课堂教学的不足,又可以进一步接触并了解学生和班级,促使其通过学生的反馈信息,发现自己上课的缺点和不足,以利于自身素质的提高。

1.课外辅导的意义

其一,课外辅导可以深化和补充课堂教学的不足。由于课堂教学时间和条件的局限性,教学的广度与深度难免受到一定的限制,课外辅导则可弥补其不足,使学生所学的知识得到补充与深化。

其二,课外辅导有利于开发学生的智能。课外辅导活动可根据学生的兴趣、爱好、个性特长,引导其参加喜爱的活动,如开展车模、航模、围棋兴趣小组等活动,有利于开发学生的智能。

其三,课外辅导促使实习生掌握更多的知识和才艺。实习生要对学生进行某项活动的指导,获取组织课外辅导的经验,自己就必须增长这方面的知识和才艺。

2.课外辅导的具体要求

实习生可以利用课外练习或学生自习时间,在学生中进行集中辅导(针对有代表性、倾向性的问题)和个别指点(特殊的问题)。

①在保证实习课质量的前提下进行辅导。课外辅导工作能解决课堂上没有解决或解决得不彻底的问题,但课外辅导毕竟是在课外,辅导只是课堂教学的辅助活动,是一种"救失"的措施,不要把辅导看得比课堂教学还重要,必须先把课堂教学搞好,课后辅导才具有成效。因此,实习生首先还是要努力提高课堂教学的质量,力求做到当堂解决问题。

②根据不同类型的问题,选择合理的解答方式。如有的学生提出的问题很含糊、很笼统,不能指出问题的疑难症结所在,只是大概地说这一章或这一课全都不懂,这就要求实习生首先分析他们提问笼统、含糊的原因。也许是由于他们没有仔细阅读教材,也许虽然阅读了,却没有认真加以思考。这时候实习生可以让学生认真阅读这部分内容并进行讲述,也可做一些简单的习题,弄清楚学生到底是什么方面存在理解的困难。有的学生提出的问题涉及面很广,实习生要在较短的时间内去解答这样的问题可能是困难的。这时候,除了适当地解答学生的问题外,更重要的是教给学生提问题的方法,指出问题的症结。

③把握好辅导的时机,制定合理的辅导计划。一般来说,学生复习功课、做作业时,往往会遇到困难,需要进行辅导。另外,学生学习了一个单元之后,往往不会系统地加以总结,不能很好地掌握知识的时候,也需要实习生的课外辅导。

④保持和蔼可亲的辅导态度。实习生应和蔼认真地对待学生的各种问题,不得置之不理,更不要挖苦讽刺。学习有困难的学生往往担心提出的问题幼稚,怕遭人耻笑,他们不善于或不敢提问题,在这种情况下,实习生的态度就起着至关重要的作用。

⑤做好辅导笔记。实习生应认真仔细地把实习班级中学生学习的疑难、存在的问题、个人的体会整理记录下来,并进行归纳梳理,积累资料,发现规律,从而有的放矢地开展今后的教学工作。

3.课外辅导的注意事项

①不宜进行太长时间。实习生不宜将课外辅导的时间拖得太长,布置的练习也不宜太多。尤其是集体辅导更不宜常用,只在遇到普遍存在的、急需解决的问

题时采用。否则,以课外辅导代替正常的课堂教学,无形中会加重学生学业的负担。

②给不同类型的学生以不同的辅导方式。比如可给学习有困难的学生或缺课的学生进行补习,对那些有着浓厚学科兴趣的学生提供课外研究的帮助。对于同一个问题,由于提问题的人具体情况不同,教师解答的方法也应不同。学习较好、提问题比较深入的学生,实习生可以多采用启发诱导的方法,启发他们独立思考,对他们进行提高性指导;程度较差的学生,实习生应着重帮助他们掌握基础知识和扫除学习中的障碍,使他们逐步得以提高。

③给学生以全方位的辅导。课外辅导的内容很广泛,形式多样。比如作业辅导、课外辅助教学活动(参观、看教学影片或录像等);指导学生的实践性和社会服务性活动;进行学习方法的辅导、交流和探讨;开展课外阅读辅导,让学生学会读书,养成爱读书的良好习惯等。另外,实习生还可利用课外辅导的机会深入了解学生,与学生交朋友,交流教学上的意见,沟通彼此的思想感情。还可广泛涉及世界观、人生观、价值观、理想、信念、职业选择、家庭等多方面问题,给学生以全方位的指导。

(二)学业评价

学生学业成绩的考核与评价是教学实习的重要内容。学业评价是指依据一定的课程教学目标,运用恰当、有效的工具和途径,系统收集学生在学业学习过程中的变化信息和证据,并对学生的知识技能、过程方法、能力发展水平进行价值判断的过程。对于实习生来说,实习阶段很难经历像高考、中考这样的选拔性考试,更多的是要参与促进学生发展的过程性评价,初步掌握学生评价的方式和方法。实习中对学生的学业评价应遵循目标多元、方式多样、注重过程的评价原则。

1. 日常作业评价

实习生在对学生进行日常作业检查时,不仅要判断正误,给出等级,还应适时针对学生出现的问题提出相应的改进性建议,帮助学生改正错误,尽快进步。实习生在日常作业评价中也可帮助学生自己对日常作业进行整理,自我评价、反思,寻找适合他们自己的学习策略。

2. 课堂提问评价

课堂提问是课堂教学中的重要内容。实习生对学生进行课堂提问时,应根据学生学习起点以及当时的学习水平,精心设置一些开放或半开放性的问题,通过正面鼓励与引导,充分展示学生对已有知识的理解过程和对未知的思考过程。实习生还可以对全班学生分阶段、分批次、有针对性地进行提问,学生在这一评价环节中只要能够积极回答问题,勇于暴露自己的真实问题,就应当给予积极的评价。

3. 纸笔测验评价

纸笔测验是考查学生认知领域的一种传统的学业评价方式。实习生应当掌握相关原理和技术,并在此基础上作出改进,尤其是在知识和技能考核方面,重点不要放在知识点的简单记忆和重现上,不应孤立地对基本技能进行测验,而应从知识的前后联系上去考核,在解决实际问题的背景中去评价。另外,纸笔测试之后,实习生还应细心评阅测试卷,及时做好讲评工作。首先,要认真研究参考答案和评分标准,了解试卷大致概况以便统一掌握评分尺度。其次,评分时要细心、冷静,确保准确无误,并做好考试记录。最后,评卷后应立即进行试卷分析,并及时向学生讲评,既肯定学生的成绩,又要指出问题。

4. 日常行为观察评价

日常行为观察法是指在平时对学生的各项学习活动行为表现的观察记录,并依此来大致判断学生达到某种等级水平的办法。比如,情感领域教育目标的测评影响因素较为复杂,发展水平总是表现在外部行为、习惯上,不能像认知领域那样要求学生给出最高表现,也没有标准答案。因此,实习生就可采取观察法来测评学生情感领域的发展水平。

5. 表现性评价

传统的纸笔测验侧重对学生知识掌握的结果进行评价,而对学生在探究能力、实验技能、情感态度与价值观等方面的发展则需要通过学生的活动表现来作出评价。表现性评价是通过观察、记录和分析学生在各项学习活动中的表现,对学生的参与意识,合作精神,实验操作技能,探究能力,分析问题、解决问题的思路及能力,对知识的理解和认知水平以及表达交流技能等进行的全方位评价。表现性评价形式多样,可以采用等级评定加描述性评语,既可以在学习过程中进行,也可以在学习结束后进行;既评价学生在活动过程中的表现,又评价学生的活动成果。实习生应在对活动表现比较、分析的基础上,给出恰当的反馈,以激励学生进步。

6. 成长记录袋评价

　　成长记录袋评价依据一定的教育教学目标,有意识地将各种有关学生表现的作品和证据收集起来,通过合理地分析与解释,分析学生在学业发展中的优势和不足的一种评价方式。该评价方式能够反映出学生在学习中的努力和进步程度,促进学生在学习中不断反思,自我发展和完善,从而促进学生学习成绩的不断提高。实习生可尝试在实习班级建构学生成长记录袋,对学生的学业成就进行发展性评价。

信息窗 4−3

档案袋评价

　　档案袋评价是"教师依据教学目标与计划,请学生持续一段时间主动收集、组织与省思学习成果的档案,以评定其努力、进步、成长情形"的一种评价方法。用档案袋评价方法来了解学生的成长历程与发展进步,其想法源自于艺术家的作品档案袋。那些画家、音乐家、摄影家、建筑设计师、时装设计师、剧作家以及文学家等,通常都会有意识地保存个人的作品。由此作品档案资料,一方面作家本人可以反思自己的艺术成长历程,另一方面人们可以据此了解艺术家的成长道路,对艺术家的艺术成就和发展作出质的分析与评价。

　　一般说来,精心设计与制作的学习档案袋,可以发挥诸多优势,如能兼顾学习结果与历程,兼顾认知、情感、动作技能的整体目标;可以评估学生元认知和反思能力;可以呈现多元资料,获得关于学生发展的更真实的表现与成果;可以用整合、动态、实作的方法激发学生的学习兴趣;可以培养学生主动积极、自我成长、自我评价、自我负责的精神及价值观;可以增进师生互动、同学沟通、合作精神等。

　　[资料来源] 黄光扬. 教育统计与测量评价综合教程[M]. 福州:福建科学技术出版社,2003:135−136.

 问题思考与讨论

　　1. 简述实习生课堂教学设计的主要内容。

2. 如何进行无声上课?

3. 结合自身教育实习实践与所学理论知识,谈谈你在教学实习中的感受和体会。

4. 选择某一自己感兴趣的学科,依据课程标准与所学知识,尝试写一个完整的课堂教学设计方案,并在实习小组中进行交流讨论,进行试教。

5. 说课是师范生的一项基本教学技能。请你谈谈:究竟该如何去说课? 说课的基本要求是什么? 在说课中应该注意哪些内容?

6. 若你即将走上讲台,请结合本章内容与自身实际情况,谈谈你将如何着手准备,使得自己能够自信地走上讲台。

7. 下面是李白的《望庐山瀑布》。若请你上课,你会如何设计课堂导入语?

《望庐山瀑布》

日照香炉生紫烟,遥看瀑布挂前川。

飞流直下三千尺,疑是银河落九天。

8. 实习生常常遇到"心中有教案,目中无学生"的问题。一位实习生在反思日记中写道:"这两天总觉得,我们讲课,考虑得最多的是自己和教案:自己是否表现得不错;一节课能否按计划讲完;是否得到了同学和指导老师的认可;讲完后剩下的时间我该怎么办;讲不完我又怎么办;等等。"请问:是什么原因导致了这个问题? 该如何帮助他?

9. 教学《麻雀》一课时,有位实习生曾这样提问:"老麻雀用自己的什么拯救自己的幼儿小麻雀?"学生只能答"身体"一词,提问覆盖了文中句子的绝大部分,只留下一个窄小的"胡同"让学生去钻。这位实习生在教学中出现了什么问题? 该如何避免这种现象?

10. 有位实习生在教学反思中写道:"实习期间我去给八年级的学生上课,当时,他们班的纪律特别差。大家交头接耳,还有相互扔书的,干什么的都有。我当时的感觉是,课堂已经无法进行了。我对同学们说,大家别说话了。安静片刻,同学们又开始哄闹起来。作为一名实习老师,我真的无法再说别的了。我个人觉得这件事处理得不是很好,可是因为我们是实习老师,我们不能过多地说什么,但是如果我是真正的老师,我会给他们开一节班会,对他们进行思想教有,或者把家长都叫来,一起开班会。"请结合所学知识谈谈这位实习生的教学反思有什么问题。

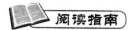 **阅读指南**

1. 徐世贵.怎样听课评课[M].沈阳:辽宁民族出版社,2000.

2. [美]安奈特·布鲁肖,托德·威特克尔.改善学生课堂表现的 50 个方法:小技巧获得大改变[M].刘白玉,刘璐丝,译.北京:中国青年出版社,2010.

3. [德]希尔伯特·迈尔.怎样上课才最棒:优质课堂教学的十项特征[M].黄雪媛,马媛,译.上海:华东师范大学出版社,2010.

4. [美]詹尼斯·斯考隆.教师备课指南——有效教学设计[M].陈超,邵海霞,译.北京:中国轻工业出版社,2009.

5. 周跃良,杨光伟.教育实习手册[M].北京:高等教育出版社,2011.

6. 刘志敏,陈梦稀,朱承学.教育实习指南[M].北京:高等教育出版社,2012.

网络导航

1. 第一课件网   http://www.1kejian.com/

2. 中国教育课件网   http://www.goodppt.com/

3. 绿色圃中小学教育网 http://www.lspjy.com/

4. 第二教育网   http://www.dearedu.com/

5. 教学资源网   http://www.jb1000.com/

第五章　班主任工作实习

 学习目标

　　了解班主任应该具备的素质以及班主任工作在学校教育中的作用,进而认识到班主任工作实习的重要意义;掌握班主任工作实习的内容、步骤和方法;能运用相关知识,解决班主任工作实习中遇到的问题。

一、班主任工作概述

　　班级是学校教育工作的最基层组织。学校的教学、思想品德教育、卫生保健、课外活动等各项工作都是以班级为单位进行的。因此,班级的稳定是保证学校教育顺利进行的重要前提。作为班集体的教育者和领导者,班主任不仅承担着非常繁重的任务,而且班主任的工作态度、教育方法以及个人行为都会对班级学生综合素质的发展起着非常重要的作用。因此,班主任工作具有非常重要的意义。对于实习生而言,要正确认识班主任工作实习的意义,必须明确班主任的任务、班主任应该具备的素质以及班主任工作在学校教育中的重要作用。

(一)班主任的任务

　　班主任的基本任务是:在学校校长和教导主任的领导下,会同任课教师,把学生培养成为有理想、有道德、有文化、有纪律、热爱劳动、艰苦奋斗、团结友爱的新人,全面关心学生的思想品德、学习、劳动、生活和健康,促进学生德、智、体、美、劳全面发展。由此可以看出,班主任的工作责任重大,工作内容繁杂。首先,德育、

智育、体育、美育、劳动技术教育等各项教育工作都是班主任要管理的内容;其次,班主任还承担着课外活动、班委会、共青团、班会等活动的组织和协调工作;最后,班主任还肩负着沟通学校与家庭、社会沟通的职责。

具体来说,班主任工作有以下几个方面的任务。

1. 对学生进行思想品德和政治教育

学生阶段是个人长知识、长身体的重要时期,也是世界观形成的重要时期,这一阶段的教育会对人的一生产生非常重要的影响。所以,班主任的首要任务是做好学生的思想品德和政治教育工作。班主任要尽量通过生动活泼、卓有成效的思想政治工作,鼓励学生树立艰苦奋斗的献身精神及勇于创造的科学精神,养成良好的道德行为习惯。教书必须育人,教给学生自强不息、勤奋进取、意志坚强的精神,他们才能战胜前进道路上的艰难,才能在学习上取得成功。

2. 教育学生努力学习

学生的首要任务是学习科学文化知识。班主任不仅应该教育学生树立远大的理想,明确学习目的,端正学习态度,培养学习兴趣和求知欲望,而且应该教给学生科学的学习方法以及良好的读书习惯,从而使学生较好地完成学习任务,不断得提高学习成绩。这是班主任的主要工作任务。为了更好地完成这项任务,班主任应该积极地钻研业务,不断提高教学水平,从而提高学生的学习积极性。此外,班主任还应该注重对学生学法的指导和学习能力的培养,让学生成为课堂上的真正主人。

3. 建设健全班集体,搞好班级的日常管理工作

班集体具有巨大的教育力量,集体的理想、目标、作风、情感和意志能够成为改造每一位成员的无形熔炉,促进每个成员全面而健康地发展。健全的班集体必须通过以班主任为主的教师集体和全体学生的共同努力才能形成。因此,建设健全班集体,搞好班级的日常管理工作是班主任的重要工作任务。在实施班级管理时,班主任可以根据班级情况带领学生共同制定班级目标,增强学生的自主意识;丰富班级的管理角色,让学生自己教育自己,自己管理自己。班主任则从台前走向幕后,充分信任学生,给予学生充分的自主权。

4. 指导学生课余活动,培养学生多方面能力

为了素质教育的需要,班主任应注意协调各科教师,将教学逐步从以传授知识为重点转移到以培养学生能力为重点的轨道上来,使学生具有较强的独立学

习、工作、生活和社会活动的能力。健康向上、丰富多彩的课余活动有利于促进学生的身心全面健康发展，而班主任对此负有指导的责任。班主任应该因地制宜，指导学生组织和开展集体课余活动。班主任还应该关注学生个体的课余活动，对学生如何度过课余时间有基本的了解，并给予适当的指导。

5. 协调各方面教育因素的影响

班主任还应做好学校与家庭、社会等各种教育因素沟通的组织工作。班主任要主动与家长联系，了解学生的家庭情况，在教育措施上与家长达成一致。这些工作可以通过开家长会、家访以及必要的书面联系等方式来完成。在学校内部，班主任要依靠校领导和各科教师的支持来开展工作，通过与各科教师的沟通统一本班的教育工作。同时，班主任要注意树立各科教师的威信，为他们创造工作条件。班主任还要借助各种社会因素开展教育工作，例如，班主任可以组织学生参加一些合适的社会实践活动等。

6. 指导学生团队活动

班主任应配合共青团和少先队共同完成对学生的教育工作。班主任应该指导本班的团队组织开展工作。

7. 及时处理各类偶发事件，维护良好秩序

在实际的工作中，会发生一些无法预估的偶发事件。班主任应及时注意并恰当地处理各类偶发事件以维持正常的教学秩序。

（二）班主任应该具备的素质

班主任工作的质量在很大程度上决定班级的精神面貌和发展趋向，深刻影响每个学生的全面发展。因此，对班主任应具备的素质也提出了很高的要求。

1. 高尚的道德品质

班主任是学生的教育者和引路人，也是他们学习的榜样。班主任的言行举止对学生有着强烈的潜移默化的影响，因此，班主任应该具有崇高的品德，饱满的工作热情，坚持不懈的进取精神，做到言行一致、表里如一、为人师表。班主任要求学生做到的自己先要做到，这样才能在学生中树立威信，给学生以强有力的教育影响。

有位班主任运用写日记的方式，不断剖析自己、要求自己、提高自己。

案例5-1

坚持道德长跑——写日记

10多年来，我外出作报告，大会上我不止400次地向青年教师真心诚意地建议：坚持每天写日记。散了会，和老师们座谈，我又常常不厌其烦地建议青年人写日记。

为什么总这样建议？因为我自己从写日记中获得了多方面的益处。

日记能使我们记住自己做过的事，见过的人，用过的物，记住自己的经验与教训。人很奇怪，许多过去好的经验、好的做法常常忘了做。我常想，人如果不背叛自己童年、少年时心灵深处真善美的一面，坚持自己那时勤奋上进的好习惯，那么每个人都会成为杰出的人，都可以成为伟人。遗憾的是，人常常善良一阵子之后，又觉得恶人常有好报，于是便也学着作恶，但终于狠不下心来像恶人那样无耻，于是又回到自己的善良；人都有过勤奋的时刻，但又经受不住安逸者的诱惑，向往无所事事又觉得问心有愧，于是又踱回勤奋。生命便在这善于恶、勤与懒的犹豫与踱来踱去中过去了一大半。写了日记，常翻一翻，人容易记住自己，不失去自己，忠实于自己真善美的一面。

写日记有利于改变自己，改造自己。很少有人劝自己狭隘、自私、消极、懒惰，神经正常的人一般都在日记中告诫自己，鼓励自己，要宽厚，要助人，要积极，要勤奋。这发自内心的劝说鼓励同来自外界的劝说鼓励相比，作用更大。

写日记能磨练人的毅力，能不断地剖析自己、分析自己，能提高自己分析社会问题的水平……

我管写日记叫做道德长跑。为什么叫道德长跑呢？我看到，那些春夏秋冬、年复一年地坚持长跑的人，都变得身体健康、强壮有力。还有一些别的体育锻炼的方式，倘长年坚持也能身体健康。

能不能有那么一种锻炼方式，倘长年坚持不懈，就能使人心灵健康、强壮、开阔呢？我觉得写日记就有这种作用。绝大部分心理正常的人写日记时都说心里话，说真话，这便起到教人求真的作用；绝大部分人写日记一般都劝自己上进向善，劝自己助人改过；绝大部分人都在日记中针砭丑恶，赞扬美善，歌颂心灵美的人，歌颂美好的事物，这便起到了教人向善爱美的作用。

所以，我总跟同学们说，坚持写日记，便是坚持道德长跑，能使人的心灵求真、向善、爱美。

[**资料来源**]魏书生.班主任工作[M].沈阳:沈阳出版社,2000:152-155.

2.坚定的教育信念

尺有所短,寸有所长。每个学生都有自己的优点和不足。班主任应多关注、发现每个学生身上的闪光点,应多激发每个学生的积极性和进取心,对于后进生更应该如此。班主任要确信,对他们做深入细致的思想教育工作,能把他转变为好学生。班主任只有确信教育的力量、树立坚定的教育信念,才能在工作中不畏困难曲折、顽强而细心地工作,最终收获辛劳的硕果。

案例 5-2

发现闪光点

去年我接手一个班,班中有一个很顽劣的学生,经常迟到,不做作业,欺负小同学,而且常偷附近人家的瓜果。

开学第一天,我就感受到了他的顽劣。正当我跟全班同学讲新学期的要求时,坐在讲台旁的他突然举起手站了起来,大声地说:"老师,'四只眼'是什么东西?"全班同学先是哄堂大笑,继而是一阵窃窃私语……

正当我满脸通红,不知所措时,突然,从他的桌斗里传来小狗"汪汪……"的叫声。

听到狗叫声,让我想起了在报上看到的一条消息。美国纽约以北60英里,有一个格林齐姆尼斯青少年康复中心。这里有102位6~21岁的孩子,99%受过肉体虐待或虐待过别人,他们大都性格暴戾,对人缺乏同情心。面对这样一批孩子,康复中心采取的办法是,让所有的孩子每人饲养一只伤残的动物,以培养这些孩子的同情心,使他们善良。

饲养动物可以培养人的同情心,使人善良。这孩子带着狗,说明什么呢?想至此,我冷静了许多。我从讲台上走到他的身边,他本能地将身子向桌子靠了靠,以便挡住桌斗。我知道,他以为我要将他的小狗扔出去。

"不要担心,我不会碰你的小狗一根毫毛的。"我抚摸了一下他的头,微笑着说:"你刚才提的问题等一下老师回答你。你告诉我,为什么要带狗来上课?是为了让它也来听老师讲课吗?"

孩子们听了我的话,传来一阵笑声。

"我……我……老师,它不是我家的,我不是故意带它来的。早上我上学,它在路上。有人扔掉的,不要它了。我看它可怜……"他因为慌张而语无伦次。

人之初,性本善。这孩子确实有同情心,顽劣只是他的一面,他的另一面应是善良,只是没有引起重视,换句话说,还没有被开发出来。

"你真善良!"我真诚地说,"关心和同情弱者是美德。同学们,这一点我们要向他学习。"

我带头为他鼓起了掌。掌声过后,我平静地对他说:"请坐下,现在我回答你刚才的提问。"他的屁股还没落到凳子上,又猛地站了起来,十分紧张地说:"老师,是我不好,我不该损您,您别说了。原谅我吧。"

我朝他点点头,示意他坐下,接着说:"你是知错就改的同学,我真为你高兴。这学期,相信你一定能成为优秀的孩子。我真诚地祝福你。"说完,我将手伸向了这个激动得满脸通红的孩子,使劲地握了握他的小手。

冰冻三尺,非一日之寒。这孩子在以后的日子里,虽然有过几次反复,但我始终把握"数子十过,不如赞子一功"的原则,终于,他没有让我失望。

每当想起这件事,我就深深感叹:再落后的孩子,也有闪光点,也有荣辱感,教师要像淘金那样去挖掘,去发现。在教育过程中,如果能做到少"数过",多"赞功",定能得到意想不到的收获。

[资料来源]赖华强.班主任工作案例教程[M].广州:暨南大学出版社,2006:24-26.

3.较强的组织能力

善于组织学生开展活动是教育学生的重要条件。一个称职的班主任必须善于计划和组织学生活动,善于根据情况的变化迅速做出决定并进行调整。班主任应在工作中表现出魄力,能令行禁止,能坚定地引导学生积极开展活动。

4.多方面的兴趣与才能

青少年学生活泼好动,处于个性张扬的时期,每个学生的兴趣和爱好各异。因而班级需要开展丰富多彩的活动来引导学生,这就要求班主任也需要具备多方面的兴趣与才能。一般来说,性格活泼开朗、兴趣广泛、多才多艺的班主任,与学生有较多的共同语言,易于打成一片,便于开展工作。反之,沉默寡言、不爱活动的班主任则容易脱离学生,难于深入了解和教育学生。

5.较好的沟通协调能力

班主任为了管理好班级,不仅要善于与学生沟通,还需要与家长、任课教师和有关社会人士联系和协作。事实证明,只有那些善于交往、能团结合作的教师,才能很好地协调各方面的教育力量把班主任工作做好。

(三)班主任的职责和作用

班主任的作用有多大,班主任肩负的重任就有多大。班主任应该如何定位?这是实习生在班主任工作实习中必须要搞清楚的。先看一位同学写给她的班主任老师的一封信。

案例 5 - 3

写给我难忘的班主任高俊岩

敬爱的老师:

一年来,我感到自己在许多方面进步都很大。首先,在您的要求和鼓励下,我已写了六本日记,而且每篇写得都很认真。就是作业很多、快考试的时候,我也从没间断过。我还记得,当我的第一本日记写完时,您在班级表扬了我,说我的日记是我们班中写得最好的,并在我日记本的最后一页写下一段话:"马维阳,从你日记的字里行间可以看出,你是一个知识广博、细心的小姑娘。老师希望你继续努力、勤于动笔,多读多背名著名段,写出的东西会更美。"当时,我心里别提多感动了。从那以后,我写日记更认真了,无论写完作业有多晚,我也要坚持把日记写好了再上床睡觉。心疼我的妈妈多次劝我:"作业多时,日记可少写一点,"我坚持说:"不行! 高老师说过,还要在家长会上展览我的日记呢。"就这样,我写了一本又一本,有时自己看了也喜欢。

老师,我还要感谢您给我自信。您刚接我们班的时候,问同学谁画画最好。大家推荐了我。您让我画一个王安石的肖像,讲《泊船瓜洲》时作课件用。画画虽说是我的强项,可是这样一个伟大的历史人物,我真担心画不好,这可是您第一次交给我任务啊! 我绞尽脑汁,心想:王安石能顶着许多人的反对坚持改革,一定很有傲骨,就像他写的《梅花》一样。于是,我画了一个昂首挺胸、高傲的王安石。当我怀着忐忑不安的心情让您检查时,没想到您对我加大赞赏:"我们班有了你,真让我省了不少事啊!"我听了心里美滋滋的,因为老师发现了我的才华。

　　老师,胆小文静的我,在您一次又一次的鼓励下,变成了一个自信的女孩。

　　高老师,快要小学毕业了,有许多话想对您说,最想说的一句就是:感谢您。

沈阳市实验学校六年级学生　马维阳

[资料来源]徐世贵,赵忠仁.班级管理那些事儿[M].天津:天津教育出版社,2011:4-5.

　　从上面这位同学的信中可以看出,班主任对学生的健康成长有着重要影响。所以,实习生应该明确班主任的职责和作用。

1. 班主任是班集体的组织者和指导者

　　班集体就类似于一个"小社会",是学生个性得以充分发展的摇篮。同学们在这个集体中一起学习、生活、交往……正是这个集体让大家走向进步,走向成熟,让人终生难忘。如果说班集体是一艘乘风破浪的航船,那么,班主任就是航船的舵手。一个班集体如果没有班主任的组织,就会是一盘散沙。班主任承担着对班集体的组织与指导任务,是班集体的组织者和指导者。

2. 班主任是学生的人生导师与心理顾问

　　学高为师,身正为范。班主任老师的一言一行、一举一动无不在学生身上打下深刻的烙印。为什么有些学生举手投足、说话办事乃至穿衣写字都像他的班主任就是这个道理。班主任是学生做人的偶像和典范。班主任老师给学生的影响不仅在于这些外在的因素,更在于人生的理想、信念、追求等内在因素的引导,这是一种人格的影响。班主任要关心指导学生的学习,帮助学生培养学习兴趣,树立正确的学习目的,特别要给学生以学习方法的指导,帮助学生解决学习中的困难。同时还要关心学生的日常生活及心理变化,当学生出现各种心理障碍和心理疾病时,班主任要及时给以指导、调整和排解,从而保证学生的生理和心理上的健康。

3. 班主任是联系各任课教师的纽带

　　在一个班级中往往有好几位教师任教,他们都肩负着教书育人的重任。但是教育、教学的成果不是靠哪位教师独自创造出来的,而是教师集体长期共同劳动的结晶。班主任的作用就是使各位教师互相配合,步调一致,统一教育要求,形成教育合力,以增强教育的整体效应。

4.班主任是沟通学校与家庭、社会的桥梁

教育是由家庭、学校和社会形成的立体化教育,学生的教育不是学校自身的一种孤立教育。怎样才能把学校、家庭、社会三者教育结合起来,发挥整理功能呢? 班主任在此起到了联系、协调的巨大作用。

5.班主任是学校领导进行教导工作的得力助手和骨干力量

学校一般是通过班主任来开展教育和教学工作的。国家教育政策的贯彻落实,学校工作计划的实施,各项活动的开展等都离不开班主任发挥作用。因此,班主任在学校工作中有着特殊的地位和作用,他既是学校领导的得力助手,也是办好学校的骨干力量。

(四)班主任工作实习的重要意义

班主任在学校教育工作中的作用不容忽视,班主任工作的重要性决定了班主任工作实习的必要性。既然教育实习是对学校教学和教育工作的全面实习,那么,班主任工作实习也就必然是整个教育实习中一项必不可少的内容。班主任工作的实习,对于实习生来说,意义重大。

1.有利于实习生巩固专业思想

专业思想的树立和巩固很大程度上取决于教师本人对教育工作的深刻认识。实习生的专业思想不能建立在空洞的说教上,而应该在教育的实践中加深其对教育事业和教师工作重要性的认识。在班主任工作实习过程中,实习生通过与学生接触,不断深入了解,久而久之他们间会形成一种稳固的情感关系,从而更加体会到当教师的快乐,以此巩固自己的专业思想。

2.培养实习生从事人民教育事业的职业道德

俄国教育家乌申斯基指出,在教育工作中,一切都应当以教育者的人格为基础,只有人格才能影响人格的发展和形成,只有性格才能形成性格。教师是学生的一面镜子。大教育家加里宁认为,对于教师来说,他的一举一动都处在最严格的监督之下,世界上任何人也没有受到这样严格的监督。班主任只有严格要求自己,随时把自己置身于"榜样"与"镜子"的位置,从自身做起,以自己的行动去影响、感化、带动学生。班主任和学生接触最多,对学生影响最大,对其道德水准的要求也就更高。进行班主任工作实习,可以培养实习生从事人民教师的职业道德。

3. 有利于提高实习生班级管理工作的基本能力

在实习过程中,实习生作为实习班主任具有教师和学生双重身份,他们既从实习学校原班主任角度体会班级工作的意图,从中学会组织班集体的方法,又可以从学生的角度去理解原班主任这样安排工作的目的,进一步衡量这些工作的成败得失,从中获得成功的经验。实习生亲自实践班主任工作的各项内容,开展各项集体活动,解决学生及其班集体在思想认识、学习态度、生活纪律、团结互助等方面的问题,能不断提高各方面的组织管理能力及自身工作的基本能力。

4. 有利于促进教学工作的实习

教育实习中的教学工作实习和班主任工作是互相促进,相辅相成的。实习生在进行教学工作实习时又进行班主任工作实习,就可以利用实习班主任之便,和学生有较多的接触,对学生有较多的了解。那么备课、讲课时就能从学生的实际出发,在课堂上多进行师生情感交流,建立和谐的师生关系,这将会大大提高教学质量,促进教学工作的成功。

总之,班主任工作的实习过程是实习生接触学生、了解学生和对学生进行教育的过程,也是实习生从年轻的大学生向成熟的教师逐步过渡、从被动的受教育者向主动的教育者逐步过渡的过程。经过这一过程的实践和磨练,即将走上工作岗位的大学毕业生对于如何当好班主任就有了心理准备,并且具备了初步的素养,积累了学生工作的经验。

二、班主任工作实习的内容

实习班主任工作必须了解班主任工作实习的内容。中小学班主任工作内容多,要求细。由于实习时间短,实习生有必要对班主任工作的基本内容进行一些初步的了解。

(一)制定工作计划的实习

为了更好地开展班级各项工作、提高工作质量,每个班主任都必须制定学期工作计划。实习生制定实习期间的班主任工作计划,既是实习的基本内容,也是使实习工作更具有计划性的重要环节。

1. 班主任工作实习计划的基本内容

一份完整的班主任工作实习计划应包括：引言、基本情况、主要任务、日常工作以及具体工作安排等几个组成部分。

（1）引言

引言部分是实习工作计划的简单概述，应包括实习学校、班级名称、原班主任和实习班主任姓名、实习时间、实习目的、同实习小组成员的分工等内容。

（2）基本情况

班级的基本情况包括：一是学生构成，包括总人数、男女生人数、年龄状况等；二是班级现状，包括班集体形成情况、存在的问题等。

（3）主要任务

班主任工作实习的主要任务是，针对班级的实际情况，实习生拟在哪些方面做工作，采取什么方式方法，达到什么目的等。实习生应围绕班主任工作的内容开展工作，如针对个别学生开展思想品德教育、召开主题班会等。

（4）日常工作

班主任的日常工作实习包括参加升国旗仪式、组织做好"三操"、组织晨检晨会、检查课前准备、督促课间休息、指导课外活动以及指导值日值勤等。

（5）具体工作安排

具体工作安排是综合"主要任务"和"日常工作"两项内容，逐周安排工作内容。具体工作安排中应包括周次、工作内容、主要措施、执行人或主持人。具体的形式可以是条款式或者列表式。

信息窗 5 - 1

班主任工作计划

实习班级：×××学校×××班

原班主任：×××老师

实习班主任：×××

一、工作重点

1. 召开"我的理想"主题班会，进行理想教育。

2. 抓好学风建设，着重抓好学习方法的掌握和学习习惯的形成。

二、具体工作安排

（一）日常工作

1. 抓好晨读、眼保健操、课间操、读报、自习课、清洁卫生等工作。

2. 记好班级日志，每天听取班干部汇报。

3. 掌握课堂情况，听取任课教师意见。

（二）教育工作

1. 做好后进生的转化工作，给他们关怀和鼓励，使其扬起前进的风帆。

2. 召开主题为"我的理想"班会。充分发挥学生的作用，让学生当主角，教师适时引导，从而进行理想教育。

3. 布置教室，出一期中学生谈学习方法的墙报。

4. 在原班主任带领下进行一次家访。

（三）实习班主任告别班会

×× 年 ×× 月 ×× 日

[**资料来源**]陈文涛,刘霄.教育实习的实践与创新[M].开封:河南大学出版社,2006:128 - 129.

2. 制定班主任工作实习计划的基本要求

①符合"计划"。制定的班主任工作计划要符合实习学校教育教学计划和原班主任的学期工作计划。②及时性。班主任工作实习计划是实习阶段班主任工作的蓝图，它指导班主任工作的全过程，一定要尽快拟定。一般要求实习生在进入实习学校后的一周内完成计划的拟定。班主任工作实习计划制定后要付诸实施，在实习中要及时修正，使之日趋完善。③可行性。计划是要付诸实施的，工作任务以及行动措施等都必须以实习班级和实习生的实际为出发点，做到切实可行。

3. 制定班主任工作实习计划的方法

（1）熟悉班级情况

实习生进入学校后应抓紧时间熟悉班级情况。具体的途径包括听实习学校关于班主任工作的报告、优秀班主任的经验介绍以及原班主任的情况介绍，阅读学生材料，参阅原班主任工作计划，进班了解第一手资料等。

（2）搜集信息,熟悉学生个体

为了尽快熟悉学生情况,实习生进校后要尽量多接触学生,深入观察学生在各种活动中的表现,并做记录。此外,也可以通过谈话的方式,比如与原班主任或者个别同学聊天来了解情况。

（二）班级日常管理工作的实习

班级日常管理工作包括负责日常学习活动、组织文化体育活动、组织社会实践活动等。班级日常管理工作的实习对于实习生快速地了解学生以及与学生建立良好的感情有着重要的意义。因此,班级日常管理工作的实习是班主任实习工作必不可少的内容之一。

1. 班级日常管理工作的具体内容

①思想政治教育方面,主要包括升国旗、团队活动、班会、读报、出黑板报等;②文化课学习方面,主要包括上课、早晚自习、第二课堂及一些与此有关的评比、竞赛等活动;③组织纪律方面,主要包括考勤、课堂教学和集体活动中的秩序与纪律等。④文艺体育活动方面,主要包括早操、课间操、眼保健操、课前唱歌、课外的文艺体育活动、组织晚会等。⑤劳动和卫生方面,主要包括保持教室、寝室内外的清洁卫生、大扫除及其他劳动。这些工作大多是每天都要做的,有的是定时例行要做的。班主任要全面考虑、统筹安排、妥善处理。

2. 班级日常管理工作实习的基本要求

（1）必须坚持"下班到堂"

实习生要利用一切机会下班指导,特别是应把握那些没有老师指导的课程（晨读、读报和某些自习课）和活动（升旗仪式、课间操、眼保健操、课后体育活动）的时机,绝不能一味埋头于备课和作业批改中。实习生如果能做到晨读、课间操、眼保健操、课后活动和晚自习"五到堂",甚至做到晨读、课间操、广播操、眼保健操、自习课、课后活动、打扫卫生、晚自习的"八到班",这对于实习工作是非常有好处的。这样做既可以检查学习、纪律、卫生等基本情况,搞好班级值勤工作,又可以不断熟悉情况,融洽师生感情,还可以把握学生思想脉搏,随时随地进行思想教育和学习辅导,解决一些具体问题。

（2）注意调动学生的积极性

班级管理的主体是学生,实习生要相信学生有管理自己的能力。工作中,实习生要引导学生自己教育自己,尽量让每位同学成为班级日常管理工作的"主角"。例如,考勤可让班干部来做,清洁卫生可让班干部和小组长轮流安排、检查,班级板报可由学生组成的板报组负责征稿、编排、誊写等。实习班主任是"导演",负责分工安排、业务指导和督促检查。有的实习生还巧妙地开设一些活动项目来教育学生和锻炼学生。如,在板报一角开辟《每日一句》专栏,由全班学生依次轮流主持选录、抄写名言警句。这样可以使全班学生扩大视野,积累知识,受到激励和陶冶;也可以使大家都来关心班级事务,培养集体主义精神;还可以促使全体学生认真读书和训练书写,提高阅读和书写能力。同时,实习生通过这样的日常事务性活动锻炼了自己的教育工作能力和组织领导才能。

（三）召开班会的实习

班会是班级全体成员的会议,是班主任向全体学生进行教育的重要途径,也是学生民主生活的一种重要形式。班会分为班级例会和主题班会两种形式。

1. 班级例会的组织

班级例会是比较固定的班级活动,主要有周会和晨会两种。周会一般列入学校的课程表,每周或间周一次,由班主任、班委或值周生主持。周会的内容是布置工作,总结一周、两周或一个月的情况,讨论班级活动计划,评估班集体建设的进展情况或者进行一些重要的主题教育活动等。晨会是每日都会举行的,一般持续15～20分钟。晨会的主要内容是安排当日活动、值日生讲评、简短的表扬或批评、通报重要信息等。

总之,不管是晨会还是周会,实习生在组织班级例会要注意三点:一是设计题目既要有意义还要有意思;二是讲话要简明生动;三是避免"一言堂",鼓励学生参与,师生互动。

下面是美国学者介绍美国中小学班会主题的构思思路,非常生动活泼,寓教于乐,有些可以延伸成"一节课主题班会",可供实习生参考。

信息窗 5-2

二十种类型的班会（部分省略）

1. 好消息会：谁有好消息让大家分享？

2. 圆桌征求建议：绕圈依次施行，每个人既可以完成这个"句子引子"，也可以选择跳过。每个人轮一次之后，教师可以用这些学生个人的回答作为先对讨论的起跳板。一些样板"句子引子"是：

　　* 关于这个班我喜欢的事情……

　　* 我想可以让我们班变得更好的事情……

　　* 我想我们应该做出一个决定……

　　* 我在想为什么……

　　* 我希望……

3. 赞扬时间：选出 1~2 名孩子，每次一名，教师让同学们说出他们对这个孩子喜欢或钦佩的地方。

4. 定目标会：讨论一个上午、一天、一个星期、一个学期、一学年的目标。

5. 定规章会：我们班需要什么纪律？去体育馆需要什么样的纪律？外出实地考察需要什么样的纪律？

6. 规章评价会：让学生们写出并讨论下列问题：学校规章是什么？我们为什么要它们？它们是好规章吗？如果你可以改动一条，将是哪一条？……我们教室的规章有需要改动以便更好发挥作用的吗？

7. 学生作品：1~2 名学生提供他们的一件作品，如课题规划或故事，其他同学就此发问并做欣赏性评论。

8. 教室改进会：怎么改进会让我们的教室更好一些？可能方案：改动教室的物理布局、新的合作方式、新的学习游戏、教室板报内容等。

9. 概念会：朋友是什么？如何交朋友？良知是什么？它对你有什么帮助？什么是谎话？有哪次撒谎曾是正确的吗？信用是什么？它为什么重要？勇气是什么？人们如何表现它？

　　……

[资料来源] [美]托马斯·里克纳. 美式课堂：品质教育学校方略[M]. 刘冰，董晓航，邓海平，译. 海口：海南出版社，2001：131-132.

2. 主题班会的组织

主题班会是以特定内容为主题、形式生动活泼的班级活动,是学生集体的一种自我教育活动,也是班主任培养班集体的重要途径。实习生在实习期间应着重学会如何组织好主题班会。那么,如何组织召开好主题班会呢?

先来看一个实例:某实习小组联系当前进行爱国主义宣传教育的形势,针对学生存在的学习目的不明确,学习劲头不足的情况,和原班主任一起,确定了"我为祖国发奋学习"为主题的班会。接着,实习小组动员全班学生积极参加主题班会,踊跃写稿,准备发言。然后,实习小组对所写发言稿进行了重点修改,并抽时间组织部分学生进行了试讲,对他们发言的语气、姿势做了示范。为了使班会形式生动活泼,还准备了大合唱、表演唱、小合唱、独唱、诗朗诵、相声、老师谈怎样学习等节目,并对班干部进行了专门训练。

班会由班干部主持。会上,有的学生介绍了为祖国学习的经验和体会,有的学生谈决心和打算。班会期间还穿插了实习生谈学习方法,以为国争光、振兴中华为内容的文艺表演等节目。会议开得热火朝天,兴致勃勃。最后,预定内容完成了,还剩下一点时间,实习生临机应变,讲了一个爱国学者勤奋学习的历史故事,并增加了"欢迎来宾来讲话"的内容。当《我爱中华》大合唱歌声一落,下课铃响,班会圆满结束。

从以上实例可以看出,组织主题班会应讲求方式方法并遵守相应的步骤。

(1)选择好主题

主题班会首先必须选择好主题。就像老师备课,要先确定教学目标一样,只是主题班会没有现成的教学参考书可以参考,需要在日常教育工作中去发掘。选择班会的主题要注意以下几个问题。

一是要有针对性。班会的主题要针对学生共同关心的社会现象,学校重大事件,班级普遍性、倾向性问题严重的偶发个案等,以引起学生注意、激发学生兴趣。如上述实例中主题的确定就是考虑到当时的社会形势。为使主题班会有针对性,务必进行调查研究,掌握班情,弄清楚学生近期关注的热点,了解学生的兴趣点,关注学生的动机、需要、情感等心理特征。

二是系统性。一学期或一学年班级要举行多少次主题班会? 主要内容都是什么? 作为实习生要向原班主任了解清楚,以便于在实习期间开展的班会与原班主任的计划不重复。如某初二班级上学期班会的内容有:意志教育、常规纪律教育、班级目标的议定、班风建设、学法探索、早恋问题等。这些内容是连续的,具有系统性的。作为实习生可以参考原班主任的主题班会计划。

三是抓住时机。要善于发现并把握有利的因素,使主题班会内容更切合学生心理。要真正发挥主题班会的教育作用,切忌把主题班会开成"检讨会""批评会"。如在考试前宜选择关于学法探讨的主题,考试后则宜选择关于常规纪律教育和挫折教育方面的主题。

下面列举了中小学经常使用到的班会主题,供实习生参考:

*一句话赞祖国	*理想在我心中闪光	*家乡新貌
*我们班级的好人好事	*我和爸爸比童年	*寻找错别字比赛
*成语接力赛	*我的学习方法	*温故知新话复习
*我为班级建设献上一计	*名人名言鼓舞着我	*美丑辩
*同窗情深	*一周时事知多少	*迈好青春第一步

(2)确定好内容

班会内容主要解决下面的几个问题。一是主题班会开展前需要做好准备工作,包括环境的布置、材料的准备、资料的搜集等。二是主题班会开展过程中要设计好活动,一个主题班会中的活动不能太单一。"我为祖国发奋学习"主题班会之所以达到很好的效果,很重要的原因是班会的活动形式丰富多样。在活动的设计中,如下的这些问题也是实习班主任要考虑的:每个活动要具体安排哪几个程序? 每个环节的时间如何把握? 每个程序安排什么内容? 每个内容采取什么形式? 哪些活动安排什么话题? 可能会出现什么问题? 教师应该怎样处理? 各个活动如何连接? ……

(3)注重好过程

主题一旦确定下来,实习生应与原班主任配合,充分发挥学生的主体性,让学生自主准备班会。学生准备主题班会的过程就是一个受教育的过程,而要达到预期的教育效果的关键是让学生积极参与。班主任在主题班会上的角色应该是指导者、策划者、组织者,是教练,而不是运动员,凡事不可越俎代庖。

一节成功的主题班会,应是师生之间就共同关心的话题进行频繁交流、双向互动的结晶。让每个学生参与主题班会的全过程,不仅满足了他们自我表现的需要,更主要的是营造了开放民主的环境,使他们通过师生之间思想交流、撞击,产生深刻体验和情感共鸣,从而很自然地把德育要求内化为自己的信念。因此,实习生在整个主题班会过程中要坚持民主与平等的原则,要给学生参与的实践与空间,要激励每一位学生投入到班会活动中。"我为祖国发奋学习"主题班会的准备过程中实习教师、原班主任、学生的角色就充分体现了这一点。

(4)设计好形式

主题班会应富有时代气息,符合学生思想道德教育规律,为学生乐于接受。所以,实习生应想办法设计出多种多样的班会形式,以保证班会收到更好的效果。比如围绕学生关心的、渴望解决的困惑的问题,可以采用学生自己调查、共同讨论调查结果的形式,也可以采用专题辩论的形式等。对于学生间经常出现的一些矛盾可以采用角色扮演的方式,通过在不同的环境下,扮演不同角色,增强他们的内在体验。总之,主题班会的形式有很多种,实习生可以根据主题内容和学生年龄特征等情况综合考虑而选择。

(5)巩固好结果

思想教育不是一朝一夕的事情,一次班会或活动不会解决所有问题。实习生应该审时度势地抓住这个教育契机,既要肯定全班同学的参与,鼓励表现突出的学生,又要指出日后努力的方向。这样,既巩固了主题班会的成果,又使其能真正成为促进学生成长进步的一种力量。

案例 5 - 4

做讲文明懂礼貌的好少年

活动目标:

1.明确文明礼貌的内容和意义。

2.培养学生文明的举止,优雅的谈吐。

活动内容及过程:

主持人1:敬爱的领导、老师,

主持人2:亲爱的同学们,

合:大家好!

主持人1:阳光明媚,鸟语花香。今天我们相聚于此,共同举办"做讲文明懂礼貌的好少年"主题班会。

主持人2:讲文明,懂礼貌是我们中华民族的传统美德,也是一个人应具备的基本文明素质。

主持人1：是啊。作为小学生，应该从小养成举止文明、谈吐优雅、品德高尚、讲究公德、遵守秩序的良好习惯。

主持人1：我想，对于文明礼貌每个人都有话想说，接下来我们就来听听大家的心声吧！

一、各小组代表发言，谈对这次班会的感想

第一小队队长上场。

第一小队队长：常言道，"良言一句三冬暖，恶语伤人六月寒"，我们觉得语言美能体现一个人的文明素质和修养。

第二小队队长上场。

第二小队队长：我们觉得举止美能给人们留下美好的印象，还能使自己的身体健康成长，请同学们在日常生活中一定要注意举止美。

第三小队队长上场。

第三小队队长：讲文明懂礼貌，做到心灵美，我们要从我做起、从身边的小事做起。

二、各小组表演

1. 歌曲《咱们从小讲礼貌》。

2. 形体表演（一同学示范，另一名同学解说："站如松，坐如钟，行如风。"）。

3. 情景剧表演。

4. 三句半《我们是环保小卫士》。

5. 欣赏拉丁舞。

6. 讲故事《无言的爱》。

7. 介绍班级真人真事。

(1)刘晓军从不随便扔废纸，看到地上有纸，就会主动捡起。

(2)张萌萌在公交车上给老奶奶让座。

(3)李琳娜总能使用礼貌用语：请、谢谢、对不起、没关系……

8. 演唱《我们是雷锋式的好少年》。

三、文明礼仪大讨论

讨论的题目是：要成为一位讲文明懂礼貌的小学生，我们应怎样去努力？

各小队代表汇报……

主持人：最后请欣赏小合唱。

老师总结:文明礼貌是中华民族的优良传统。在人们的交往中,注重礼貌,体现着一个人的道德修养,也是尊重别人的表现。

[**资料来源**]徐世贵,刘芳,王晓旭,等.新教师是这样炼成的——师范生教育实习与就业指导[M].重庆:重庆大学出版社.2010:166-168.

案例5-5

励志主题班会活动方案

班会主题:如何背着"壳"前行

活动目标:

1.正确认识自己所背负的压力,初步形成主动磨练自己的意识。

2.树立自强进取的信念和信心,培养勇于承受压力的能力和乐观积极的生活态度。

活动重难点:

让学生初步形成主动磨练自己的意识,培养勇于承受压力的能力。

主题阐释:

现代社会迅速发展,升学压力、家长期望、自我期望等各方面压力纷纷压到学生的心头,如何引导学生正确对待压力,并培养自强不息的意志力成为现代学校德育的一项重要内容。

活动准备:

根据儿歌《蜗牛与黄鹂鸟》的歌词内容改编为话剧,布置学生课前排练,并提前将班会主题告知学生,要求学生对"如何对待压力"先做一定思考。

活动过程:

一、班会导入

通过埃及的一个古老的传说导入:有一个故事说,能够到达金字塔顶端的只有两种动物,一种是雄鹰,它靠自己的天赋和翅膀飞上去,另外一种动物就是蜗牛。蜗牛到达金字塔顶,主观上是凭它永不停息的执着精神,客观上应归功于它厚重的壳。正是这看上去又笨又拙、有些负重的壳,让小蜗牛得以到达金字塔顶。在登顶过程中,蜗牛的壳和鹰的翅膀,起的是同样的作用。可是生活中,大多数人只羡慕鹰的翅膀,很少在意蜗牛的壳。就像我们羡慕别人能有某种天赋或特长而获得某些成就,却整天埋怨我们身上要背负太沉重的"壳"一样。

二、提出问题

那么,我们身上背负的"壳"到底是什么呢?学生讨论回答。教师稍作归纳。这"壳"能够搁下吗?（明确:人要生存就必然担负着许多责任和压力。）

三、故事讨论

我们要如何背负着"壳"前行呢?观看学生话剧《蜗牛与黄鹂鸟》的表演,并要求学生根据话剧中的一些启示去归纳出自己的答案。

教师在学生发言后,用幻灯片展现两个小故事,并要求学生在故事中得出启示。

故事一:

德国法兰克福的钳工汉斯·季默,从小便迷上了音乐,他的心中有一个始终不变的奋斗目标——当音乐大师,尽管买不起昂贵的钢琴,但他能用钢板制作的模拟黑白键盘,在练习贝多芬的《命运交响曲》时,竟把十指磨出了老茧。后来,他用作曲挣来的稿费买了架"老爷"钢琴,有了钢琴的他如虎添翼,最后成为好莱坞电影音乐的主场人员。他作曲时走火入魔,时常忘了与恋人的约会,惹得许多女孩"骂"他是"音乐白痴""神经病"。

他不论走路或乘地铁,总忘不了在本子上记下即兴的乐句,当作创作新曲的素材。有时他从梦中醒来,就打着手电筒写曲子。汉斯·季默在第67界奥斯卡颁奖大会上,以闻名于世的《狮子王》荣获最佳音乐奖。这天,是他的37岁生日。

看完故事后请同学们讨论,从故事中得到什么启示。

启示:要能背着"壳"前行,首先要有明确的目标。

故事二:

一天,某个农夫的一头驴子不小心掉进一口枯井里,农夫绞尽脑汁想办法救出驴子,但几个小时过去了,驴子还在井里痛苦地哀叫着。无奈之下,农夫决定把枯井填上。

当泥沙落到驴子背上时,驴子停止了哀叫,把背上的泥土抖掉,站到了上面。就这样它居然一步一步地走出了枯井。在生命的旅程中,有时候我们难免会陷入"枯井"里,会被各式各样的"泥沙"倾倒在身上,而想要从这些"枯井"脱困的秘诀就是:将"泥沙"抖落掉,然后站到上面去!那原本是埋葬驴子的泥沙,被它抖落到脚下,变成了走出困境的阶梯。

启示:要能背着"壳"前行,还要有主动在艰苦环境中锻炼自己的意识。

四、学生小结

除了以上故事所给启示,你认为背着"壳"前行的过程中还应该具备什么品质呢?你又是怎么做的?

五、教师结语

人生是一个背着"壳"前行的过程。不管壳有多重,希望同学们能够像蜗牛那样,化压力为动力,凭借自己的执著和自强,爬上自己心中的金字塔。

六、结束语

播放周杰伦的《蜗牛》,带领全班同学合唱。

[资料来源]罗新兵,刘阳.学科教育实习指南·数学[M].西安:陕西师范大学出版总社有限公司,2012:84-89.

(四)进行个别教育的实习

每个班级都是由几十个各具特点的学生组成的,要带好一个班级,必须针对不同学生的个性特征进行教育。个别教育就是针对个别学生的特点和问题进行的教育。进行个别教育是学生全面发展的需要,也是班主任工作的重要内容,同时也是实习生实习工作的重要内容。对学生进行个别教育对于锻炼实习生的工作能力,提高实习质量有着积极的作用。

实习生应该运用教育理论分析学生的学习、思想、个性等方面的现实表现,针对不同类型学生的特点进行因材施教。具体的工作包括以下几个方面。

1.做好后进生的转化工作

后进生是指班级中思想品德不良,或不能遵守纪律,或学习成绩差的学生。后进生的转化工作是班主任工作中"最难啃的硬骨头",也是所有班主任必须要面对与攻克的难题。实习生要做好后进生的转化工作,应该注意以下几点:

(1)发现优点,欣赏学生

发现并真诚地欣赏学生的优点是班主任与学生建立良好关系的重要法则,实习生也要秉承这一法则。

案例 5-6

找优点

魏书生当班主任时,要求将年级中表现最差的学生都集中到自己的班上来。首先他让这些学生找自己的优点,然后向他汇报。这些学生长期生活在批评声中,能说出自己一大堆缺点,但要寻求优点,反而使他们手足无措了。几天过去了,大多数学生都找到了优点,只有小张始终找不到,魏老师批评他说:"人怎么可能没有优点呢?再找不到就要罚你写一篇说明文!"魏老师为学生找不到优点批评学生,那学生心理会记恨他吗?肯定不会,他一定是充满了感激。

又过了一天,魏老师问小张:"你找到了优点没有?"他十分难为情地说:"找到了一点点。""一点点也是优点,具体说说?"小张羞涩、腼腆地说:"我心眼好!"魏老师接着肯定地说:"心眼好是个大优点,怎么会是一点点呢?心眼好,爱帮助人,到哪里都会受到别人的欢迎。"这个过去跟老师打架的小张,从此积极为班级做好事。

每个人都带着优点来到这个世界上。魏书生说:"你把周围的人看成天使,你就生活在天堂里;你把周围的人看成魔鬼,你就生活在地狱中。"我们都希望生活在天堂里,那么试着去寻找他们的优点,并由衷地欣赏他们,那你就可以生活在天堂中了!

[资料来源]http://www.oh100.com/a/201208/135164.html.

(2)针对学生特点,找准突破口

由于实习时间有限,实习生要集中做好具有代表性的后进生的教育转化工作。实习生要具体到个人,找出他们身上最突出的、对本人进步和对班集体建设影响最大的毛病,以此为突破口,分析原因,从克服关键性的缺点入手,逐步改进后进生。例如,有这样一个学生,他的成绩落后,表现不好并且缺点很多。实习生认真分析了该生的情况,认为他的最大毛病是自由散漫,上课时爱听就听、想走就走,甚至整天逃学,在外闲逛。长此以往,他感觉到学习越来越难,也就破罐子破摔,变得越来越差。实习生决定从抓组织纪律入手,多次找他谈心,启发他的觉悟。在交谈中,实习生发现他的理想是当一名军人。实习生便抓住这个思想上的闪光点来教育他:要当一名合格的军人,最基本的就是要严守纪律;并督促他坚持每天按时到校、保证不旷课。同时,在学习上给以具体辅导。他稍有进步,实习生就在全班公开表扬他。这位学生渐渐转变,组织纪律加强了,学习成绩也有所提高。

这位实习生根据学生的实际情况,从抓组织纪律入手,督促他每天按时到校、不旷课,把理想教育、学习辅导和表扬鼓励有机结合,数管齐下对他进行个别教育。因此能收到非常好的教育效果。

(3)讲究方法,对症下药

面对后进生,实习生要多花时间,多想办法,找出问题的症结所在,然后对症下药。下面的一则例子,可以给实习生一些启发。

有一个留级生,性格孤僻,从不和别人多讲话,课间操和课外活动等集体活动也经常不参加,作业马虎并且从未按时完成过,考试成绩为全班倒数第一,六门主科全不及格。原班主任说他是"朽木不可雕"。实习生找他谈话,他要么是设法逃避,要么是沉默寡言。实习生不畏艰难,进行了大量耐心细致的工作,逐步了解到,该生因为留级思想包袱重,不敢见老同学,所以总是设法逃避集体活动;又因为父亲长时间住院,他白天要送饭,晚上要陪伴,上课就打不起精神,成绩也就越来越差。每次谈话,实习生总是耐心教导,用古今中外名人的事迹鼓舞他积极上进。实习生还抽空专程去医院看望了他父亲。精诚所至,金石为开。这位"后进生"被实习生的行为感动得流下了热泪。他决心振作精神,好好学习。他的作业由欠交变成了"良"和"优";语文考试得了 76 分,是上初中以来的最高分。实习结束时,原班主任对实习生深有感触地说:"真没想到,在你们的精雕细刻下,'朽木'也能雕出艺术品来。"

2. 做好中等生的教育工作

中等生,是指在班级中思想品德、学习成绩及其他方面处于中等水平的学生。对中等生的教育,班主任要注意引导他们力求上进,向优秀生学习,帮助他们认识到自己的长处,给他们恰当的推动力,促使他们奋力向前。总之,实习生不要因为他们好管理,就放松或忽略对他们的教育工作。

3. 做好优秀生的教育工作

对于那些思想品德好、学习成绩及其他各方面均比较好的优秀生的教育,实习生要做到客观评价,严格要求。首先,实习生要看到优秀生的良好表现,肯定他们的成绩,同时也要发现他们的缺点和不足,对于他们在学习和思想上的不足和不良倾向,不能迁就,应及时教育引导。其次,实习生也要防止他们出现自满情绪。优秀生优越感强,容易产生骄傲自满情绪,因此实习生要教育他们在成绩面前看到不足,引导他们正确评价自己和他人。再次,要消除嫉妒,营造公平竞争的氛围。优秀生有较强的超群愿望,一旦有人超过自己就会产生嫉妒心理。实习生要引导学生正确理解自己与他人的差距,并尽力缩小这种差距。同时,实习生也要尽力营造一种团结互助、你争我赶的良性竞争环境,让学生在公平的前提下进行竞争。最后,要发挥优秀生的优势,做好榜样。优秀生有很多优点,实习生要利用这些优点,发挥他们在集体中的榜样作用,让全班同学都取得进步。

(五)开展教育合力的实习

所谓教育合力,是指学校、家庭、社会(社区)等各方教育力量有机地联系与相互促进所形成的能够影响学生成长的教育力量。教育合力的形成对学生的身心健康成长具有重要的作用,在教育合力的形成过程中,班主任起着至关重要的作用。

在校内,班主任承担着把各科教师、学校各级教育组织联系起来的桥梁作用;在校外,班主任代表学校起着沟通学校与家庭、社会的桥梁作用。总之,在教育合力的形成过程中,班主任是协调者,发挥着重要的作用。

在教育合力的形成过程中,班主任工作的主要内容包括建设班级教师集体、协调沟通任课教师与学生的关系、开展家访工作、开家长会、与社区联系等。实习生在班主任工作实习过程中,一般不会面临建设班级教师集体、独自与学生家庭、社区联系或开展相关活动。实习生主要是通过观摩和协助原班主任开展这方面的工作。实习生在观摩、协助原班主任与家庭、社区联系或开展相关活动时,注意不能自作主张,应及时做好记录和总结工作。

如果原班主任同意实习生开展与家庭、社区联系或相关活动时,应该注意以下几点。

①明确原班主任安排的工作任务,严格按照班主任教师的要求执行,有问题及时沟通、请教。②联系前,要做好充分准备。根据工作目的和联系对象拟定或考虑好谈话的内容和方式。③与家长或社区人员沟通时,应真诚坦率,礼貌待人,陈述简洁明了。④家访时,要抱着对学生家长尊重和对学生关心和爱护的态度和家长交谈,不可言辞过激,反映问题要适可而止。⑤工作结束后,应及时整理好工作记录,便于及时总结经验,不断提高工作水平。

（六）处理偶发事件的实习

实习过程中，会遇到一些偶发事件。常见的偶发事件有同学间的争吵与斗殴、钱物失窃、损坏公物等。一般来说，偶发事件常发生在课间休息、运动场上或就餐就寝的时候。这些时候实习生要勤到班、勤提醒，要尽量地防止偶发事件的发生。

正确处理好偶发事件，对于维护纪律、树立正确的班级舆论非常重要。对于实习班主任而言，处理偶发事件要注意以下几点。

①视情况而做决定。要根据性质的严重程度，决定是否通知原班主任。凡涉及伤人、严重损害公共财物、学生未归或出走等性质严重的事件要及时通知原班主任或学校有关领导。

②沉着冷静，因势利导。实习生在面对偶发事件时，要处变不惊，冷静思考，不要不问青红皂白，就训斥、辱骂或体罚学生。实习生可以暂时搁置问题，在冷静分析之后，因势利导，利用教育智慧把学生引向正确方向。

③调查研究，弄清真相。实习生遇到偶发事件时，切忌偏听偏信，要从多方面进行调查，弄清事实真相并做出正确处理。事后不能不闻不问，这样会导致两种后果：一种是学生虽然没事了，但对老师失去了信赖；另一种是潜在的问题发生恶化，特别是学生之间的纠纷可能会演变成性质更为严重的冲突。

④正向引导，重在教育。实习生在弄清楚事情真相后，要注意正向引导，启发学生真正认识错误。批评和处分只能作为教育学生的辅助手段，如果实习生企图借机整人、惩罚和压制学生，会不利于解决问题，也无助于教育学生。

下面的一则案例是一位班主任针对偶发事件的处理过程，供实习生参考。

案例 5 - 7

"纸条"风波

中午，我正在办公室伏案忙着做自己的事情。突然，中队长丽丽气喘吁吁地跑过来说："张老师，教室里乱成一锅粥了。""咦！刚才不是还在安安静静地写作业吗？""就是因为一张纸条，上课时小轩传给了依依一张纸条被小辉抢去了，其他同学都想抢纸条去看。""什么纸条，有这么大的魅力啊？"我打趣道。丽丽涨红了脸说："您还是去看看吧。"

　　来到教室，调皮鬼小辉早以胜利者的姿态站在讲台上，小轩还在与他拉扯，教室里哄笑一片。我的出现让喧闹的教室顿时变得安静起来，讲台上的两个孩子惊恐地望着我。小辉为了逃脱责罚，马上供出："小轩传纸条给依依说他喜欢她。""晴天霹雳"打破了教室本来还保持的沉静，下面的学生也都不怀好意地笑了起来，有的同学还在私下里嘀咕着什么。我也被小辉突如其来的"小报告"弄了个措手不及，不由得把目光投向了依依，只见她把头压得更低了，一言不发地继续写着作业。如何处理？我犯难了。

　　为了给自己留一点思考的时间，我示意小辉把纸条拿过来。"必须对学生进行正面引导！"有了这个想法后，我让学生放下笔，提议就这一话题开一个讨论会。听了我的提议，同学们的热情迅速升温。为了使讨论从一开始就不偏离轨道，我先做了简短的发言：

　　"同学们，从你们进入校园的那一天起，我们就朝夕相处，一晃已近六个年头了。六年来，你们点点滴滴的进步，老师都看在眼里，并暗自为你们高兴，老师也越来越喜欢你们了。凭我的直觉，有很多同学也非常喜欢老师是吗？今天老师想听你们说一说为什么喜欢我。"

　　同学们的话匣子打开了：有的说老师长得漂亮，还很有气质；有的说……听了同学们的一番夸奖后，我立即把话题抛给学生："老师真是太感动了，没想到老师在你们心目中是这样完美，相信小轩同学喜欢依依同学也有他的理由，下面我们就请他说一说。"

　　由于我的铺垫，小轩的不好意思没有了，大大方方地讲起了依依的优点。为了扩大教育成果，我又结合小轩的发言对依依的优点进行了进一步的总结："依依同学，不但长得漂亮，而且做事认真，课上总能看到她专注的神态，听到她响亮的声音，作业本上漂亮的字体更让同学们羡慕不已。我觉得班中喜欢依依的同学不止小轩一个，喜欢的同学请举一下手。"班里几乎所有的同学都把手举了起来。我又接着说："小轩同学能把自己的真实想法勇敢地表达出来，如果再拿出自己的行动向依依学习，我相信通过他的努力，一定会成为一个像依依那样出色的学生。"

　　这一番讨论不但教育了全体同学，而且使小轩挽回了面子，我发现他的表情不再是开始时的尴尬，而是渐渐地恢复了常态，找回了原有的自信。

　　我们不能因为他们小小年纪就有这种想法而进行简单粗暴的批评，应该给予真诚的理解,并设法让他们化尴尬为动力,在正确的评价中寻找积极向上的力量。

　　[**资料来源**]王道俊,郭文安.教育学[M].北京:人民教育出版社,2009:847－848.

三、班主任工作实习的步骤与方法

　　周密的步骤和正确的方法是圆满完成班主任工作实习任务的重要保证。

(一)班主任工作实习的步骤

　　实习班主任工作的全过程一般包括四个步骤(了解情况、制定计划、全面工作、总结经验)和三个阶段(见习阶段、实习阶段和总结阶段),四个步骤又分属三个阶段。

1. 见习阶段

　　实习生进入实习学校到正式任实习教师前的一段时间,一般维持一周,称之为见习阶段。该阶段实习生的任务是了解情况,主要是熟悉班上每位同学、了解班情,能在一周内能叫出每位同学的名字。此外,实习生也要熟悉原班主任工作计划,并在此基础上迅速拟定班主任工作实习计划。

2. 实习阶段

　　班主任工作实习通常与教学工作实习同步进行。在进行教学工作实习的同时担任班主任,该阶段班主任实习工作的任务就是执行已拟定的实习计划。这一阶段,实习生要注意尽可能按计划进行,并写好实习日记和周末小结,以便对工作进行检查和总结。

3. 总结阶段

　　班主任实习后的总结是对实习工作的回顾和再认识,要结合整个教育实习工作进行。具体的总结包括对班主任工作实习情况的回顾,肯定成绩的同时也要指出不足,并从理论上加以升华。总结的时间一般选择在实习结束前的两三天,总结的同时把班主任工作移交原班主任,并和实习班师生告别。

（二）班主任工作实习的方法

进行班主任工作实习的前提是了解和研究学生。因此,实习生也要懂得了解和研究学生的方法,以便于更好地开展班主任工作。了解和研究学生的方法有很多种,经常用到的方法有以下三种。

1. 观察法

观察学生是了解学生的基本方法。在见习期间,实习生要深入到学生的学习、劳动、团队活动、课外活动以及课余生活中去,这样才能全面而真实地观察学生的各种表现。比如,通过观察学生上课情况,可以了解学生学习的情绪、自觉性和积极性;通过回答问题和批改作业情况,了解学生掌握知识的程度和能力,从中分析学生的注意力、思维力、表达力以及学习情况等。观察要细心,注意突然的甚至细微的变化。比如:一个守规矩的学生为何迟到? 某位学生怎么心神不定? 某位活泼的学生为何突然沉默? 要抓住这些细微变化来分析学生的内心世界。观察要有目的性和计划性,对于重点对象要进行反复、长期观察,不能仅凭一次观察就给学生下结论,观察后要及时把观察到的现象记录下来,并认真分析。

2. 谈话法

和学生谈话是班主任日常工作中的重点,也是班主任了解和教育学生最常用的一种方法。实习生要学会谈话法的运用。

谈话法分两种:一种是个别谈话法,另一种是集体谈话法。个别谈话法适用于对个别学生情况的了解以及思想教育。进行个别谈话时,实习生的态度要亲切诚恳,认真听学生把话说完,不要流露厌烦急躁情绪;要边听边思考,不要轻易下结论;要注意循循善诱,启发学生说出真实情况或真实思想。

集体谈话法一般用于班级例会的情况小结、日常事务的布置安排,主题班会的中心发言等。进行集体谈话前最好事先草拟一个条理清晰、言简意赅的提纲。

3. 调查法

为了深入了解班级和学生的基本情况,常常需要运用调查法。调查的对象主要是学生,必要时也可以包括家长、任课教师、原班主任等。调查的内容包括学生的思想品质、学业成绩、身体状况、兴趣爱好、性格特征、成长经历以及家庭情况等。对班集体情况的调查包括班集体建设情况,各类学生的特点和比例,学生骨干队伍状况,班风、学风以及班级面貌的主要特点、现存不良倾向等。

调查的方式很多,常用的有三种。一是访问,包括个别交谈,单独介绍,开调查会、座谈会,进行家访。二是查阅材料,主要通过查阅书面材料,书面资料具体又分三种:①学生档案资料,如成长记录册、学籍卡、历年的成绩和操行、体格检查表、有关奖惩的记载等;②班级记录资料,如班级日志、班会和团支部会议记录等;③学生个人写的资料,如作文、日记和作业等。三是问卷调查,可以设计一些问题,印发给学生填写,进一步分析研究学生情况。

上述几种,只是实习生工作的基本方法。工作方式方法多种多样,关键在于创造性运用。只有开动脑筋,大胆实践,充分运用各种方式方法去了解、教育学生,那么,实习生就当得活,当得好,教育工作的实际能力就会得到较大的历练和提高。

问题思考与讨论

1. 班主任工作实习的主要内容是什么?

2. 班主任工作实习过程中,可以用哪些方法来了解班级和学生?

3. 2010 年某市 13 岁女生张悦因为不符合学校短发的要求,三次被赶出校门后服毒自杀。你怎么看待这起因"剪头发"而引发的悲剧?

4. 徐扬是班里唯一的留级生,他在班里不守纪律,作业拖拉,每门功课的成绩都是倒数,他的任课教师都拿他没办法。班主任每次找他谈话,他都说:"我是坏学生,我就这样……"这让他的班主任很头疼,也很无奈。如果你是实习班主任,遇到这样的学生,你会怎么做?

5. 电视剧《亮剑》里有一段话:"任何一支部队都有自己的传统。传统是什么?传统是一种性格,是一种气质。这种传统和性格是由这支部队组建时首任军事首长的性格和气质决定的,他给这支部队注入了灵魂,从此不管岁月流逝、人员更迭,这支部队灵魂永在。同志们,这是什么?这就是我们的军魂。"这段话让我们联想到学校中的班主任。为什么学生在组成班级后,经过班主任的管理工作以后会形成不同风格的班集体呢?

6. 班里总有少数几个孩子,因为这样或那样、主观或客观的原因,成为前进队伍中的停滞者或后退者,成为班级教育乐曲中不和谐的音符。作为实习班主任,不可避免会遇到这样的学生,面对这样的孩子,应该怎么办?

7.教育智慧据说有12个不可不看的人生经典感悟。第12个人生经典感悟是"钥匙"。一把坚实的大锁挂在大门上,一根铁杆费了九牛二虎之力,还是无法将它撬开。钥匙来了,他瘦小的身子钻进锁孔,只轻轻一转,大锁就"啪"地一声打开了。铁杆奇怪地问:"为什么我费了那么大力气也打不开,而你却轻而易举地就把它打开了呢?"钥匙说:"因为我最了解他的心。"这个人生经典感悟能给班主任工作以什么启示呢?

8.在五年级的一次主题班会上,班主任讲了《蝈蝈与蚂蚁》的故事:蝈蝈玩了一整个夏天,蚂蚁却始终在搬动粮食。冬天到了,蚂蚁有了过冬的食物,蝈蝈却饿肚子。无奈之下蝈蝈向蚂蚁求助,蚂蚁说不劳动者不得食,说它们的粮食只够自己过冬。于是蝈蝈饿死了。老师要同学们学蚂蚁的勤奋负责,不学蝈蝈的贪玩懒惰。这时有一个同学说:"我不学蚂蚁,蚂蚁不分食物给蝈蝈,不会帮助别人。"另一个同学说:"我要学蝈蝈,蝈蝈死了好,死了不用读书。"课堂顿时热闹起来。班主任一时不知如何引导。如果你是实习班主任,你该如何处理这个突发的问题?

9.请以"中国梦"为主题,设计一节主题班会方案。要求:题目自拟;写出实施方案的年级;设计的方案要反映出设计目的、准备、实施过程等,其他不限;字数不超过2 500个。

10.一天下午,六年级的小丽回家晚了,一进门就与妈妈发生了冲突。"到哪里去了? 这么晚才回来!"小丽回答道:"到同学家做作业了。""做了什么作业,拿出来给我看!"小丽没好气地说:"给你看? 你又看不懂,吵什么!"这时小丽接到表姐的电话聊了起来。妈妈说:"话还没交待清楚,接什么电话!"小丽摔下电话,说要与表姐去看演出,妈妈不许:"放学不回家,作业不完成,看什么表演!"小丽这时大叫道:"我在家什么自由都没有,我不想待下去了!"说完离家出走了。作为实习班主任,得知此事后你会如何帮助小丽与她妈妈?

📖 阅读指南

1.齐学红,黄正平.班主任专业基本功[M].南京:南京师范大学出版社,2013.

2.王震刚.如何做一名出色的中学班主任[M].长春:东北师范大学出版社,2010.

3. 王春晓. 今天怎样做班主任——点评 100 个典型案例[M]. 北京:教育科学出版社,2010.

4. 刘守旗. 班主任教育艺术[M]. 北京:教育科学出版社,2007.

5. 李方,张红. 班主任工作的 30 个典型案例(中学篇)[M]. 上海:华东师范大学出版社,2010.

6. 王宝祥. 班主任必读——全国著名班主任论工作艺术[M]. 北京:教育科学出版社,2010.

网络导航

1. 新思考博客	http://blog.cersp.com/
2. 中国教师研修网	http://www.teacherclub.com.cn/
3. 班主任工作网	http://www.banzhuren.cn/

第六章　教学研究实习

 学习目标

　　了解教学研究的含义及开展教学研究的意义,掌握教学研究的具体过程及方法,学会运用备课、听课、教学反思等途径开展教学研究。

一、教学研究概述

　　研究指的是一种自觉的探究活动和过程。教学研究就是指教师自觉地运用一定的方法和手段对日常教学活动进行自觉地探究的活动。实习生对实习学校教师的观察研究以及对自己教学进行的反思性研究是提高其实习效果、促进专业发展的重要手段。在教育实习中,实习生应该学会开展教学研究,并学会以一定的方式将自己的研究成果呈现出来。

(一)教学研究的概念

　　教学研究是教育研究的下位概念。20世纪80年代以来,伴随着社会发展对教育教学要求的提高,对教师专业化的探讨达到了空前高度,"教师即研究者"也成为教育界乃至全社会普遍认同的理念和努力追求的目标。教师作为有自己特定思想和认识能力、思考能力的人,应该结束长期被动的"教书匠"形象,代之以积极的主动的"教育家"形象。在这样的背景下,教师开展教育教学研究不仅成为社会要求,也逐渐成为一种群体自觉。

> **信息窗 6 - 1**
>
> ### 教师研究者的内涵
>
> 　　教师研究者指的是从学前到高校的各个层次的学校中,具有良好科研心态,具有一定的科研知识与方法,对自己的教学实践进行个人或合作探究的,具有研究者身份认同的一线教师。教师研究者,蕴含着教师角色的一种更新。教师成为研究者,意味着教师不再是单一教书匠、课程的传递者、知识的消费者,而转变为教学教育研究者、知识的生产者。一线教师成为教师研究者,是教师身份的一种转变,是教师地位的提升,是教师专业发展最重要的一部分。
>
> 　　[**资料来源**]金琳."教师研究者"的历史回溯与概念重构[J].社会科学论坛,2016(3):241.

　　虽然教师作为研究的主体,但教师进行教学研究的主阵地应该是课堂教学,虽然教师在广泛的教育活动中也可以开展研究,课堂却是教师工作的主阵地,所以教师的教育研究更多的是在现场进行的。现场既是教师的工作场所,也是教师研究的场所。因此,教学研究是教师对日常教学生活的一种自觉的多样化的探究活动和过程。它突出强调教师的主动参与和全身心体验,强调对教学活动的意义、价值、运作方式等不断地解读、选择和创造。

　　对教学研究的探讨,既可以从目的论层面,凭借缜密的哲学思维,对教学的目的进行价值探讨;又可以从工具论或方法论层面,凭借心理学、社会学、管理学等学科的知识,对教学的手段、方式、方法进行科学的探讨。

　　宏观层面的教学研究关注教育目的、教育价值、教育目标、最新的教育理念等。微观层面关注教学的方技巧和手段的运用。教学作为师生互动的过程,掌握一定的方法和技巧是必不可少的,教学研究正是要在微观而具体的教师日常教学活动中看教学设计、师生互动、不同层次教学对象的课堂状况、课堂突发事件等。

（二）开展教学研究的意义[①]

教师作为研究者,能够进入到研究状态,以研究者的态度对待教学工作,其意义重大,具体来说包括以下几个方面:

其一,教学研究有利于解决教学实际问题,提高教学质量。教学质量是教师工作的核心,是教育事业的生命线。教育本身的复杂性和创造性,使得教师必须基于他对教学实践的判断和深思作出决定,对自己的教学行为进行审慎的、理智的安排,通过研究增进教师对有效教学的认识,扩展对教学新思想新方法的应用。

其二,教学研究可以使课程、教学和教师真正融为一体。新的课程与教学观念认为,课程不是一套事先规范教师规章制度执行的规定或计划,也不是一套教材或教材包含的纲要和内容,而是一种特定形式的教学实际说明;教学也不是转化课程内容以促进学生学习的过程,而是师生共同建构知识的过程,教师只有通过研究教学,才能真正实施课程。

其三,教学研究可以促进教师专业成长与发展,不断提升教师的自我更新能力和可持续发展能力,增强教师职业的价值感和尊严感。如果你想让教师劳动能给教师一些乐趣,使天天上课不致变成一种单调乏味的义务,那么你就引导每一位教师走上从事一些研究这条幸福的道路上来。

（三）实习生进行教学研究的意义

1.验证学过的教育教学理论

实习生作为准教师进行教学研究,其目的和有若干年教龄的教师做研究不尽相同。老教师进行教学研究的目的是为了解决教学中遇到的问题和困惑,实习生除了有此目的之外,更主要的目的是要验证学过的教育理论。老教师进行教学研究是为了创新,繁荣学术成果,促进专业成长,而实习生进行教学研究的目的在于进行教学改革实践,验证教学理论。因此,实习生的教学研究应该弱化研究的创新功能,强化实践和理论之间的结合,打开从理论走上实践的通道,让自己知晓理论不仅可以指导实践,更重要的是实践可以验证理论,批判理论,以建立正确的教

①李瑾瑜.论教师的教育研究[J].沈阳教育学院学报,2002,4(3):2-3.

学理论知识结构。

2. 尽快走上教学和研究相结合的道路

长久以来，人们似乎习惯了这样一种观念：研究是专家、专业研究人员的事，他们的研究成果向教师推广，然后再由教师接受和实施。这便是"RDDA"模式，即研究(Research)，开发(Development)，传播(Diffusion)，应用(Adoption)。但是，在当前的普遍现象是，作为传统的专业研究者，他们的研究正在回归到教育教学的实践中，旨在为实践服务，而教育教学研究这种曾一度被专业研究者垄断的活动正在回归到中小学教师中。正是这两个回归，一方面使理论工作者和实践工作者之间结成了联盟，另一个方面也使广大中小学教师成了教学活动的实践者和研究者。教师作为研究着，不仅是必要的，而且是可行的。对实习生来说，从一开始走上讲台就不断对自己进行提问，不断反思教学，有助于他们尽快走上教学和研究相结合的道路，将教学研究这一习惯带入今后的工作岗位中。

3. 提升教育教学水平，加快实习生的成长

进行教学研究还有助于缩短教师的成熟期。我们来看一则案例。

案例 6 - 1

蒋老师做了将近 40 年的教学工作，可直到退休的时候仍然讲不好课，他的课一直都没有很大的改变，是学校出了名的不受学生欢迎的教师。然而，只有 9 年教龄的小章老师的情形却大不相同：章老师刚参加工作的时候，她也不为学生所欢迎，学生经常在她上课的时候捣蛋，甚至有一次上课时被学生拒之门外。这件事情对她刺激很大，但庆幸的是她能从这件事中走出来，进而对自己的教学进行反思，并从此走上了研究之路。她开始听专家的课，同行的课，对他们的课进行研究，也邀请专家听自己的课，阶段教学结束后还征询学生的意见。这样坚持做了 5 年之后，小章老师的课有了明显改进，工作只有 9 年的她现在成了学校的教学骨干，也是全校师生一致认可的优秀教师之一。

[资料来源] http://www.docin.com/p - 1508503939.html.

比较这两位教师的成长历程，可以看出，做研究可以使教师发现问题，正视问题，研究问题从而解决问题。这样做有利于教师进步，从而可以大大缩短教师的成熟期。由此，实习生刚刚走上讲台，一定不能得过且过，要带着研究的眼光看待

老教师们的教学,多请教,多研究,同时对自己的教学进行即时反思。这样实习生就能以更加成熟的专业素养走上今后的工作岗位。

二、教学研究的过程与方法

实习生进行教学研究与一般的科学研究无异,简单来说就是一个不断提出问题和解决问题的过程。提出问题是研究的开端,解决问题是研究的终端;老的问题解决了,新的问题又会冒出来,研究就是这样不断地循环推进的过程。具体来说,教学研究由五个关联的主要步骤构成:选择课题,提出假设;设计研究方案;收集资料;整理与分析资料;作出结论,撰写报告。以上步骤的每个阶段都有各自特定的具体活动和要求。实习生应该熟悉教学研究的过程,学会做研究。这五个步骤构成一个相互联系的循环,如下图所示①。

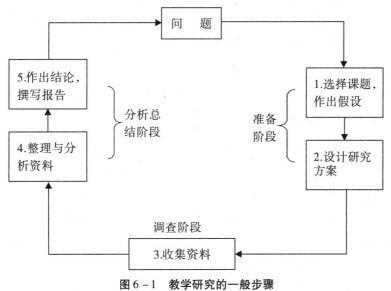

图6-1　教学研究的一般步骤

①陶保平,黄河清.教育调查[M].上海:华东师范大学出版社,2005:38.

（一）选择课题，做出假设

课题选择实际上就是提出问题的过程。任何研究都是从研究问题开始的。爱因斯坦曾说过，提出一个问题往往比解决一个问题更重要，因为解决一个问题也许仅仅是一个数学上或者实验上的技能而已。而提出新的问题、新的可能性、从新的角度去看旧的问题，都需要创造性的想象力，而且标志着科学的真正进步。因此，对实习生来说，首先要有问题意识，要从纷繁复杂的教学活动中敏锐地捕捉问题，作为自己研究的起点。

1. 研究课题的来源

一般而言，研究课题分为理论性课题与实践性课题，由于实习生教学研究刚刚起步，建议多从实践中找寻研究问题，具体来说，从实践中来源的教学研究问题有如下几种：

（1）将教学实践中迫切需要解决的问题作为研究问题

实习生经过学校的理论教育和长时间的观察学习，终于要走上讲台。初登讲坛的实习生在备课和授课过程中势必会遇到很多问题，比如如何设计教学，如何进行有效提问等。可以将这些问题作为一个课题进行研究。每个实习生遇到的问题都不会相同，可以选择自己在教学过程中遇到的最为困惑的、个人认为最有价值的或者个人最感兴趣的问题入手。

实习生初登讲台，会遇到不会调控课堂、无法展开教学等问题，这些需要经验的积累。但与此同时，研究问题是否也催生出来：如何开展师生互动？师生互动的实质是什么？这些问题都可以作为研究问题。弄清楚这些问题，也许我们的准教师们就会比较理性地看待学生，情绪就会很好地控制，就能够游刃有余地解决这些问题了。

（2）抓住思想的火花形成研究问题

由于是初生牛犊，实习生在教学过程中有很多尝试，这种尝试劲头具有老教师所无法比拟的创造性。因此，实习生应该及时抓住思想的火花，并做深度思考，如此可能形成一些比较有价值的研究问题。如有些实习生迟迟无法确定研究问题，因为突然发生了一个教学事件，却急中生智地解决了该问题，这时的教学机智就可能成为一个非常好的研究起点。教学实践就是这样复杂多样，有时是无法预料的。

（3）从各种交流信息中挖掘课题

在实习过程中，实习生经常会与实习指导教师、同学等进行交流甚至辩论，这些谈论的问题要么是大家的共同问题，要么是有争议的问题。如果实习生能留意将它们记录下来并思考，就有可能形成教学研究的新课题。如有的指导教师让实习生在不同班级上同一内容，这样就有可能是"同课异构""一课多构"。大家在交流讨论的过程中会产生很多教学思想的碰撞，这种碰撞非常难能可贵，潜藏着很多值得研究的问题。实习生应该做个有心人。

（4）从成功的教育教学经验中发掘课题

在实习过程，听课本身也是教学实习的一个重要组成部分，尤其是听优秀教师上课，会让实习生受益匪浅，进步很快。老教师们在教学实践中积累了丰富、宝贵的教育经验。如果实习生能够发现他人身上可以借鉴的经验和长处，实习生不但可以自我提高，而且如果实习生能够将这些成功的经验作为课题研究，那么受益的就是更广大的教师群体了。这样也使这些研究结论具有了推广的可能性。

（5）从对教学实践活动的观察中发现课题

实习生在观察教学实践活动后，若以学术的敏感来进行理论的思考，就不难发现一些很有研究价值的问题。如老教师和新教师师生互动状况比较，当代中小学学科作业布置情况、家校合作状况等，这些教学实践活动中的问题都可以提炼为研究问题。

2. 分析问题

分析问题是指对被确定为研究课题的问题，用自我追问的方式从不同层面、不同角度进行把握，进而使要研究的课题变得更具体、更清晰。实习生在确立了研究问题之后，可以通过回答以下问题对所要研究的课题作出分析。

①这个问题是普遍的，还是特殊的？

②这个问题是长期的，还是临时出现的？

③这个问题产生的原因可能有哪些？

④我以前是怎么应对这个问题的？效果如何？有什么不足？

⑤打算怎么研究这个问题？依据是什么？

⑥这个问题研究的范围是什么？

⑦研究这个问题可能遇到的困难是什么？该如何解决？

⑧这个问题还可以从哪个角度去研究？研究范围如何确定？

3. 提出研究假设

　　研究问题提出来了,并不等于可以进行研究了。如果提出的问题仅仅是一些不明确的模糊的问题,也不可能就此作出研究设计,更不可能用研究的方法去探究问题。在提出问题之后,还要提出研究假设。假设是关于条件和行为关系的陈述,它的真假要用研究来加以验证。例如,就学外语单词来说,意义识记的方法要比机械识记的方法好,分段复习的方法要比集中学习好。这里行为的两个条件——机械识记和意义识记、分段学习和集中学习,与记忆单词的效果这一行为的关系就陈述得比较清楚,这只是一个假设,它是否正确,要用研究来加以证明,只有这样,研究设计才能进行。因此,没有研究假设就不能进行研究设计。假设具有两个特性:其一,以科学研究为基础的假设性;其二,具有推测的性质。但必须指出,研究中观察、记录以及研究后处理研究结果的时候都不能带有任何假设。这是两个不容混淆的问题。

　　实习生要用从实践中归纳出来的假设,或由联想和直观的推测所构成的假设等来进行计划研究,确定研究方法。假设或由假设推导出的命题为研究所证实,则作为科学的命题被采用。如果研究结果违背了假设,便要修正这个假设,或者放弃它,而提出新的假设,反复研究。

(二)设计研究方案

　　设计研究方案必须回答以下四个基本问题:

　　①研究什么。要回答这个问题,第一,要有合适的标题,标题最好能涉及研究的范围、对象、内容和方法;第二,要明确提出研究问题,使人们了解研究问题的性质;第三,要列举研究的待答问题或研究假设,使人们了解研究的重点;第四,要界定研究的变量及关键名称,使人们了解研究的范围。

　　②为什么研究。即从事这项研究的理由。要回答这个问题,第一,要说明研究动机;第二,要揭示研究的重要性和必要性,揭示研究的意义和价值。在此,要列举研究的具体目标。

　　③如何研究。说明研究将如何进行。要回答这个问题,第一,要说明研究方法和实施程序;第二,要说明对资源的合理配置。

④有何成效。即说明要取得什么样的研究成果。要回答这个问题,第一,研究者必须在研究计划中具体说明研究的成果;第二,要说明成果达到的水平和表现形式。

虽然实习生的教学研究计划无需像专业的课题申报书那样面面俱到,也未必需要形成完整的书面报告,但是研究计划中的四个问题却是缺一不可的,在研究中也应该熟稔于心的。

(三)收集资料

收集资料对课题研究十分重要。在研究中可以利用的资料是多种多样的,但主要是收集文献资料和实际资料。

1. 文献资料的收集

当课题确定之后,很重要的一项工作就是查阅和学习文献,积累和课题有关的资料。实习生收集文献资料可以通过这样一些途径:①阅读相关著作,可以是一些基本理论著作,也可以由指导教师推荐一些和自己研究课题相关的著作,提高资料收集的针对性。②浏览最新的专业期刊。因为了解本学科领域的专业期刊,可以掌握本领域大量的前沿信息。③借助工具书来收集关于概念、数据、人物以及专业研究成果等方面的资料。④通过文摘、索引、书目介绍、网络等来获取文献资料。

2. 实际资料的收集

收集实际资料要求实习生在教学实践中做个有心人,不断发现、积累、感悟、思考、总结各种实际资料。如教育教学灵感、教育教学中的收获和困惑记录、教学日记、教后感以及各种实物资料,都可随时随处收集。除此之外,实习生应该掌握科学的收集资料的方法。资料收集的方法有很多,最常用的方法有以下这些:

(1)调查法

调查法是教育教学研究中最基本、最常用的一种研究方法。在实际运用时,具体又可以分为问卷调查法、访谈和座谈等。

①问卷调查法是采用书面问卷的形式了解某一问题的方法,它根据研究对象、研究范围和研究主题设计问卷,组织实施。一份规范的问卷调查在结构上由四部分组成,即导语、个人基本情况、问题和结束语。

　　导语是整个问卷的开头部分,其作用是告诉调查对象研究的意图和途径,更重要的是要交代清楚如何填写问卷,以避免误解带来的差错。如果问卷中涉及个人评价的一些问题,应写明问卷仅为研究使用、问卷不署名、研究者负责保密等解除顾虑的话,以提高答卷的真实性。如中学教师继续教育调查①的导语:

尊敬的老师:

　　本调查是为了对如何开展教师的继续教育(非学历进修提供参考)。回答没有正确错误之分,你根据个人的实际情况和真实想法作出回答即可。问卷无需署名。你的回答情况仅供我们研究参考,不会对你个人产生任何不良影响。对于你的协作,我们表示衷心的感谢。

继续教育课题组

　　个人基本情况是问卷调查上要求填写的,所填项目主要有性别、年龄、班级等,这部分要求填写的项目一般都是研究中涉及的必需的变量。

　　一、个人基本情况(请在符合你实际情况的项目编号上打钩)

　　1.性别(①男　②女)

　　2.年龄(①20岁以下　②20~30　③30~40　④40岁以上)

　　问题是问卷的主体,是调查指标的具体化。问题在表达和呈现方式上有三种类型:①封闭式问题,即所选答案只能有一个选项,而且答案只能在备选项中,如"你每天做早操吗?(A:是 B:否)"。②半封闭式问题,对问题的回答做部分限制,另一部分自己作答,"你认为教师是否应该有自己的教学风格(A:是 B:否)",这个问题回答完之后,再加入一个"为什么",让被访者自行作答。③开放性问题,要求答卷者自行作答,研究者不限制,也不提供现成答案,如"你认为如何设计提问?"开放性问题一般设置在问卷的最后。

　　在问卷最后,要有致谢之类的话作为结束语。如"再次感谢您的参与,谢谢合作!"等。

　　②访谈是按照调查提纲个别进行的一问一答的谈话。这种方法有时规定访谈内容,有时采用开放结构,围绕一个问题由被访问者回答,访问者再根据回答情况的调查需要追问,但不能分散中心问题,跑题漫谈。在访谈中,要善于创造轻松

---

①施铁如.学校教育科学研究[M].广州:广东高等教育出版社.1998:72.

和谐、相互理解支持的气氛。访问者一定要善于倾听,善于捕捉有价值的信息,让被访问者充分阐述自己的观点。

③座谈又称为团体访谈,它是对一个人数不多的群体就某一个问题展开讨论。为了更好地体现这一特点,座谈的对象要有一定的代表性和同质性。如向学生了解教学情况,教师和学生不宜参加同一个座谈会;向家长了解学生的表现情况,就不能把家长和学生组织在一起。

(2)观察法

观察法是实习生在教育教学活动的自然状态下,根据研究的问题进行有目的、有计划的看、思、记的一种方法。在实际运用中,实习生可以直接观察,如随堂听课,边听边边看记录,身临其境,感受真切,不仅能得到具体、生动的印象,而且会形成研究问题的整体认识。

3.个案研究

所谓个案就是现象的一个具体事例,研究者通过生动地描述某一现象,向读者展示理解这一现象的意义。个案研究是对单一的研究对象(包括人或事件)的变化过程进行深入剖析的研究方法。对实习生来说,这个研究比较易于操作,也加强了研究的现实性。个案研究需要研究者选择真实的、且能充分说明和反映问题及其思考价值的人和事。在对个案进行分析时,应极可能消除自己的主观判断和偏见,避免个人化情感与情绪的影响。

(四)整理与分析资料

资料整理是对资料进行去伪存真,去粗取精的加工过程,是从资料收集阶段到资料分析阶段的过渡环节。根据原始资料的外部形态,可以把资料分为定性资料和定量资料。定性资料是指以文字、图像、录音或录像等非数字化形式表现出来的事实材料。定量资料主要有两个来源:文献源和实地源。文献源的定量资料主要是指统计资料,而实地源的资料可以来自于封闭式问卷、结构性观察和访谈资料等。两种材料不同,分析方法也不同。

1.整理定性资料

整理定性资料主要包括以下三个步骤:①审核。资料审核就是对资料进行审查和核实,消除原始资料中存在的虚假、差错、短缺、冗余现象,保证资料的真实、有效、完整,为进一步加工整理打下基础。资料审核集中体现在真实性、准确性和适用性三个方面。②分类。分类最重要的工作是选择分类的标准,因为不同的分类标准可能导致不同的结果,确定这些标准之后就将资料进行进一步整理。③汇总和编辑。汇总和编辑就是在分类以后对资料按一定的逻辑结构进行编排。逻辑结构的确立要根据研究的目的、要求和客观情况,使汇总编辑后的资料既能反映客观情况,又能说明研究问题。

2. 整理定量资料

整理定量资料经过以下几个环节:

①审核。定量资料的审核体现在两个方面:一是资料总体的完整性,只有收集到的资料达到研究计划要求时才被认为是完整的。一般来说,有效问卷回收率在30%左右,资料只能参考;回收率在50%左右,可采纳建议;只有回收率超过70%以上,才能作为研究结论的依据。二是每份资料的完整性。被试在问卷中有漏答、误答的题目要原封不动地登记,绝不能想当然地伪造数据。

②资料编码。编码就是使文字资料转化为数字形式的过程。编码的目的就是整理数据,使材料信息系统化、条理化,便于统计分析。

③汇总和初步分析。经过编码后的资料还要进行登记,这个过程一般在计算机上完成。输入到计算机的材料借助相关的统计分析软件(如 SPSS,SAS)进行初步的汇总分析。汇总就是根据研究目的,对分类后的各种数据进行计算和加总,汇集到表格之中,以系统地反映调查资料内部总体的数量情况。实习生可以参考使用这些分析方法,也可以用图示法、百分比、条纹图等简单的方式来整理定量资料。

(五)作出结论,撰写报告

实习生进行了前四个步骤之后,就可以撰写研究报告了。研究报告主要包括题目与作者、摘要与关键词、正文、结论等部分。

1. 题目与作者

研究报告的题目必须反映报告的主要内容,使人们一看完题目,就能了解报告的大致内容,并产生阅读全文的兴趣。所以,研究报告的题目必须做到确切、中肯、简练、醒目,要应用最恰当最简明的词句概括全篇内容,并能引人注目。

报告的署名要用真实姓名,不要用笔名或化名。署名数量一般不超过 3 人。人数较多时,可以用脚注对其他人员加以说明。

2. 摘要与关键词

摘要是研究报告中关键性内容的总结与概括。摘要可使读者用很短的时间了解报告内容,以决定是否需要阅读全文。摘要的要求:①反映研究报告最主要的内容,主要涉及研究问题、方法和结论等方面;②语言简明扼要,字数在 200 个左右。

关键词是能够准确反映研究报告的内容和主题的词语。其主要作用是便于资料文献的计算机储存和检索。在研究报告中,关键词放在摘要之后、正文之前。

3. 正文

①问题的提出。问题的提出部分介绍该调查研究要解决的问题,以及研究这一问题的价值。这一部分包括研究的问题、研究的现实意义、研究的理论价值和研究的主要内容等。

②研究方法。研究方法的阐述是让读者了解调查结果和调查结论是用什么方法、经过怎样的步骤获得的,从而使读者可以据此判断调查结果和结论的可信程度和可适用范围。在调查报告中,研究的方法一般包括:调查的对象、内容、手段、组织、数据处理和研究的步骤等。

③研究结果。根据调查研究的要求进行统计处理后,可获得调查的结果。调查的结果一般可采用统计表加以概括,并伴以文字说明,这一部分在具体处理时应根据调查内容的不同部分,分别对研究结果加以说明。

④分析与讨论。分析和讨论部分包括结论、解释、建议、存在的问题和提出新的研究问题几个方面。结论是根据研究结果,对研究要解决的问题作出结论式的回答。解释是对研究结果和结论进行原因分析或理论解释。建议则是根据研究结果和得出的结论对实践工作提出的。最后在对本研究进行反思提出存在的问题的基础上可以进一步提出今后研究的方向。

4. 结论

研究报告的结论部分是作者经过反复研究后形成的总体论点,它是整篇报告的归宿。结论部分必须总结全文,深化主题,揭示规律。所以,写结论必须十分谨慎,措词要严谨,逻辑要严密,文字要简明具体,不可模棱两可,含糊其辞。

案例6－2

江西省中小学教师职后教育调查报告

[摘要]教师职后教育是教师专业发展的基本要求和途径,具有系统性、层次性和灵活性等特征。教师专业发展意识和需求与职后教育实施效果具有显著的正相关性。当前,教师职后教育实施状况不尽如人意,主要表现为:教师职后教育意识薄弱、动力缺乏,教研组功能弱化,职后教育管理制度不完善等。对此,笔者在分析问题产生原因的基础上,提出了自己的思考。

[关键词]江西中小学教师;职后教育;现状;分析与对策

一、职后教育现状(有删节)

"江西省教师教育职前职后一体化实证研究"课题组成立5个调研组,于2012年10月至2015年3月在南昌、上饶、抚州、赣州、宜春、鹰潭等6个设区市选取小学20所、初中15所和高中10所,作为样本进行调查和跟踪观察,其中农村小学10所,农村初中8所,农村高中5所,发放问卷2 317份,回收2 285份,回收率为98.6%,其中有效问卷2 279份,有效率为99.7%。

二、问题分析

1.教学工作与接受再教育间的矛盾

教育本质的异化造成教师教学任务繁重,使老师疲于应付、精疲力竭,没有时间外出学习,校本研修也成了空话。调查发现很多教师认为外出学习是一种负担,原因是培训回来还得把落下的课抽时间补上。同时还发现,教师每天业余学习时间平均只有0.3小时,每周教研活动时间不足1个课时,缺乏学习研究氛围,造成教师知识内容陈旧、面窄、科研水平低下。

2.教研组功能弱化

教研组是学校内部同一学科教师集中学习、探讨和研究的基本组织,组内教师互相学习,共同探讨,是开展校本研修的最好载体。然而,为便于管理,学校采取以年级组为基本单位的管理模式,强化了年级组的行政功能,却弱化了教研组的学习研究功能,教研组被边缘化。有的学校教研组活动虽然没有减少,但内容更多的是对学校工作布置的上传下达或政治学习,即使开展集体备课、中心议题的探讨、听课评课,教师缺乏直面思想碰撞的勇气,解决问题的措施提的很少,这就消退了教研组业务学习、探讨和研究的功能,教研组没能有效地承担教师在职研修职能,无法激发教师参与教研的热情与积极性,制约了教师的专业化发展。

3.管理制度完善与落实的缺失

制度是一切活动的保障,有效的职后教育制度能有效地促进教师专业发展。调查发现,虽然有的学校建有教师职后教育管理制度,但不科学完善,且落实不力。有的学校鼓励教师参加职后教育,但整体缺乏对全校教师专业发展的顶层设计,职后教育随意性较大,缺乏激励评价机制,职后教育与绩效考核脱离,忽视激发教师参加职后教育的内在需求与积极性,忽视学校组织群体学习氛围营造,妨碍教师之间的合作学习与交流,影响了教师群体专业素养的提升。

4.消极被动的教师文化的沉淀效应

教师要对学生实施素质教育,自己必须有实施素质教育的能力,就得不断学习,不断提高综合素养。但现实中教师天天忙于备课、讲课、做题、批改作业,却很少考虑教学内容的重组、教学过程的优化、教学策略的运用及学生兴趣的激发,更缺乏教学问题的探讨和开展自主学习活动的意识和行动。

三、思考或建议(略)

[**资料来源**]何声钟.江西省中小学教师职后教育调查报告[J].教师教育研究,2015,27(5):78-79,81-82.

三、教学研究的途径

实习生进入实习学校后,要进行一系列的听课、备课、上课、评课、写实习日记等,这些技能不仅是实习生提高教学质量的有效方式,也是其进行教学研究的重要途径。实习生应该认真对待这些实践活动,在这些活动中展开教学研究。

(一)在备课中进行研究

备课,就是上课前的设计准备工作,是上好课的先决条件。当今的课程改革给了教师比较大的自主权,教师不再是课程计划的执行者,备课也就成了二次开发的过程。所谓的二次开发就是教师将每次备课都看作是一次对课程进行开发的过程,是根据教学要求、学生特点、自身风格所进行的教学设计过程。如果说编写教材是专家根据学科结构、学生总体特征、经济社会发展要求所进行的一次开发的话,那么,备课就是在此基础上进行的二次开发。因此,备课过程本身就是一个研究过程。备课过程中的研究工作主要包括对教材的研究,对学生的研究,对教学目标、教学过程、教学方法等的研究。在此我们选取其中的几点作介绍:

1. 对教材的研究

实习生研究教材时,要转变观念。教材是一种材料,不是圣经。实习生要创造性地用教材,将教材作为手段,对教材进行二次开发;要进行适当取舍、加工,将教材转化为适合本班学生教学的材料。另外,实习生研究教材时,要多阅读专业书籍,多进行专业理论知识的学习,这样加工处理教材才能游刃有余。

案例 6-3

王崧舟谈《长城》文本秘妙

这篇课文,如果请中央电视台的某个主持人来朗诵,你会请谁呢?有人请赵忠祥,可以;有人请朱军,肯定不行。要我请,我就请《国宝档案》的解说人——任志宏。为什么?因为文章的情感基调决定着任志宏凝重、内敛的声音表现力是朗诵这篇课文的最佳人选。其实,我说的这一点,已经触及文本秘妙了。

那么,这篇课文究竟隐藏着哪些文本秘妙呢?

我觉得,"结构"是它的第一个秘妙。从文章的整体来看,先写什么?见闻;后写什么?联想。除了见闻和联想还有别的什么吗?没了。文章一共四个自然段,一、二两段写见闻,三、四两段写联想。通篇先写见闻后写联想,这是文本在结构上最大的秘妙。如果你的眼睛只盯着《长城》的内容,那么,你是不可能发现这个秘妙的。

"章法"是它的第二个秘妙。这篇文章有什么章法呢?它的章法就是典型的"起承转合"。大家看,第一段,起——"远看长城,它像一条长龙,在崇山峻岭之间蜿蜒盘旋。"第二段,承,"承"就是承接、承续,顺着"起"的内容和语势写下去——"从北京出发，不过一百多里就来到长城脚下。"第三段，转，"转"是转折、转换，就章法而言，转是最难写的部分——"站在长城上，踏着脚下的方砖，扶着墙上的条石，很自然地想起古代修筑长城的劳动人民来。"还写长城吗？不写了；写什么呢？修筑长城的劳动人民。无论从内容还是从语势上看，这都是一种转折、转换。第四段，合——"这样气魄雄伟的工程，在世界历史是一个伟大的奇迹。"在这里，"合"起到一个总结、提升的作用，"伟大的奇迹"正是点睛之笔，文眼在此。

"语言"是它的第三个秘妙。《长城》的话语风格可以概括为两个关键词，第一是"平实"，第二是"精确"。不要以为平实很容易哦，"绚烂之极归于平淡""清水出芙蓉，天然去雕饰"，那是一种很高的语言品位。"平实"中见出"精确"来，就更难了。朱光潜先生说语文的精确、妥帖绝非易事，它需要尖锐的敏感，极端的谨严和极艰苦的挣扎。比如"站在长城上"，很平实。如果把它改成"走在长城上"，行吗？不行。"走"不庄重，不敬畏。面对伟大的奇迹，你的感觉是什么？肃然起敬。所以，你必得"站着"，而不是"走来走去"。再看这个"踏着脚下的方砖"的"踏"字，改为"踩"，行吗？你踩的是谁呀？是我们的长城啊！"踩"轻浮，"踏"庄严，这就是"平实"中见出的"精确"。再看第三个"扶"字，"扶着墙上的条石"敬重之情油然而生。不信，你换一个，"摸着墙上的条石"，你摸谁呀摸?! 行吗？不行。简简单单三个字，背后的情味是什么？是对长城的无限崇敬。作者显然是怀着一种朝圣般的心情看长城、写长城的。平实的语言，表达的情感却是如此精确、妥帖，这就是高品位的文字。

"基调"是它的第四个秘妙。我仔细统计过全文的标点符号，全是逗号、句号、逗号、句号，中间倒是出现过两个顿号，除此之外，还是逗号、句号、逗号、句号的，不曾出现一个叹号。就句式的角度看，文本只有陈述句，没有疑问句、祈使句和感叹句。这说明什么呢？说明全文的情感基调是高度内敛和凝重的。其实，文中有些语句是可以改写成感叹句的。譬如："远看长城，它像一条长龙，在崇山峻岭之间蜿蜒盘旋。"可以改为"远看长城，它多像一条长龙，在崇山峻岭之间蜿蜒盘旋！"再譬如："多少劳动人民的血汗和智慧，才凝结成这前不见头、后不见尾的万里长城。"可以改为"多少劳动人民的血汗和智慧，才凝结成这前不见头、后不见尾的万里长城啊！"还譬如："这样气魄雄伟的工程，在世界历史上是一个伟大的奇迹。"可以改为"这样气魄雄伟的工程,在世界历史上真是一个伟大的奇迹啊!"三个叹号一加,感情似乎变得强烈了,但是,全文的情感基调却因此被冲淡、被破坏了。说白了,还是作者对长城的情感态度问题。长城是伟大的奇迹,就这样默默矗立了数千年,坚强、刚毅、庄重,它不需要任何人扯着嗓子喊"来看啊!快来看啊",这叫"吆喝",是小摊小贩的行为。长城的静默,才能显出它的雄伟和恢弘。因此,文本这种情感基调是最切合长城的特征的。

[资料来源]http://wangsongzhou. blog. zhyww. cn/archives/2011/201131717
842. html.

王崧舟老师是语文特级教师,其对教材的解读和深挖正是建立在深厚的专业知识基础上的。实习生对于教材的解读不能立马达到高屋建瓴的效果,但点点火花亦能成燎原之势。因此,实习生应该多看教材,通读教材,研究课程标准,对教材进行创造性的开发。

2. 对学生的研究

如何对待学生,不仅仅是一个方法和态度的问题,从根本上说它是一个思想观念问题。因此,实习生应该更新自己的学生观。从目标上来说,我们要把学生培养成一个完整的人。要达到这一目标,教师要关注学生的"主动性""潜在性"和"差异性"。要充分认识学生个体的主动性对其成长的价值。对于实习生来说,如何调动学生的主动性,学生的主动性表现在哪些方面,这些都可以作为研究的问题。"潜在性"是相对于学生已经表现出的和达到的现实发展水平而言的,教师应该充分认识到,学生存在着多种潜在发展的可能性,要为这种发展提供机会。"差异性"就是要承认每一个学生都有自己的独特性,承认他们每个人都是唯一的、独立的人,相互之间存在着差异。学生的差异性为实习生的个案研究提供了大量研究对象,实习生可以针对班级的典型个体开展案例研究。

其实,研究学生的课题有很多。如此,①研究学生的年龄和身心特点。对于学生年龄和身心特点的研究,会影响到学生的学习兴趣、学习效果以及师生关系等。②研究学生接受能力的特点。不同年龄段学生的接受能力是不同的,这和他们的大脑发育、知识积累、思维能力等因素有很重要的关系,在设计教学的过程中,如果我们制定的目标超出学生的接受能力,设计的内容和活动方式无法让学生接受和完成,教学的效果一定会打折扣。③研究学生原有认知基础的特点。学生的学习过程是个不断提高的过程,有效的教学能够帮助学生在原有基础上有所提高,这就需要教师了解学生原有的认知基础,包括与学习主题相关的知识与技能,还包括学习习惯和学习方法等。④研究学生生活背景的特点。学生的生活背景主要包括家庭背景和学校背景。家庭背景又可以根据家庭收入、家庭组成、家庭所处的地理位置等家庭信息加以分析。因为不同家庭背景学生的知识经验的背景也是不一样的,教师必须尊重这种差异,并且根据这些差异进行有针对性的研究设计。此外,学校背景也是教师应该考虑的因素,每个学校都会有自身发展的特色或者是学生比较关注的地方,这些都可以作为教育资源加以利用。

3. 对教学目标的研究

美国当代著名教学目标研究专家马杰曾说过,如果能够提供给学生优良的教学目标,学生经常就可以自己学得会。这句话充分表明了目标对教学开展的巨大作用。实习生对教学目标的研究非常有意义。从实践中来看,很多实习生上不好课,就是因为对教学目标的研究不到位,致使现实教学中出现了偏差。比如一位实习生在上《孔子与学生》这篇课文时,模仿王崧舟、窦桂梅等老师的教学技巧,花了大量的时间让学生朗读课文。其实这是一篇叙事性文章,语言特色不大,主要是其中凸显出的道理值得大家学习,这位实习生把本节课的目标设置在语言魅力上,这显然是不对的。在授课过程中,由于多次的朗读没有一种递进式的要求,学生也读得很敷衍,很不耐烦。因此,实习生应该准确把握教学目标。

实习生在研究教学目标时,要从作为完整的人的学生出发,做到以下两点:第一,立足于各学科的独特性。各学科都有其独特的育人价值,相对而言,语文学科具有提升学生语言和人文素养的价值,数学学科有促进学生思维发展的价值,而外语学科对于学生跨文化交际能力的发展更有意义。第二,要立足于各年龄段学生的身心特点。学科与学生就像是目标确定的纵横两轴,共同确立了具体目标的制定。实习生对教学目标进行研究,这显然非常有助于教学工作的开展。

（二）在听课中进行研究

实习生进入实习学校，少不了是走进老教师的课堂，观摩他们的课。这就是实习生一定要开展的听课活动。听课者除了要掌握听课技巧之外，还要善于发现听课过程中蕴藏着的很多有价值的问题。这些问题有待于实习生去研究。正如苏赫姆林斯基曾说过，听课和分析课的目的，是为了研究和发展教师的经验，把个别教师的经验变成集体的财富，用以丰富学校的创造性的实验。

听课是学校教学研究的重要方式和途径。有组织、有计划地开展听课活动，既有助于实习生走进现场，直接习得一手的教学经验，又有助于实习生挖掘其中隐藏的研究课题，进行更深入的教学研究。

1. 从听课中验证教学理论，探索教学规律

听课能在教学理论和教学实践之间架起一座桥梁。实习生没有实战经验，一直被悬置在高高的理论之塔内，因此，走上讲台上课需要一个过渡的过程，听课就能很好地解决这个问题。听课除了能够验证教学理论，也是将教师教学实践的心得与经验升华为理论的过程。看似平常无奇的课堂教学，实际上却蕴藏着丰富的教学原则和规律。

案例 6－4

著名特级教师孙双金《只拣儿童多处行》课堂精彩展开

孙老师在教学描写玉澜堂开得特别旺盛的海棠花一段时，是这样引导学生读书的。

师：是的，在玉澜堂里，他们找到了春天。在这一段里，海棠树被比作什么？

生：比作喷花的飞泉。

师：你平常看到的喷泉是什么样子的？

生：我看到的喷泉喷出来的水花非常漂亮，像一道道美丽的彩虹。

师：在这儿，冰心奶奶把海棠树比作喷花的飞泉，你仿佛看到怎样的景象？

生：我仿佛看到花开得很旺，很茂盛，鲜花繁茂，充满生机。

师：从哪儿看出来的？

生:那几棵大海棠树,开满了密密层层的花,从树枝到树梢,不留一点空隙。

师:你们能不能把海棠树的繁茂和花的旺盛通过读体现出来。

(学生自由练读,体会)

师:谁能读得更好些?"密密层层""繁花""不留一点空隙"这些词要读出来。

(指名读,齐读)

师:看到这样的春景,冰心奶奶是怎样赞美的呢?你能读出作者当时的感情吗?谁来赞叹一下?

(指名读)

师:谁能把这两个感叹号读得更好、更美?

(指名读)

师:感情非常好,掌声——

师:我们一起赞叹一下。

(生齐读)

师:现在看看我这儿,看着我的脸,不看屏幕,你能不能背出来呢?一起试一试。

(生齐背)

[资料来源]于永正,詹明道.名师课堂经典细节[M].南京:江苏人民出版社.2007:71.

　　孙老师的教学片断带给我们的启发主要集中在如何引导学生独立思考,激发学生的细致感悟上。在教学原则中,我们学过了"启发性原则",即要通过教师的启发达到学生的积极主动的求知状态。孙老师在讲课中并没有一味的向学生灌输课本内容,而是极为巧妙地通过一连串紧紧相连的问题启发学生的思维。这是科学运用了这个原则的典范。在教学方法上,孙老师采用的是层层深入、循序渐进的教学方法。另外,孙老师还把握了语文教学的规律——即不断朗读,达到其义自现的效果。短短几分钟的教学片断,包含了很多的教学原则、规律和方法。实习生在听课的过程中,可以看出优秀教师是如何组织教学的,也可以挖掘出很多的研究问题。如语文课堂上师生互动对教学效果的影响研究、语文教材的二次开发研究等。

2. 从听课中研究教学改革中的问题

教学改革是教学不断适应时代发展的必然要求,是不断提高教学质量的重要保证,而教学改革的推进必然会遇到各种各样的问题。对于实习生来说,这些问题可能表现在学到的理论与实际教学效果存在一定的差距。这就要求教师包括实习生要不断地学习、探索和实践来解决这些问题。教育改革给学校和教师带来了更大的自主权,同时也给教学带来了更多的不确定性,这意味着常常没有现成的、成熟的、适合本身的教学模式可以借鉴。因此实习生应该在验证理论的同时带着研究的眼光去看待当今的教学。

案例 6 - 5

课堂不能图"痛快"

最近李老师听了一节名为"保护环境从我做起"的课。上课刚开始,教师组织学生玩了一个叫"超级破坏"的游戏,伴随着音乐,教师让学生拿出废纸全部撕碎并向空中尽情挥洒。游戏的口号是:破坏破坏好破坏,破坏事情好痛快。最后,教师让学生谈谈看到教室里满地纸屑的感受,并组织学生将纸屑捡到纸篓里。通过撕纸与捡纸的对比,教师希望学生能认识到不能因一时的痛快而破坏环境。应该说,这堂课的设计很有创意,但教师却在执行中"走了样"。为了突出课堂热闹的气氛,他带领学生高呼超级破坏游戏的口号,并用了较多时间让学生畅谈把碎纸向空中挥洒的痛快感受。李老师在教室后面听课,当看到学生高呼口号把雪片似的碎屑抛向空中的情景时,突然感到:难道人的本性真的是"恶"吗?虽然,学生后来通过捡纸活动体验到了辛苦,一些学生也谈了自己的感受。但是我明显地感觉到,与前面撒纸屑的痛快比起来,学生后面所谈的感受是那样的"苍白无力"。

[资料来源]课堂不能图"痛快"[N].中国教师报.2003 - 01 - 08.

这个案例也非常典型。这位教师非常有创意,他并没有走传统的授课路线直接向学生讲授一番道理,无论学生是否接受。当今课程改革中提倡"要改变学生的学习方式……积极倡导自主、探究、合作的学习方式",这种学习方式的变革需

要教师进行积极的教学创新。这位教师教学设计的初衷是可取的。但是在总体的教学设计中,我们可以看出有"头重脚轻""走错方向"的弊端,对于破坏的大力倡导在学生心中所产生的心理体验大大削弱了"保护环境"这一主题的植入,所以如何创新设计教学过程,如何评价课堂教学效果,如何检测目标达成情况,如何进行正确的引导等问题都可以从这堂有争议的课堂教学中引发出来。

实习生在听课过程中,要以研究者的眼光看待这些课,并进行深入探究,势必会大有收获。

3. 加强对听课的研讨工作

研讨性听课,是指针对某个有待研究的教学专题进行的听课,如探讨重点、难点知识的教学策略,探索课堂教学改革的途径,研究提高学生能力、开发智力的新方法以及探讨教学改革的发展趋势等。这就要求听课老师确定主题,做好记录,集体备课,集体探讨。实习生可以积极参与公开课的研讨活动,参加学校组织的校本教研活动,或者在自己的实习小组内自行组织开展这些活动。

(三)在教学反思中进行研究

教学反思涵盖的范围很广,包括教育日志、教育叙事、教育案例等。对于实习生来说,其教学反思行为主要是通过实习日志反映出来的,实习生也可以进行教育叙事,撰写自己的教育案例,积累个人的实践性知识。教学反思是一种批判性思维活动,而把这些思维活动记录下来,则可以视为一种写作文体。它作为研究方式,可以贯穿教育教学过程的始终;它作为研究成果表达形式,可以成为教师专业成长的真实记录和反映,因而在教师中被广泛应用。

教学反思应用范围广泛、形式多样。实习生可以写整体反思,也可以写专题反思。

整体反思常常不把反思的对象集中在教育教学的一个具体问题上,而是总体把握教育教学各方面的行为,就其中突出的问题进行思考。比如一堂课后,实习生可以分析自己教学中的如下行为:①这堂课是否达到了预期的教学目标? 如果达到了,标志是什么? 如果没有达到,标志又是什么? ②这堂课在哪些方面是成功的? 在哪些方面还可以进一步改进? 后续的教学有哪些打算? ③这堂课的教学设计与实际教学行为有哪些差距? 我在上课时是如何处理这些差距的? 处理的方法是否恰当？④这堂课发生了哪些令我印象至深的事件？这些事件对我来说意味着什么？我以后需要关注什么？等等。这些行为涉及教学的各个方面，有一定的研究价值，有利于实习生对自己的教育教学有比较完整的认识，改进日后的教学行为。

专题反思有着明显的问题取向，常常围绕这一个特定问题进行多方面的思考，这种反思目标明确，针对性强，分析也相对较为深入。实习生在教学过程中，可以作为反思对象的专题有很多。比如教学任务的完成情况，教学内容确定的适宜程度，教学策略的选择情况等。另外，还可以写自己成功尝试的教育心得。如案例6-6。

案例6-6

阅读教学的点睛之笔在于写

终于把《山中访友》这篇课文教完了，这已经是我第三遍教《山中访友》这篇课文。对于文本我已经了解得比较透彻，因此本次教学轻车熟路，教学效果也还算好。为了更好地总结经验，反思教学，今日把我在教学中倏忽之间产生的感受记录下来。

前两次在教这篇课文的时候，我总只是让学生读文本，然后让他们发表自己的看法，最后我做一些具体的阐述。本次，我更重视的是让学生写，模仿着文本写。

课文的第四段有这么一段话：

我靠在一棵树上，静静地，仿佛自己也是一棵树，我脚下长出的粗根须，深深扎进泥土和岩层，我的头发长成树冠，我的胳膊变成树枝，我的血液变成树汁，在年轮里旋转、流淌。

这段话是作者的想象，要想让学生理解这句话，同样需要学生身临其境的想象。教学中，我首先让学生们边读边想象，但他们的情感却怎么都深入不进去。那种对树的喜爱、与树融为一体的情怀，始终游离于学生们的身外，一点点身临其境的感觉都没有。简单一点讲，学生们读这部分文字的时候，他们心里可能一直都是作者在靠那棵树，而不是他们自己。

　　难点难以突破,情急之中,我想到了让学生们来写,借助他们各自生活中类似的情感体验来理解这句话。于是我就要求每位学生都来当孙悟空,把自己变成自己想要变成的某种物体,然后再把自己的变化过程和之后的样子写下来。

　　这一下,学生们都非常感兴趣。他们一个个立刻都动起了笔,纷纷写出自己想要的变化。五分钟之后,所有的学生都完成了自己的变化。接下来我就让他们读自己写出的文章,很多同学读得都非常入情入境。

　　借助这种情感体验,我再来让他们读第四段的这部分文字,学生们读出的感情,明显就比刚才深很多。虽然效果还不十分理想,但我呢,内心里还是十分欣慰。

　　本课的第二次练笔出现在总结全文的过程之中。本篇文章表达的是作者对于山里朋友的深厚感情,以及他们之间友好和谐的关系。找出文中的相关语句之后,为了让学生能够做到活学活用,我就让学生回想自己生活中的类似体验,用文字表述出来,表达出自己与朋友的和谐友好的关系。可以说,我的这一举措,完全超出学生从课文之中体验出的那种情感,激发了学生们热爱大自然的情感。

　　俗话说,不动笔墨不读书。读书的过程中除了圈圈点点,作批注,写心得之外,还需要对原有文本进行仿写。因为很多能力的获得都是从模仿开始的。这是阅读教学和习作教学中不可忽视的要点。

　　[资料来源]http://blog.sina.com.cn/s/blog_5dd4fe570101b52p.html.

　　可以看出,这位老师在本次的阅读教学实践中进行了教学改革的尝试,将阅读教学与写作教学很好地结合在一起,能够提高学生的阅读能力和写作能力。这是非常好的经验总结和反思。对于实习生来说,他们应该向这位老师学习,及时记录下自己的点滴心得,汇聚成教育研究之塔。

　　专题反思不仅仅是写自己成功的教学心得,也可以写自己的困惑,对自己的批判等。这样能使实习生更多地收集自己教学中正反两方面的经验,有助于实习生更快进步。如案例6-7是一位教师对当前课程改革"降低语文背诵要求"的一个批判,实习生可以借鉴。

案例 6 - 7

学生背诵不给力原因探究

不知从什么时候起,小学语文教学突然放低了背诵的要求。就拿人教版每一册教材来说吧,要求学生整篇都背诵的课文只有两三篇,其余都是寻章摘出的一些名言警句和几首古诗。如此大大降低以往逢课文必备的要求,难道是为了响应有关教育部门给小学生减负的号召吗?

刚踏入教坛的那几年,我总是听之任之,但后来我慢慢地发现情况不对。学生们虽说学了四五年的语文,但很多学生在回答问题时,总无法顺利地讲出几句通顺的话,明显是缺失基本的语感;学生们的写作水平就更不用提了。

此为能力方面,在学习语文的习惯方面也很不尽如人意。学生们每次朗读课文,都只读那些要求背诵的课文,对那些不要求背诵的课文则不闻不问。每当背完所有的要求背诵的课文后,他们就觉得万事大吉了,只顾玩闹。

俗话说,书读百遍,其义自现。学生们竟是如此个读书法,长此下去怎么能行呢?这个学期,为了切实提高学生们的语感、阅读能力和写作水平,我决定不按教材要求的来做,每逢比较好的文章,我就要求学生或整篇地背或选取好的段落背诵。

但是,问题又来了。因为以前要求学生背诵的东西少,不着急他们背不完;而现在要求他们背诵的多了,我就经常督促他们背,了解他们背诵的情况。出乎意料的是,一个月的时间,他们大部分学生竟然背不完一个单元的课文。

这又让我陷入到了深深的思索之中:太不可思议了,这些孩子是怎么了?想当初,我和我的同学们读小学的时候,每册书上的所有课文我们都能倒背如流,背完较长的课文,也只需要两个早晨的时间。难道是人类的记忆力一代不如一代?

冷静下来之后,我又想到,可能是我总是满面笑容地面对他们,过于温和宽容,以至于他们以为我是一位好好先生,不会惩罚他们。也许是没有惩罚就没有动力吧,他们背书背得是那么漫不经心。想当初,我们不按时背完老师要求背诵的课文,不是被老师打,就是不准回家吃饭。于是,同学们个个天刚亮就起床,或到学校,或在家里高声朗读背诵那些课文。哪像现在的孩子,早读课上的读书声不再那么响亮。看来,适当的惩罚还是必要的,不过时代又不允许。兴趣是最好的老师可是千古不变的真理。这也就是学生们懒得背书的第二个原因吧。他们对那些刻板的教条式的缺乏生活气息的课文缺少兴趣,所以背起书来也就没有兴致,没有兴致自然就不想背诵。毕竟,如今的小学语文教材经典的文章比较少,能真正触动学生心灵的文章太少。就拿人教版六年级下册的语文教材来说吧,除古诗、文、词外,个人以为,就只有朱自清的《匆匆》、老舍的《养花》、安徒生的《卖火柴的小女孩》这三篇课文比较经典,适合并值得小学六年级的学生们去学习,去背诵。

另外一个原因,我想是学生们从一年级开始就缺少必要的背诵练习。除老师教的背诵方法外,学生们在长期坚持背诵课文的过程中,也会逐渐形成他们独有的背诵方法。有了背诵方法,背起书来,自然就容易做到,效率也自然会得到提高。所以,背诵,要从小抓起。给小学生减负,不能减少他们的背诵量,应当减少的是他们所要做的练习题的量。

[资料来源] http://blog.sina.com.cn/s/blog_5dd4fe5701017utf.html.

反思本身并不是一件复杂的事情,只要具有批判性分析的眼光,善于发现教育教学过程中的问题,随时随地都可以开展相关的反思工作,使自己的教学活动更具理性色彩。实习生在开展教学反思时,要有理有据,并要多和其他教师交流,发现教学中的“真问题”,要将反思渗入到教育教学的全过程,从而在很大程度上保证教育教学的针对性和有效性。

 问题思考与讨论

1. 什么是教学研究?

2. 为什么说“教师即研究者”?

3. 如何分析和把握教学研究的全过程?

4. 在教学研究中,如何提出问题,分析问题?

5. 在教学研究中,如何收集资料?

6.如何整理定量资料和定性资料？

7.如何在备课中进行教学研究？

8.如何在听课中进行教学研究？

9.如何在教学反思中进行教学研究？

10.以以下案例为素材，设计一个教学研究计划。

曾经做过一项小调查：请五年级的150位学生写一篇题为"一件难忘的事"的作文。批改时，有7个孩子的作文惊人地雷同——这7个孩子都安排自己在夜深人静之际发高烧，不断呻吟。7位母亲听见呻吟，决定背孩子上医院。7个孩子都很会进行环境渲染——此时，正下着蒙蒙细雨。7个孩子都不约而同地安排他们的母亲在背他们上医院的途中摔上一跤，当然，只是膝盖磕破点皮。7位母亲全然不顾这些，把孩子送进医院，忙挂号，忙咨询，忙付钱，忙取药，忙端水，忙喂药，一宿没睡。第二天早晨，7个孩子都发现他们的母亲眼睛里布满了血丝，人也比昨天瘦了一圈。于是，7个孩子都扑进母亲的怀抱，哽咽着说："妈妈，你真是我的好妈妈！"更令人费解的是，7户家庭的父亲在干嘛，只字未提……

这个调查使我发现：我们的孩子缺少鲜活的生活体验与积累，缺少会发现的眼睛。纯粹的瞎编乱造，才会诞生如此雷同的可悲的作文。可见，语文老师在常规教学中，要重视作文教学。让孩子认识到作文其实就是"我以我笔写我心"，作文是"真实事件的描绘，真实情感的喷涌"。当然，做好这些是远远不够的，"巧妇难为无米之炊"，如果我们的孩子只会死读书，只会将自己关在教室里、书房里，是写不出鲜活生动的文章的。因此，作为教师，应当多引领孩子们走出书本，走出教室，走进自然，从而去享受生活，发现生活之美，丰富、充实孩子们的内心世界和精神家园。

问题：(1)从这个调查中，你能提出什么问题？（至少提3个）(2)对你提出的问题逐一进行分析。(3)选择其中一个问题，写出一个教学研究方案。

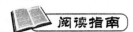 阅读指南

1.陶保平，黄河清.教育调查[M].上海：华东师范大学出版社.2005.

2.郑金洲.教师如何做研究[M].上海：华东师范大学出版社.2005.

3. 陈时见. 教育研究方法[M]. 北京:高等教育出版社. 2007.

网络导航

1. 国家教育资源公共服务平台   http://www.edugun.cn/
2. 中国教育科研网   http://www.cnjyky.com/
3. 基础教育科研课题网   http://www.cnjcjyky.com/

第七章　教育实习的总结与评价

 **学习目标**

　　认识教育实习总结的意义,熟悉教育实习总结的程序和要求,进行教育实习总结;运用教育实习评价标准,科学制定教育实习评价目标;掌握教育实习评价的内容和方法,积极尝试教育实习评价实践。

一、教育实习总结

(一)教育实习总结的意义

　　教育实习总结是对教育实习期间工作、学习等进行系统而全面的回顾、分析、研究后所作出的结论。它是一种深化认识的活动,其目的是找出经验教训,为以后的教育实践活动提供指导性的意见与办法。经过实习期间的辛勤耕耘,目标是否达到,计划是否完成,取得了哪些成绩,暴露出哪些问题,这一切也都需要通过总结给予明确的回答和科学概括。教育实习总结是实习生重新认识自我,正确地评价自我的活动,是逐步地实现自我完善的重要过程。通过总结,可以使实习生的后续学习具有更强的针对性,有利于自我提高和自我完善。实习生在教育实习过程中,通过上课,当班主任,同教师、学生的广泛接触,获得了比较丰富的教育教学工作方面的感性认识,经过严肃认真的"思考加工"——实习总结,可以把这些感性认识上升到理性认识,实现认识的飞跃,逐步地掌握课堂教学、班主任工作的规律或特点。实习总结得愈全面、愈深刻,对实习生今后的工作就愈有成效。

教育实习总结对指导教师研究指导艺术、改进指导方法也是必不可少的有效措施。指导教师是教育实习的主要领导者和组织者。指导工作的质量,直接影响着教育实习的质量和效果。要保证教育实习达到高质量和取得最佳效果,指导教师只有在不断实践的过程中,善于反复总结,才能促使自己不断地有新的发现、新的进步。

(二)教育实习总结的形式

实习总结按内容划分有全面总结和专题总结;按作者划分有实习生、指导教师的个人总结和校、院系、实习组的集体总结;按行文关系划分有向上级的汇报总结和向下级的报告总结;按进程划分有周总结、月总结;按形式划分,又有书面总结、口头总结、会议总结;等等。上述各类总结是由于不同的需要从不同的角度划分的。但归纳起来只有两种,即全面总结和专题总结。全面总结,也称综合性总结,它是指实习生、指导教师或校、院系、实习小组对整个教育实习过程的基本情况、成绩与缺点、经验与教训、过程与效果等进行全面、系统的分析研究进而得出结论,提出建议。专题总结是指就实习过程中体会最深、收获最大的某一个方面(如课堂教学、班主任工作)或某一个问题而进行的系统总结。由于专题总结有调查研究性质,因此总结内容比较深刻。

实习生个人总结的内容包括参加实习的目的是否明确,态度是否端正,学习是否虚心,工作是否积极,思想认识有何扩展和提高;实习的主要收获与体会要围绕教学工作实习、班主任工作实习、教育调查与研究、政治思想等方面总结自己所取得的成绩、主要的收获或体会;实习过程中存在哪些不足,暴露出哪些问题以及产生问题的思想根源;今后的打算,对优点如何发扬,对问题采取什么改进措施,薄弱环节如何补救;等等。

总结的形式可根据实习生的具体情况而定,可以采用全面总结,也可以采用专题总结。全面总结切忌面面俱到、蜻蜓点水、一般化、概念化;专题总结要以丰富的材料、典型的事例与数据为基础,做到有论有据,有自己的独特见解。

指导教师的工作总结是在实习生个人总结的基础上进行的。总结前,应细致地听取原任课教师和实习学校的意见,综合各方面的情况,写出书面工作总结报告。

(三) 教育实习总结的内容

教育实习总结与教育实习报告大同小异，总结应以总结经验、教训为主，并提出今后的改进意见。其结构框架为基本情况、主要经验(包括实习取得的成绩、经验和存在的问题)和结语，其写作手法以说明和议论为主。教育实习总结可以采取"三大块式"写法，即：

①实习概况(包括实习的目的、时间、地点、内容、指导教师、简要经过、取得的主要成绩及效果等)。

②具体的做法与取得的成绩、经验等。

③教育实习的反思。在实习总结阶段，除利用实习评价系统评定每位实习生的量化实习成绩外，还要组织多种形式的总结和反思，在总结和反思中把握学生在教育实习中的发展，使教育实习评价真正起到诊断和激励的作用，促进师范生的专业成长。

信息窗 7-1

教育实习报告的写作

教育实习报告就是实习者向学校汇报教学实习工作、反映实习情况、提出意见或建议的一种文体。

教育实习报告的写作特点与一般报告的写作特点大体是一样的，其格式、正文结构也与报告基本相似。但不完全相同。教育实习报告的格式一般由标题、正文、署名三部分组成。

1. 标题及署名的写法：若要求根据教育实习报告的主要内容抽象概括出一个主标题，则应用醒目的字体打印出主标题。如"纸上得来终觉浅，绝知此事要躬行"，再在下行用较小一点的字体打出副标题：如"××专业教育实习报告"，然后再在副标题之后空两格打上自己的姓名。

若无主标题，即用一般性标题，则用醒目的字体打出"教育实习报告"几个字即可，再在这个标题的下行用较小的字体打出"××专业"，然后再在其后空两格打上自己的姓名。

2. 正文：一般包括开头、主体、结语三部分内容。

　　开头部分:一般概述实习的目的、时间、地点、所承担的实习任务(所任科目、班主任等)、指导教师及简要经过和收获等。这部分内容可列出一个小标题后再陈述,也可不用小标题,直接开门见山陈述就可以。

　　主体部分:一般要陈述实习的方法、要求、步骤、措施,实习取得的成绩、经验、心得体会,实习中发现的问题和针对问题提出的改进意见、建议和措施等。为了层次分明,眉目清楚,主体部分的内容可多列几个小标题进行陈述。

　　主体部分需要陈述的内容实习者可根据个人的感受、理解、体会有选择地去写,不一定要面面俱到,应有所侧重。需要强调的是"对教育教学改革的意见和建议"的内容不能少。

　　结语部分:可写可不写。若实习者认为自己要写的内容在开头部分和主体部分已陈述清楚,则可不写;若实习者认为还有不清楚、或不够全面、或需要展望一下未来的,可简要补充以作结语。

　　[资料来源] http://www. gerenjianli. con/shixi2/jiaoyushixibaogao/zp-dir6u5new4. html.

(四)教育实习总结范例

案例 7-1

音乐教育实习总结与思考(带队教师实习总结)

　　音乐教育实习是高等师范院校音乐学专业教学计划的重要组成部分,是学生学与用接轨的桥梁和综合能力的检测平台,是贯彻教育方针、实现教育目的、培养合格教师的重要环节,也是检验教育质量反馈并推进师范院校深化改革、提高教育质量的重要途径。

　　一、实习工作概况

　　本学期 3 月 15 日至 4 月 25 日,我院教育实习工作如期、顺利完成,其中参加 F 师大附中和 S 中学的实习生为 2003 级毕业班的学生共计 34 人。这次教育实习包括课堂教学、课外活动(班班有歌声和艺术节演出)内容。课堂教学是教育实习的主要构成。全部实习生分为三组(初一、初二和高一年段),都达到了规定的实习课时,有的还大大超过了规定课时。

实习生虽然没有直接承担班主任工作,但每天下班级排练班班有歌声,间接地参与班主任工作,更多地接触学生,了解学生的思想脉络,增强了处理各种问题的能力,为搞好班级工作和音乐教学打下基础。

通过检查指导,实习生都能做到以下几点:一是课前准备充分,教学有序进行。实习生课前能积极动脑筋思考,仔细分析研究教材,熟悉吃透教材,多方收集资料,挖掘整合教材内涵。他们能全身心投入,虚心听取双方指导老师的指导,努力调整教学状态,改善教学方法,提高教学质量。二是精心设计和组织课堂教学,为学生创设良好的学习环境。实习生组织趣味音乐游戏,帮助学生有效地吸收和内化音乐基础知识和基本技能,从而提高他们的综合与创新能力。三是完成了由知识接受者到知识传授者——教师的过渡。经过这一个阶段的教育实习,学生们身临其境,深入教学工作实际,对音乐教学有了初步的了解和体验,由接受知识向传授知识过渡。而且,对所学到的理论与技能做了实际的检测。在走上讲台、传授知识的同时,能够更清楚地了解自己对所学理论知识与技能技巧的掌握程度,更清楚地懂得知识综合运用能力的重要性。

二、教育实习中出现的问题及改进思路

笔者作为教育实习指导老师,通过不定期地到实习学校听课、检查,与实习学校的任课老师进行沟通和交流,对音乐教育实习生在实习过程中常出现的问题有较为切身的体会,并对改进这些问题做了一些思考。

(一)音乐教育实习生常出现的几个问题

1.随意性取代生动性。

(1)备课的随意性。在教学过程中,课堂教学的质量很大程度上取决于备课这一环节。备课要经历精心构思、编写教案和教学工具的准备三个基本环节,有的实习生认为教案只是形式,备课不用写教案,在书上勾划一下就行了;有的把写教案看成是备课的全部内容,写教案就是抄教参,教案抄好了,课也备好了。前者忽视了编写教案在备课中的主体地位,后者却因备课者的惰性而没有进入真正备课状态,造成教学盲目性、随意性。

　　(2)讲课的随意性。音乐之所以对培养学生创造力有着独特的作用，是由于它是一门创造性很强的艺术。它在表演、欣赏、创作的各个环节都体现着鲜明的创新意识、独到的创造行为和无所不在的生动性。因此在音乐创新教育课中我们要充分利用音乐艺术的这一特点来进行教学活动。但在听课中，我们常看到有的音乐课脱离了音乐艺术的生动性特点，将其上成了美术课或生物课，有的实习生让学生听了一遍音乐就让他们进行想象，使学生的想象成为漫无边际的幻想。有的简单地让学生模仿自然界的一些声响，却没有让学生将这些声响与音乐的内在联系起来，把音乐置之于创新之外。如在欣赏《百鸟朝凤》与《荫中鸟》时，实习生往往忙于介绍各种鸟类、引导学生联想各种鸟鸣声，却忘了音乐欣赏的主要任务和目的，偏离了音乐课的方向。

　　2.机械性取代互动性。

　　(1)备课的机械性。不少实习生无意识地把备课视为"例行公事"，甚至把编写教案当成应付实习检查的"苦差事"。他们自觉不自觉地将备课当成了单纯的课堂教学的准备阶段，以致把教学过程变为"资料、教案(教具)、学生(笔记—考试)"的"生产流水线"，置大纲、教材的整体于不顾，把学生当成了知识容器。可见，适应了"应试模式"的实习生又将"应试模式"搬入备课环节，直接扼杀了教师备课的创造性劳动特征。其导致的结果是，教师越教越贫乏，学生越学越枯燥，甚至出现教与学的尖锐矛盾。

　　(2)讲课的机械性。相当一部分的实习生认为当教师就是"教好书"，而"教好书"也只局限于传统的"授业"层次，只管把知识传输出去，不考虑传输信息的方式方法以及如何收集反馈信息等，结果是把整体的教学目标局限于单一的知识点，忽视能力培养的因素，更不管教育对象的变化，教学方法简单、呆板。传统的教学方法中，学生不是在参与活动中主动掌握知识，而是在"灌输"中被动接受。音乐情感体验浮于表面，缺乏真情，久而久之，导致学生对音乐学习失去感知、理解、思维与创造的主动性。一位中学生回忆说："小学音乐课就是教师教一句我们唱一句的模式，渐渐地，那一句句的曲子仿佛起到了催眠的作用，使得我每逢音乐课就想睡觉，同学们大都把音乐课堂当做休息的天堂。"还有的学生说："每堂音乐课都是先练打节奏，接着唱音符，然后读歌词，最后填词。这种教学方法我们体验了六年，太腻了！"

3.枯燥性取代愉悦性。

爱乐,是孩子们的天性,然而,具有爱乐天性的孩子们却不喜欢学校里的音乐课。有的学生说:"45分钟只有一个人在那儿'哆来咪',整天让我们背作者简介,分析歌词,弄得音乐课成了语文课。""老师总是摆出一副一本正经的样子,分析乐理的时间比唱歌的时间还长。"还有的学生说:学生对音乐课的怨气,折射出中小学音乐课的问题所在。教学中,如果不从音乐教育的整体出发,不明确某项教学内容在音乐教育中的作用和价值,其结果必定是教师教得累,学生学得更累,最终不仅不能培养学生的音乐素质,反而使许多学生讨厌音乐课。

(二)对改进这些问题的初步思考

首先,兴趣是最好的老师,要从培养学生的兴趣着手,真正把"讲堂"变成"乐堂"。成功的教育不仅看学生掌握了多少知识,更重要的是看学生是否始终处于一种求知欲很强的状态。对音乐教育是否成功的评判也莫过于此。课要讲得好,讲课者必须将所备教案的内涵有机、生动地再现出来。只有将教案通过生动的启发性语言、工整漂亮的板书、巧妙恰当的提问、惟妙惟肖的范唱与范奏等方式与听者形成互动,主观能动地、形象地、立体地展开,才能使学生"知其然"并且"知其所以然"。

因此,实习生要注意以下几点:一是钻研教材,真正弄懂弄通教材,熟悉大纲精神和课标理念以及素质教育的有关内容,讲准课的特点、难点、重点,研究学生的情况,从学生实际出发来确定教案意图,并根据课型(综合课或唱歌课、欣赏课等)来把握课程的基本环节,沿着课堂教学思路这一主线,讲究"说法"、把握"说点",有针对性、有侧重点地讲课。二是克服缺少教学经验讲课容易"想当然"的弱点,采用"逆向练习法",即从"先做后讲"到"先讲后做",如把实习中已经上过的课写成讲稿进行练习,从"回忆性讲课"到备课与上课之间的"预见性讲课"。三是在不断"试讲"中,听取老师和同学的讲评,同时虚心听取他人的讲课,做好记录并积极参与评价,集思广益,交流提高。四是勤写"讲课后记",记下自己的感受,积累经验,促进讲课水平不断上台阶。

其次,音乐是情感的艺术,音乐课堂教学要生动、活泼,要以情感人,以理育人。只有充满情感才能感染学生。要诱发和培养学生的好奇心、求知欲。根据教学目的,设置一些与课程相关的故事、游戏、律动等,将教学中的重点、难点分散在各个环节中,使学生在教与玩的结合中兴趣盎然,积极主动地参与学习,感受到上音乐课的快乐,使创造贯穿于整个教学中。例如,在生动形象的唱歌活动中培养学生的识谱能力。教师要有表情地范唱全曲,让学生感受与享受歌曲的美,而后让学生随着教师的琴声视谱练唱,或学生边读谱、边填词,或一组唱谱,一组唱词轮回进行,或抽调学生(其中一个有器乐演奏能力的)上来弹、唱歌谱,下面的学生击拍或轻声唱词,等等。学生在这种没有负担的实践活动中学习识谱能直接激发他们的学习热情,使学到的知识变得鲜活、深刻,使音乐课上得生动、活泼,而不只是把学习音乐艺术当作检验识谱能力、乐理知识或技能技巧的手段。

最后,要对旧教学模式中的角色进行转换。长期以来,传统的教学都以学习为目的,习惯地把学生当作教学的对象而忽视学生的个性发展,严重扼杀学生的自主意识,甚至丧失学习音乐艺术的兴趣。音乐教育与教学应当是教与学的双边活动,以学生为主体,教师为主导的活动。教师要到学生中去,扮演"主持人"并与学生结成"合作伙伴",与学生交朋友,建立一种宽松和谐的学习氛围和学习环境,使师生亲密无间,让学生始终处于一种愉快的学习心态中,才能营造出音乐课活跃的、探究式的学习氛围。因此,教学设计既要考虑所教授学生的整体情况,也要考虑个体差异,尽可能地为他们创造学习音乐和表现音乐的机会,培养他们的信心和意志,充分挖掘他们的音乐才能,成为他们成长道路上的良师益友。

[资料来源]王尔村.音乐教育实习总结与思考[J].福建论坛(社科教育版),2007(s1):83,86 – 87.

案例 7 – 2

师范生教育实习总结

三年来持之不断地学习学科教育知识和教育学、心理学知识,除了了解"教育是什么、学生怎么学习"这些根本问题外,还要在有限的时间内尽力提高自身的师范技能。然而,这些来自文本阅读、个人思辨和微格培训的教育信条、意识取向和行为习惯,在面对真实的教学场景中能够适用吗?我们难道真的明白什么是教育吗?以往或许只是凭借对教育的一时热情而努力拼搏,但是在这个夏末初秋也该真的为自己日后的教育事业路途做好筹谋。在不觉间,我们实习队来到了H县和平中学。

一、实习学校

据了解,H县和平中学(简称和中)建校于1919年秋,由H县知事何一鸢提议创办。2010年12月被G省人民政府教育督导室认定为"普通高中教学水平优秀学校"。在实习队初进学校与教师举行座谈时,主管教学的领导即提及学校这两年在扩招,高一高二分别有20个班,重点班各有8个。普通班学生德育基础、纪律观念薄弱,多数学生成绩基础处于中等或者中下层次,学习能力弱,接受能力差。实习队实习的是高一年级的普通班,我负责的是12班,作为实习班主任对其日常事务进行管理。

在一个多月的实习生活里,我一直以教师身份严格要求自己,处处注意言行和仪表,热心爱护实习学校和班级学生,本着对学生负责的态度尽力做好实习工作。同时,作为实习生一员,我一直谨记实习守则,遵守实习学校的规章制度,尊敬学校领导和老师,虚心听取他们的意见,学习他们的经验,主动完成实习学校布置的任务,塑造了良好的形象,给实习学校的领导、老师和学生都留下了良好的印象,得到学校领导和老师的一致好评,对此,本人甚感欣慰。在这短暂的实习期间,我主要进行了教学工作实习和班主任工作实习。

二、教学工作方面

(一)听课

怎样上好每一节课,是整个实习过程的重点。刚开始的一个星期的任务是听课和试讲工作。在这期间我听了3个任课老师共8节课。在听课前,我认真阅读了教材中的相关章节,如果是习题课,则事前认真做完题目,把做题的思路简单记下,并内心盘算:如果是我来上课,我会怎么上好这堂课?听课时,我认真记好笔记,重点关注老师的教学方式、教学思想及与自己思路不同的部分,同时注意学生的反应,吸取老师的优点。另外,我也简单记下自己的疑惑。

(二)备课与上课

由于缺乏经验和必要的训练,我们对教材的处理、对讲授内容的把握做得并不到位。对于任课老师陈老师的提示,我如获至宝,尽量根据陈老师的安排来备课。陈老师对教案进行反复修改,我也经常与另一位数学实习老师互相提问题,大家都期待真正走上讲台上课那一时刻的到来。

初次走上讲台时带给我最大的感受是,讲台下坐着的不再是与我们一起在微格教室训练的同学,而是真正的学生。他们不会像自己的同学那样随意附和、快捷地回答我们提出的问题,而是真正地思考和等待着我们的解答。他们在听不明白的时候会突然提问,或者干脆就趴在桌子上看书和睡觉。课堂上若学生对我的提问有所反应的话,就是对我最大的回报。因此,在课堂上我必须注意学生的反应。我认为,要随时掌握学生的学习情况,分析原因,从而改进自己的教学方法。

教师既要讲授知识,又要管理课堂纪律,并且与学生进行个别交流。刚开始时因为特别紧张,经验不足和应变能力不强,课堂出现了"讲课重点不突出,教学思路不流畅,师生配合不够默契"等问题。针对出现的问题,陈老师会细心讲解哪些是重点,怎样突破难点,怎样自然过渡,并提议要多向经验丰富的教师学习,多研究教材和其他教学资料,等等。他态度温和,经常面带笑容,即使是批评,我也能欣然接受。

经过几次实战的磨练,现在的我已经基本能够驾驭课堂,胜任教师的角色了。这次实习让我深深地体会到教师工作的辛劳,也深刻理解了教学相长的内涵,使我的教学理论变为教学实践,使虚拟教学变成真正的面对面的教学。要想成为一位优秀的教师,站在教育的最前线,真正做到"传道、授业、解惑",是一件任重道远的事情,我需要更加不断努力提高自身的综合素质和教学水平。

三、班主任工作方面

在班主任日常事务管理工作中,从早晨的卫生监督,仪表检查,作业上交,早读到课间纪律,课间操,课堂纪律,午休管理,眼保健操,自习课等,我都努力做到负责到底,细致监督。当然,在监督他们的同时不忘结合他们的个性特点进行思想道德教育,以培养他们正确的学习目标,积极向上的人生态度和正确的人生价值观。

(一)奖罚适当

今天我们面对的不是几个学生,而是65人的班级,没有严明的纪律,如何有良好的班风?在我们的教育工作中,惩罚也是教育的一种手段。当然,惩罚特别要慎重。我认为当我们惩罚学生时,应该注意以下几个方面:①要注意尊重学生的独立人格,保护好学生的自信心、自尊心,好的就是好的,错的就是错的,不要一错百错,全盘否定;②惩罚的目的是警示学生什么不可以做,做了会有什么后果,不是为惩罚而惩罚学生,而是为教育而惩罚,换句话说,惩罚是手段,教育才是目的。

(二)开展班级活动

良好班集体的建设离不开班级活动的开展。班级活动可以产生凝聚力,密切师生关系,使每个学生发挥主体的积极性,这时进行集体主义教育、健康的竞争心理教育是行之有效的。在我班,凡是学校组织的活动,班主任和我都给予高度的重视。小记者的报名与舞蹈班训练等活动我都亲身参与当中,开动员大会,一起与学生训练。活动的目的不是拿名次,而是鼓励学生重在参与,要有参与意识,要全身心投入,做到问心无愧。在活动中对学生进行教育,他们易于接受也能很快转化为行动。抓住"活动"这个最佳的教育时机,精心设计教育内容,就能收到意想不到的效果。

(三)主题班会

在实习期间,我召开了两次主题班会。经过一天的准备,我主持了第一次班会。这次班会的主题是"学习态度"。在班会上,同学们积极发言,踊跃参与,取得了很好的效果。这不仅让学生自己找出自己的不足以便改正,更让学生在学期初就明确学习目标,端正学习态度,制订学习计划,更有目的地进行学习。

四、几点思考

(1)有学者提出,教师在学科知识和教育(课程)知识的基础上,会逐步形成一种特有的学科教学知识。学科教学知识包括对教学主题的理解、教学顺序的设计、各种教学策略的使用、多重表征的呈现以及学生认知结构的了解。学科教学知识的形成和深化对教师发展有不可低估的重要意义。而它的获得,也就是说,教师专长的获得至少要有五年教学经验,或10 000小时的课堂教学时间。对于这个目标,我们实习生无疑有一段很长的路要走。

(2)对于教学过程,我们都以尽可能有效的逻辑思路来设计,进行的教学也是以这些线索来联系的。有经验的教师组织课堂教学大多不以完成教学目标为首要任务,合理地、能动地根据与学生的互动情况来调整教学内容,充分利用各种教学资源。他们的高明之处,似乎不在于教学设计是多么完美,而在于他们对教学过程的有效控制。这是值得我们实习生细致观察和揣摩的地方。

现在,实习结束了。通过这次实习,我了解了教师的伟大和教师职业的神圣。教师的工作不仅仅是"传道、授业、解惑",而且是要发自内心的关心、爱护学生,帮助他们成长。在教授他们知识的同时,更重要的是教他们如何做人,这才是教师工作最伟大的意义所在!

[资料来源]http://www.mcqyy.com/wenku/sxzj/212339.html.

二、教育实习评价标准与目标

(一)教育实习评价标准

要弄清教育实习评价标准,首先要了解什么是教育实习评价。广义的教育实习评价是指将实习生在教育实习过程中的各种表现与一定的参照标准进行比较,以确定其所应具备的专业素养,并对其专业表现做出价值判断的过程。狭义的教育实习评价是指对实习生在学科教学、班主任工作、教育调查研究等方面的评价。从严格意义上说,教育实习评价可以理解为:对贯穿于整个教育实习过程的要素与实现条件的检测与评价。

据此,可以把教育实习评价分为实习准备阶段的评价、实习过程中的表现评价、实习总结评价三类。实习准备阶段的评价功能在于帮助实习生设计专业实践计划及评价指标,明确实习过程中需要做的事情,准备好证明自己专业实践表现的工具,如鉴定表、课堂观察记录表、实习日志、记录本等。实习过程中的表现评价功能在于通过多方收集实习生专业实践表现的相关信息,为评价做好充分准备。实习总结评价功能在于对实习生的专业实践表现做出价值判断的同时,促进评价结果的交流、总结与反思,寻找教育实习过程中存在的问题,以提升教育实习指导的有效性。因此,教育实习评价的核心是制定科学的评价标准。

1.制定教育实习评价标准的意义

①为实习生指明发展方向和要求。由于职前教师在培养过程中对教师专业素养的内涵尚缺乏足够的了解,对教师专业成长的认知水平有待提高,所以需要通过评价标准进行引导,指导他们应该做什么,怎样做,达到什么要求等。另外,我国新教师的入职教育还不是很完善,初任教师有时会处于"独立无援"的状态,

需独立面对各种复杂的教育情境。如果实习期间没有明确专业发展的方向,在缺乏指导的状况下会影响其专业发展。实习评价标准对实习生提出了明确的实习内容和达标要求,如果这些标准能够与教师素质及专业发展要求紧密结合,会给实习生的专业发展指明方向。

②激起实习生自我发展的需要和意识。自我发展的需要和意识能保证教师不断自觉地促进自我发展,是教师专业发展的内在主观动力。实习过程中,实习生通过听指导教师或其他教师的优质课,通过教育教学或教研活动,能深切感受优秀教师的专业素养,感受到自己在专业能力方面的巨大差距,从而会更加珍惜实习的实践锻炼机会。实习评价标准对实习生提出的目标和要求,对激发实习生自我发展的需要和意识起到很好的推动作用。

③有利于教育实习评价视野的拓展,为推动和深化教师教育实践性课程改革提供新的视角。与传统只关心实习生的教学工作、班主任工作和实习调查报告的做法相比,实习生在实习过程中的问题与困惑越来越受到重视并作为重要的评价内容。传统的教育实习评价模式向基于证据的教育实习评价模式转变,评价结果所能反馈的信息将变得更有指导意义。

2. 制定教育实习评价标准的依据

(1)依据国家对人民教师的要求

国家要求教师是德、智、体、美、劳等全面发展的有理想、有道德、有文化、有纪律的合格人才;要求教师不仅有丰富的科学文化知识,较高的教育能力,而且应该有一定的师德修养,能适应未来教改形势,担负起人民教育的历史重任。因此,在确定实习成绩评价标准时,除了对实习生的备课、试教、上课、改作业等环节提出一定的要求外,有必要把实习态度、实习效果等列入评价项目,并进行全面考核。

(2)依据教育实习目的

教育实习的目的是对实习生科学文化知识、教育能力、师德修养的全面考核以培养合格的人民教师。高等师范院校教学实习的目标主要是培养实习生的教学工作能力、班主任工作能力、教学科研能力等。其中,实习生的教学工作能力要素主要有备课技能、课堂管理技能、教学技能、辅导技能等,这些都是制定评价标准的重要依据。

(3)依据有关教育实习制度

目前,我国高等师范院校都制定了实习生教育实习的有关制度或具体规定。

一般来说,教育实习计划主要包括:教育实习的目的与意义、组织领导与管理、实习过程的规定、教育实习的内容、经费的处理和教育实习的总结等内容。有关教学实习的制度大多包含在教育实习制度之中,也有一些学校将其单独列出,以示对教学实习的重视,教育实习评价标准要符合这些制度或规定。①

（4）体现科学性原则

作为评价内容和要求,教育实习评价标准应体现教育教学工作的客观规律和具体要求,精心设计有代表性的典型指标。根据这些指标,既能使实习生严格按教育工作规律训练自己的教育教学能力,又能使指导教师具体、可靠地衡量学生的实习成绩,使教育实习评价结果达到一定的可信程度。

（二）教育实习评价目标

1.教育实习评价目标概述

我国当前教师教育改革的重点和焦点就是要在现有的教师教育课程结构中渗透"实践取向"的基本思想。若将教育实习视为当前我国教师教育课程结构中现有实践性课程的主要载体,那么系统地构建教育实习课程评价体系就显得尤为必要。没有明确的目标,实习评价工作只能漫无目的地徘徊,既不知道要完成什么事情,更不知道怎样评价整个过程。我国教师教育的总任务就是要培养合格的人民教师,为各级各类学校输送既有扎实而广博知识、又有较强的从教和管理能力,同时具备适应社会发展的具有创新能力的教师。也就是说,我国教师教育实习评价的总方向是把师范生培养成一名能够适应中小学教育教学实际的准教师。但是,教育实习结束后仍有学生表示不了解学校将对他们在实习学校的哪些表现进行评价。

明晰教育实习评价的目标层次需要建立在对基础教育充分了解的基础上。中小学在推进新课程改革过程中,在转变学校教育观念、教学方法、学生学习方式等方面的探索都在不断变化与更新之中。高等师范院校如果对当前基础教育学校变革中所发生的变化缺乏深入了解,就无法预设与中小学教育教学实际相适应的评价内容。然而,现行的教育实习评价是根据专业培养目标的要求,依据实习生完成工作的情况进行评价。这种实用主义倾向的目标定位,有可能让师范生一

---

① 吴钢,彭盼.高校师范生教学实习发展性评价的探讨[J],上海教育评估研究,2013(1):56-61.

味地适应中小学教学环境,而失去起码的专业判断、失去独立思考和自我反省的
能力,失去对教学本质的思考。"那么掌握一般化的程序、技术、原理,寻求应用这
种程序、技术、原理于各个教室之中"①的做法也很可能成为准教师入职后所积极
寻求的目标,从而丧失专业发展的动机和能力。

现今世界各国教师教育培养机构都将教育实习作为一门实践性、综合性的课
程来认识,对教学实践的重新发现予以高度重视,是当代教师教育改革的一个重
要走向。完善并改进我国现行高等师范院校教育实习评价体系正是顺应了世界
教师教育改革的基本趋势。

2. 发展性教育实习评价目标②

(1)发展性教育实习评价的含义

发展性教育评价是 20 世纪 80 年代英国的纳托尔和克里夫特正式提出的,以
教育的发展为目标,为发展而评价,以评价促发展,其出发点和归宿是"发展性"。
发展性教育评价,主要是通过发展者自身的纵向比较,分析自身的优势与不足,从
而追求更快、更大的进步。事实证明,无论是学生评价还是教师评价,忽视起点水
平的现实,采用同一条标准去评价,显然是有失公平的。相对于传统的以鉴定、筛
选和奖惩为目的的教育评价而言,发展性教育评价具有以下重要特征:在评价方
向上,强调面向未来;在评价目的上,旨在促进发展;在评价内容上,注重全面性和
整体性;在评价方法上,强调多样性;在评价主体上,强调多元性和合作性;在评价
指标设计上,强调弹性化及个性化。

教育实习评价的终极价值取向是引导实习生专业发展。教育实习评价的价
值不仅仅在于给实习生一个确定的分数来鉴定其最终的实习成绩。在新课程对
教师的素质要求及教师专业发展的环境中,实习评价更重要的价值在于促进实习
生提高专业发展的意识,加快其专业发展的进程。发展性教育实习评价标准在新
课程对教师的素质要求及教师专业发展的要求紧密结合的基础上,对实习生提出
了明确的实习达标要求,促使实习生在扮演、体验、反思等实践过程中更好地理解
教育和教学的内涵与责任。发展性教育实习评价的关键是将评价与发展有机地
结合起来,是在主动参与和自我反思的基础上进行的自我判断。在实习过程中,

---

①[日]佐藤学.课程与教师[M].钟启泉,译.北京:教育科学出版社,2003:333.
②付友华.发展性教育实习评价探讨[J].湖北理工学院学报(人文社会科学版),2014,31(1):85-86.

实习生通过指导教师的评价和实习生的自我评价,他们对教育和教学的内涵与责任有了更加深入的认识,能够自觉更新专业知识结构,促进自主专业成长。

(2)发展性教育实习评价的特点

在教育实习中,实施发展性评价是着眼于实习生的未来,将评价作为促进实习生进行自我反思、自我学习和自我提升的手段,从而促进实习生的全面发展。因此,实施发展性教育实习评价应体现多元性、过程性和反思性。

①多元性。发展性教育实习评价要体现多元性,主要指评价主体的多元性、评价内容的丰富性和评价方法的多样性。第一,评价主体的多元性。要提高教育实习评价质量,使评价结果客观、公正、全面,评价主体不能只是由实习学校的指导教师或高校带队教师作出评价,而应让实习生、实习学校指导教师、高校带队教师、实习伙伴共同成为评价主体,一起参与教育实习评价。第二,评价内容的丰富性。教育实习的内容应该更为丰富,既包含学科教学工作、班级管理工作,又涵盖其他教育教学科研等多项工作。因此,只着眼于学科教学效果的评价方法是不可行的,教育实习评价应该根据不同的实习内容设立相应的评价观测点和评价准则,从而对实习生的表现做出准确、全面的评价。第三,评价方式的多样性。由于教师工作的特殊性和复杂性,教育实习的综合性和实践性,评价方法应多样化,定性评价与定量评价相结合。

②过程性。为了使教育实习评价更加科学,充分发挥教育实习评价的诊断、激励等功能,发展性实习评价应该对实习生在实习全过程的知识与能力、态度与情感等各方面进行评价。发展性教育实习评价既要考察实习生在实习前期的准备情况,更要考察实习生在实习中期和后期的各项实践活动;要用发展的眼光去评判每一个实习生的表现;淡化评价的甄别与奖赏的功能,注重形成性评价,其目的在于分析、诊断教育实习过程中存在的问题,为实习生实习活动提供信息反馈,提高实习质量。可以建立档案袋,客观记录实习生在实习过程中的真实情况,不过分强调评价的标准化,通过对这些表明学生发展状况资料的呈现和分析,针对实习生的优势给予丰富的激励措施,对于他们的不足则提出具体的、有针对性的改进建议,从而达到促进其发展的目的。

③反思性。美国心理学家波斯纳认为,在教师专业发展中"经验 + 反思 = 成长"。教育实习除了强调在教学实践中对理论知识的理解、掌握、运用和技能的训练,同时也使实习生获得对教师职业、教育、学生等的基本看法,获得反思意识和

研究意识。研究者普遍认为,反思能力是教师能否持续发展的关键因素。因此,教育实习评价应突出反思性,应将积极的评价方式和反馈活动作为有效的激励手段,并将实习生的反思能力作为一项重要的评价内容。鼓励并要求实习生在每次教育教学行为后主动反思行为效果,找准自己在教育教学实践中存在的问题,提出改进方向及方法,有效接纳他人的意见和建议。鼓励实习生坚持写反思日记,可以促使实习生主动感知领悟具体教育情景,反思检省教育行为,澄清建构教育观念,独立探究思考教育问题。自我反思的过程是实习生积极主动将外部要求内化为自己的追求,是其专业持续发展的恒久动力。教育实习评价突出反思性,其根本目的在于促进实习生的专业发展。

信息窗 7 - 2

教育实习评价在教师专业化进程中的作用

1. 教师专业化。世界各国对教师的态度逐渐由量的追求转向质的提高,教师专业化已成为国际教师教育发展的趋势和潮流,也是我国教师教育改革的一个重要取向。教师专业化是指教师职业具有自己独特的职业要求和职业条件,有专门的培养制度和管理制度。就教师个体而言,要成为教学专业的成员并且在教学过程中具有越来越成熟的作用,拥有普通人所不具备的胜任教育教学工作的专业素质。

2. 教师专业化进程中的师范生教育实习。在教师专业化的进程中,包括重在奠基的师范生阶段的专业化、重在适应的入门阶段的教师专业化和重在提高的在职阶段的教师专业化。其中作为职业定向的师范教育在教师专业化进程中具有举足轻重的地位。首先,它是教师教育的起点,为教师专业化发展的全过程提供基础;其次,我国目前的教师教育以师范教育为核心,师范教育是教师教育的主体。因此,在教师专业化背景下,培养师范生的教师素质显得尤为重要。我国正在逐步推进开放的教师准入制度,这对高师院校的办学及师范生的就业是一个直接的挑战,师范生除要具备专业的知识和技能外,更需要在教学实践能力上有较强的优势,才能在开放的教师资格准入制度的竞争中立于不败之地。作为教师教育的重要组成部分,教育实习在教师专业化进程中应给予充分重视。

3.教育实习评价。对实习生进行科学合理的评价,是教育实习良性发展的重要保障。教育实习评价的功能有三:第一,检查甄别功能,通过教育实习评价,强化实习的管理监督和甄别优劣,但这种功能在强调学生个体发展的教育新形势下日趋弱化;第二,激励导向功能,通过全面客观的评价,给实习生提供反馈信息,引导学生找到努力的方向,激发自觉提高从师素质的内部动机;第三,诊断改进功能,通过评价使实习生反思取得的成绩和存在的不足,同时也给实习的管理者提供反馈信息,以便推进课程和教学改革,以适应基础教育的发展对教师的新要求。

[资料来源]李白桦.教师专业化进程中师范生教育实习评价改革的策略[J].教育与职业,2011(5):181.

三、教育实习评价的内容与方法

(一)教育实习评价的内容

教育实习评价包括教学工作评价、班主任工作评价及教育教学研究能力评价等内容。

1.课堂教学工作评价

①实习生要认真学习所授科目的教学大纲,根据大纲要求钻研教材,结合实际备好每节课。

②实习生经过充分备课,试讲,正式上课。课堂教学要井然有序。

③实习生讲完每节课后,要认真做好自我分析,耐心听取指导教师应指出的优缺点和改进意见。对每个实习生的课堂教学至少召开一次评议会。

④实习期间,实习生应互相听课,取长补短。

2.班主任工作评价

①实习生应在实习学校原班主任的指导下,根据实习学校的要求和原教学班的实际情况,制定出实习班主任工作计划,并按计划积极开展工作。

②实习生要积极参加实习学校组织的各项活动。要深入班级,广泛接触学生,尽快地了解班内情况,协助原班主任做好工作。

③以现代教育理论和素质教育观念为指导,通过开展班级活动或进行家访、谈心等方式对学生做耐心、细致的思想工作。

④在实习学校原班主任指导下,除开展班主任工作和各种形式的集体活动以外,还应独立组织一次主题班(队)会。

3.教育教学研究能力

为进一步深入了解中小学教育、教学现状,实习生要对中小学的教学管理、教育教学改革等问题进行专题调查,写出调查报告。通过调查研究,充分发挥实习生的主观能动性,掌握调查研究的基本内容与方法手段,培养实际写作的能力,为从事教育科学研究打下基础。

除以上考核之外,适合当前教师教育需求的教育实习评价指标体系还可以增加一些必要的评定内容,例如:实习生的个人表现以及实习生的综合能力两个方面。实习生的个人表现主要包括实习态度、实习纪律、师生关系等方面。这是因为实习生具有双重身份:作为学生,他应该虚心求教;作为老师,他应该以身作则,这直接关系到实习的质量。因此,实习生的个人表现应该作为考核的一个主要内容。另外,基础教育的改革对教师的综合能力提出了全新的要求,为适应新的课程体系,教师除了应具备良好的教学能力之外,还要具备良好的课程开发整合能力、教育研究能力、反思能力和科学评价能力等。因此,在教育实习评价时,要加强对实习生的综合能力进行综合评价。

(二)教育实习评价的方法

1.加权求和评定法

加权求和评定法是指将评定标准分解为若干项目,每一项目再分成若干要素,根据每一要素或项目在评定中的地位或所占比重,赋予一个加权系数。评定者按评价标准衡量实习生在这一方面实际达到的程度,确定等级和得分,然后相加求出该项目的合计得分,根据各项目的权重,再求出被评者的综合得分。

按这种方法评定实习成绩的具体步骤和做法是:第一步确定评定标准和额定分数。第二步赋予评定者加权系数(按一定的比例进行分配)。发给评定者《评定表》,在讲清评定意义、原则、标准和办法的基础上,评定者经过考察、分析、综合给被评者评出各要素的相应等级;用评出等级的系数乘以该要素的额定分数,为该要素的"应得分"。然后根据评定者的权重,求出该项目的实际得分。再根据各项目的权重,求出被评者的实得总分。

2. 隶属度测评法

隶属度测评法是以模糊数学中的隶属度原理为标度的一种评定方法。与加权求和评定法的不同之处仅在于:它把每一要素分解成"好、较好、中等、较差、差(即优、良、中、及格、不及格)"五个等级,每个等级都有自己的评定标准,用这些等级标准去比较核对被评者,确定其属于哪一个等级,然后计分。

3. 评语评定法

评语评定法是指实习带队教师参照听课记录和评分标准,用简明扼要的文字来表达实习成绩的方法。这种方法的优点是灵活、方便。其缺点是比较粗略,不可能详细具体、也不可能全面,虽有标准但不易掌握,且比较出的实习生成绩的差距没有说服力。如果采用评语评定和单项成绩(教学实习成绩、班主任实习成绩和实习态度成绩)评定相结合的方法就会克服以上不足,增强实习成绩评定方法的科学性。具体做法如下:

①建立实习成绩评定小组。把实习生按所实习的年级为单位分别组成成绩评定小组,作为评定每个实习生实习成绩的基础组织;再按照实习学校的指导教师、教务主任、带队教师以及实习生小组长共同组成成绩评定领导小组。成绩评定小组的所有成员都要认真学习掌握考核量表的具体要求,以充分保证评定工作的准确性。

②评定小组集体听课。成绩评定小组(含领导小组)的成员要有计划地听实习生的公开课(实习生既是成绩评定小组的成员,又被成绩评定小组的其他成员听课),并根据教学实况,做好听课记录,便于课后及时评议,指出授课人的成败得失。授课人自己也要正确评议自授课程的失误或不足,并设法改进。每听完一个实习生的一个课题的教学内容后,评定小组成员要各自依据自己的听课笔记,在该实习生的教学实习成绩考评表上打出相应的分数,交给带队教师。带队教师将全部成绩考核表集中后,分别计算出每个实习生被评出的教学实习成绩的平均分数,作为评定其教学成绩的根据,再由领导小组参照实习生在总结阶段应交的书

面材料(包括教案、总结、教学考核内容、考核成绩、试卷分析等),定出实习生的教学最后分数。

　　③领导小组最后评定实习总成绩。实习生的班主任工作成绩和实习态度考核成绩应在实习结束前,通过自评和成绩评定小组成员互评,定出本组成员各自的成绩交带队教师,再由领导小组参照,评定出此成绩本项的最后成绩。然后,把教学成绩、班主任实习成绩和实习态度考核成绩相加,得出实习生个人百分制成绩;再按分值化为五个等级,即90分以上为"优秀";80～89分为"良好";70～79分为"较好";60～69分为"及格";60分以下为"不及格"。这样的评定方法,充分考虑了实习中的实际情况,坚持易操作、负担轻、信度高、可比性强的原则;既克服了只依靠带队教师凭主观印象写成绩评语导致实习成绩不够真实准确的缺点,也克服了"一节课"定成绩的局限性。这一举措可以增强实习生的主体意识,使其对实习成绩考核细则理解得更加深刻,执行得会更认真;使每个实习生在展示自己教学才能的同时,也有机会了解其他实习生的教学过程,并通过参与评议,吸取别人的经验教训,扬长避短,改进自己的教学。同时,这种作法也增添了竞争机制,最终可以推动教育实习成绩普遍提高。

　　4. 动态评价法①

　　传统的评价方式是用数量来表示人的个体能力,测量到的是个体已经形成的能力,而不是个体的潜能。这是静态的、指向过去的、以结果为取向的评价模式,不利于个体的发展。从教育角度来说,传统的静态评价对教学不能提供更多有价值的信息。动态评价强调互动和干预,强调评价与教学相结合,将传统评价的"结果取向"转变为"过程取向",侧重对个体认知策略的培养和潜能的开发,通过互动探索学生的"最近发展区",使评价本身最大限度地接近个体认知发展过程,让我们了解到学生的未来所能,并有效指导教学,促进学生认知结构的形成。

　　动态评价把测量和干预结合起来,通过提示、指导、反馈等手段让学生积极参与到活动之中。在对实习生进行动态评价时,具体操作如下:

　　第一,面谈。面谈时,指导教师可以向实习生提出下列问题:在教学方面,你

　　　　①陈昌奇.动态评价理论视角下的教育实习评价模式探索[J].职业教育研究,2010(8):54－55.

有哪些优点? 你认为还有哪些不足之处? 在课堂教学时,你还开展过哪些活动? 在课堂教学时,你采用过哪些策略? 你的教育职业发展目标是什么? 班主任工作体验如何? 有何经验与不足? 在教学方面,你需要得到什么帮助,从而使你成为合格的教师?

　　第二,等级评价。等级评价是一种简便易行的教学评价方法。它通常粗略地把实习生的表现划分为若干板块(如教学职责、教育教学目标等)和若干等级(如超标、达标、需要改进、未达标)。实施评价时,评价者根据动态材料,对照评价标准,根据实习生的表现给予相应的等级(见下表)。

等级评价表

层次	教育教学表现	教育教学目标
超越标准	资料表明:这位教师在履行教学职责时,其知识、技能和能力已经超越标准。举例说明:这位教师采用了有效的、以学生为中心的教学技能;依据目标开展学业评价;管理学生和调动学生积极性的策略是成功的;面对全班不同的学生,采用各种教学策略。	收集到的资料和书面反思意见表明,这位教师不仅达到了他的教育教学目标,而且可以成为他人的榜样。在某种程度上,这对学生的思维技能产生了积极的影响。
达到标准	资料表明:这位教师在履行教学职责时,其知识、技能和能力已经达到标准。举例说明:这位教师不仅撰写而且实施了有效的教学计划;采用了各种恰当的教学策略;妥善地进行了课堂管理;在教学的各个方面做得很出色。	收集到的资料和书面反思意见表明,这位教师已经达到了他的教育教学目标。
需要改进	资料表明:这位教师在履行教学职责时,其知识、技能和能力有所欠缺。	没有完全达到教育教学目标,某些目标需要进一步落实。
无法接受	资料表明:这位教师在履行教学职责时,缺乏应有的知识、技能和能力。	完全没有达到专业目标。

第三,举办以学生为主导的评价展示会。教师把一个班级分成几个小组,每个小组给出两个小时或者更多的时间,让每个实习生举办动态的展示会,让学生担当动态展示会的主角,向指导教师、小组及全体实习生展示全部实习材料。展示项目包括展示材料、教师评价、上课计划、他人的反馈、录像。展示流程如下:实习生现场展示;观察后展开讨论,总结实习生的经验和问题,作为自我反思的起点;反思自己的教学现状;依据习得的经验设计自己的问题解决方案并予以实施和公开展示;对方案的实施过程和效果在同伴和师生间进行开放式的分析评价;依据分析评价,形成新的问题解决方案。

当然,以上教育实习成绩评定标准及评定方法,需要在师生广泛讨论的基础上逐步完善,使之更加科学化,更具有可行性。然而一旦确定下来,在实习前就需组织带队教师、实习生和实习学校的指导教师认真领会和掌握教育实习成绩评定标准和方法,使大家心中有数,统一尺度。这样,才能使教育实习成绩评定更加精确、公正、客观。

信息窗 7 – 3

斯坦福教师教育项目实习评价体系

斯坦福教师教育项目是斯坦福大学独具特色的中小学教师职前培养模式,其在教育实习体制的设置与管理方面都融入了严谨的态度与专业精神,具有良好的学术内涵与研究价值。

斯坦福教师教育项目设置了以学分制为基础的多主体、多途径的评价体系。该项目根据《加州教学专业标准》编写了《教育实习手册》,安排"教师小组"对师范生的实习情况进行即时性与定期性的指导和评估,并利用"档案袋"收集师范生在实习过程中所有关于自身专业发展的材料。

1. 教师小组评价

教师小组由大学督导教师和中小学合作教师,辅助师范生实习的中小学在职教师组成。教师小组不仅要对师范生的实习情况展开跟踪指导,还要召开三方会谈(大学督导教师、中小学合作教师、师范生),对师范生的教学态度与各方面能力表现等开展季度评价与总结评价。

大学督导教师的任务主要包括:制定实习框架,并根据框架安排具体任务;负责三方会议的组织与召开,加强与中小学合作教师关于实习情况与需求信息的交流,共同讨论、评估及设定目标;保证至少9次的正式考查,且每季度完成一次考查录像;完成季度评价与总结评价。中小学合作教师的任务主要包括:帮助师范生融入学校与班级环境,与分配给自己的师范生分享教学任务,与师范生共同讨论学生信息,如学生考试成绩、家庭情况等;指导师范生所有的实习活动,并定期进行随堂指导与评估;完成季度评价与总结评价。

大学督导教师对师范生实习情况的考查主要包括5个方面:课程计划、会议计划、观察、会议汇报、反思(见下表)。

	考查内容
课程计划	师范生制定的教学目标是否与学生的认知相符; 师范生独立设计教案,并向教师小组与其他教职人员征求意见; 初期开展约 10~20 分钟的课程,随后课程时间逐渐延长,最终构建跨越整个课程体系的教学计划。
会议计划	师范生与教师小组共同讨论课程计划; 大学督导教师帮助师范生修订计划并为课堂教学作准备。
观察	正式考查时,大学督导教师坐在教室一角,观察学生的学习情况。
会议汇报	中小学合作教师与大学督导教师讨论课程观察情况。
反思	会议汇报48小时后,师范生需提交书面反思,内容包括对教学突发问题的分析以及对未来实践的构想,此举旨在培养师范生更持久、更慎重的教学态度,同时也有利于其独立教学能力的提升。

教师小组根据《加州教师表现评价》的6个标准对师范生的实习表现进行季度评价与总结评价。这6个评价标准涉及:学生在教育实习中的参与程度、对优质的学习环境的构建及保持、课程主题的设计、教学的设计、对学生学习情况的评估、作为一名教师所应具备的素质。

　　教师小组根据以上 6 个标准对师范生的实习表现进行季度评价与总结评价,每个标准的满分都为 4 分,2 分以上及格。季度评价要求师范生举出 3~5 个自己在本季度所取得的成绩,并提出 1~2 个需要改进之处。总结评价是由教师小组与 STEP 教学主任、合作学校的行政管理人员等组成评估小组,共同对师范生的实习表现与专业发展情况进行评估,最终评估结果会装入档案袋,成为该师范生在 STEP 中进行教育教学活动的证明。此外,总结评价以季度评价为基础,对教师小组与师范生共同填写的"专业发展计划""中期项目回顾""春季学期对夏季学期的回顾"三项材料进行最终评估。

　　2. 实习手册评价

　　STEP 依据《加州教学专业标准》,从学术课程、实习工作、观察工具、实习学校、所需表格、一般信息 6 个方面制定了实习手册,全面而具体地提出了相关规定与要求。实习手册对教师教育的理念、开展实习的意义、具体的任务、实施方式及评价标准等做了较为详细的说明。实习手册在斯坦福大学教育学院的官方网站上能够随时下载,便于师范生与教师小组提前了解 STEP 教育实习的所有详细信息,为教育实习的成功奠定了坚实的基础。

　　3. 档案袋评价

　　档案袋包括实习材料、毕业文件夹、教学计划、反思报告等。实习材料主要包括师范生在实习过程中制定的教学计划,学生作业样本、测试卷样本及对其学习成果的评价,实习班级的学生个案分析,反思日志,3~5 课时的教学录像等。毕业文件夹由求职信、班级活动、核心任务与项目、单元的教学计划、总结反思 5 个部分构成,旨在多途径收集材料,反映师范生的教育态度、教学立场、教学技能与发展目标。教学计划主要包括:需要运用的教学思想,预期达到的教学目标,采用的相关材料、具体的课堂活动与教学策略等。反思报告是指师范生对教育理论与实习关系的认识,要求师范生总结自己在实习过程中的收获,并制定未来教学发展目标。

　　[**资料来源**]王国辉.美国中小学教师职前教育实习评价:历程、体系及特点[J].世界教育信息,2014(22):48-50.

案例 7-3

适应新课程的教育实习评价方案

新的教育实习评价方案包括实习过程材料的收集、优秀实习生候选人推荐、材料公示（教育实习成果展）和师范技能大赛这几个环节，重点体现过程性评价、评价主体多元化，使评价真正起到诊断、激励的作用，以促进实习生主动学习、锻炼和提高教学基本技能，学习和实践新课程的评价思想，为成为一名正式教师做好准备。因此，为了适应中学教育的新形势，师范生应该学习和实践新课程理念，以利于就业和职业发展。为此，我们在教育实习改革中，提出了一套体现新课程理念和评价思想的评价方案，经过近两年的实践，已经取得了良好的效果。

一、实习过程材料的收集

在教育实习动员会上，指导教师就明确告诉实习生实习结束时必须提交的材料，把它作为评价的基本依据，从而既利于规范教育实习的进程，也利于材料的收集和教师的管理。事实上，这也是实习生学习、思考和提高的过程。要提交的材料包括以下几个方面：

（一）实习手册。这是学校统一下发的，包括实习计划、实习总结等。其中有些内容可通过附件提交。

（二）4 篇教学设计（教案）。教学设计应该在上课的前一周做好，由带队教师和中学指导教师审阅通过，签名后才能上课。作为初学者，应该提交尽量详细的教案，设计好讲课的每一个步骤和细节，并明确描述课堂上教师和学生的活动，充分估计学生可能出现的情况，以做好准备。此外，还要有教学反思，对本节课进行讨论。通过教案，可以对实习生在教学方面的能力、态度、思想和进步的程度进行评价。

（三）10 篇听课记录。实习生要听中学指导教师以及其他实习生的课，以获得教学设计的方法，并实现实习小组整体水平的快速提高。听课时要进行简单的记录，课后要与授课教师和全体听课者进行讨论、交流，并整理出听课记录。听课记录除了教学的基本信息外，还要再现教学流程，清晰再现关键细节以及课后的讨论与交流，等等。

（四）10 篇实习日记。实习日记侧重于课堂教学以外的活动,描述实习期间所发生的重要事件和自身的体会。日记所提供的鲜活事例是今后教学法课程的重要资料,可以为下一届实习生提供借鉴,也是积累经验的重要途径。评价者通过日记,可以对实习的过程和实习生情感态度价值观的变化进行形成性评价。

（五）1 次主题班会设计。格式类似于教学设计,要通过文字图片等清晰再现主题班会的流程和相关细节,这是评价班级管理能力的重要资料。

（六）1 个学生的全面资料,这是班主任工作的一部分。实习班主任要通过多种渠道观察、了解学生,与他们沟通交流,解决学生的思想问题。除了记录学生的基本情况外,要注意通过记录发生在学生身上的一系列事件来描述其现状及变化。这样,通过资料的积累就可以缩短实习生和在职教师的差距。

（七）教育实习鉴定表。按学校要求填写并提交一式两份实习鉴定表,包括自我鉴定以及中学指导老师、原班主任和实习中学管理部门的评价意见。通常这部分评价的可信度不高,只有亲自与中学指导教师沟通才能了解真实情况。此外,带队教师的意见非常重要,是评价的主要依据之一。

（八）15 分钟课堂教学视频和 5 张实习生活照片。视频和照片能够将所有实习生进行较好的横向比较,进一步提高评价的公平性。

在师范生的成长过程和教师的专业发展中,教育实习只是其中的一个环节和一个阶段。利用视频和照片还可以举办教育实习成果展览,供低年级的师范生参观、学习,以营造良好的学风,培养他们的师范意识,从而坚定其献身教育事业的信心和决心,实现情感态度与价值观的教育。这也是教育实习评价的重要目的。

二、推荐优秀实习生候选人

实习小组内投票是推荐优秀实习生候选人的重要依据之一。带队教师要对拟申请优秀的实习生所提交的实习过程材料进行形式审查,其中,只有材料齐全、格式美观、内容丰富、教学水平较高的实习生才能通过资格审查,成为优秀实习生候选人,约占总人数的 40%。

三、材料展览与公示

实习结束后,由优秀实习生候选人自愿报名出版实习成果展览墙报,或把视频制作成 VCD 以便于观摩。候选人的资料在会议室向学院全体教师和师范生展览和公示(也叫做教育实习成果展),要求所有师范生以班为单位进行参观,每班至少 1 小时。参观时,由教师组织学生讨论,并由一名学生负责记录。实习生参观时主要是交流实习经验、分享实习体会,并了解不同组之间的实习情况,为评选优秀实习生做准备。低年级师范生参观的任务则是提前熟悉教育实习的形式、内容和过程,从而强化师范意识。

四、教学技能大赛

为了使评价更贴近真实情况,要求候选人准备一节课,约用 20 分钟讲授前半部分,其中必须穿插演示实验。比赛分两个阶段,先分组预赛,每组约 10 位候选人,抽签决定分组名单。参赛选手同时也是评委,每人投 4 票,以产生较好的区分度。每组前 3 名晋级决赛,后 4 名或得票少于 2 票者获参赛奖,其他选手获三等奖。这种晋级和淘汰共存的比赛规则使每一位参赛选手都能全力以赴,卓有成效地调动了讲课的积极性,并推动了实习生整体教学技能的提高。决赛最直接的目的是评选校级优秀实习生。决赛现场进行全程录像,一方面避免对最终结果存在争议,另一方面也可积累教学技能训练示范资料。校级优秀实习生同时获得学院教学技能大赛一等奖,其余决赛选手获得二等奖。同时,还可以为其他优秀实习生颁发教学技能单项奖。

五、评价方案的特色

(一)鲜明的新课程特色。本方案体现了新课程的理念,吸收了新课程改革的经验和成果,在教育实习中创造性地实施了形成性评价和终结性评价相结合的评价模式。评价的内容更为全面,包括教学技能、实习过程、实习态度、专业思想等,既评价实习的结果(教学技能大赛),也评价实习的全过程(丰富的实习过程材料)。与传统的评价中评价主体永远是教师不同的是,新方案实现了评价主体的多元化,既包括实习生本人、实习小组,也包括全体指导教师。实践证明,新方案发挥了评价的诊断、激励作用,淡化了评价的甄别作用,且体现了评价的发展性。

(二)实习生亲身经历新课程的评价过程。本方案提供了一次非常重要的机会,使实习生同时成为新课程评价的对象和主体,亲自经历了体现新课程评价思想的评价过程,积累了教育评价的经验。这样,他们从开始的不理解,到冷静思考后积极执行,从而对新课程评价的理念、方式以及可能遇到的问题都有了一定程度的认识,并有利于在以后的教师生涯中和中学生们一起实施新课程的评价。

(三)丰富了教学资源。本方案特别关注具体的事件及其背后的意义,在评价中积累了大量的鲜活案例,一批精彩的教学视频片断和许多动人的教学故事。在实习后的交流讨论中,这些资源被所有实习生共享,扩大了他们的视野,并成为了教学法课程的重要资源,进一步缩小了理论与实践的差距,使教育理论真正为师范生所理解并自觉运用。

(四)强化了低年级学生的师范意识。本方案改变了过去就事论事的评价方式,通过举办教育实习成果展和教学技能大赛,营造了浓厚的师范教育氛围,吸引低年级师范生参与到教育实习的评价中来,能使其尽早进入师范生的角色,对学风建设也起到良好的推动作用。

[资料来源]朱长明,皮飞鹏.适应新课程的教育实习评价改革[J].新课程研究,2009(3):63-64.

 问题思考与讨论

1.请结合自身教育实习实践写一份班主任工作实习总结。

2.结合自身教育实习实践,谈谈你在教育实习评价中所遇到的主要问题有哪些?

3.请结合某一具体学科谈谈如何进行课堂教育实习评价。

4.作为一种重要的教育实习评价法,动态评价法的理论依据是什么?并结合实际谈谈其实施的优势与不足。

5.有人说,师范生实习的时间有限,主要任务是课堂教学实习,没有时间做教育调查研究,教育调查在实习过程中只是一种走过场,更没有必要花费大量时间进行教育调查评价。你对此如何看待?

6.请结合自身所学专业谈谈对教育实习评价目标有什么样的期待。

7.发展性教育实习评价的特点有哪些?

8.试述班主任工作实习需要考核的几个方面。

9.试论斯坦福教师教育项目实习评价体系对我国当前教育实习评价的启示。

10.若你即将走上教育实习岗位,请结合本章内容,谈谈你将如何着手教育实习评价的准备工作,使得自己能够自信地走进教育实习评价的各个环节。

阅读指南

1.王汉澜.教育评价学[M].开封:河南大学出版社,1995.

2.周跃良,杨光伟.教育实习手册[M].北京:高等教育出版社,2011.

3.刘志敏,陈梦稀,朱承学.教育实习指南[M].北京:高等教育出版社,2012.

4.廖圣河.语文微格教学[M].北京:中国林业出版社,2009.

5.何克抗.教学系统设计[M].北京:北京师范大学出版社,2002.

6.王晓春.做一个专业的班主任[M].上海:华东师范大学出版社,2007.

网络导航

1.书村网　　　　　　　　　http://www.chucunwang.com/

2.精品教学网　　　　　　　http://www.teacher.net/

3.全国中小学教师继续教育网　http://www.teacher.com.cn/

后 记

  教育实习是高等师范院校教师教育专业人才培养的重要环节,是促进学生教师职业意识形成、角色转换和职业定位的重要过程。基础教育新课程改革给高等师范院校提出了前所未有的挑战,也对教育实习的理念和模式提出了新的要求。目前,高等师范学院教师教育课程门类相对单一,部分教学内容与基础教育脱节,教育实习的时间偏短,高等师范院校培养的准教师不能完全适应基础教育新课改的需要。为此,在新课程背景下,加大教育实习的改革力度,更新教育观念,优化教师教育课程结构,改革教师教育培养模式,加强高等学校与基础教育的合作与联系,建立以实习生为主体的自主、立体、开放的"过程性"教育实习模式,是提高从师任教能力,彰显高等师范院校教师教育特色的迫切需要。

  本书是分工合作的结果。全书由阜阳师范学院张治勇副教授和淮南师范学院龚宝成副教授共同担任主编。具体分工如下:第一章由淮南师范学院程敏执笔,第二章由阜阳师范学院张治勇执笔,第三章由淮南师范学院龚宝成执笔,第四章由安徽师范大学李卯执笔,第五章由合肥师范学院李丽执笔,第六章由安庆师范大学陈修梅执笔,第七章由阜阳师范学院汪杰锋执笔,全书由张治勇和龚宝成统稿。

  在本书编写过程中,借鉴和参考了大量的文献,从中得到了不少启悟,引用了国内外有关专家、学者的研究成果,汲取了其中的精华,由于篇幅所限等原因,未能一一注明,特向原作者致谢。同时,本书在编写过程中,得到了安徽省高等院校教师教育合作委员会的大力支持,也得到了安徽省六所主要高等师范院校领导的支持与帮助,安徽师范大学出版社的领导全程参与了教材的策划与组稿,在此谨向各位专家、学者表示崇高的敬意。

  由于编者水平所限,书中不足之处在所难免,恳请广大读者批评指正。

编 者
2016 年 6 月